영유아 **발달 지원**

SUPPORTING
YOUNG CHILDREN'S
DEVELOPMENT

영유아
발달 지원

노명숙 · 신리행 지음

교문사

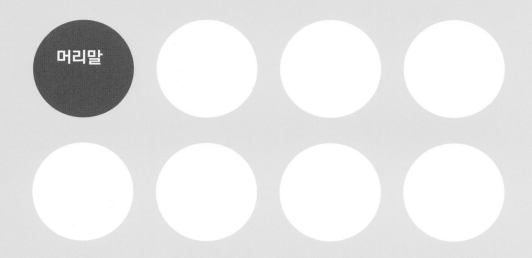

머리말

영유아기는 신체·정신·사회적 발달이 급속히 이루어지는 시기이므로 영유아를 가르치고 보육하는데 영유아의 성장과 발달은 매우 중요하다. 따라서 영유아의 성장과 발달을 알기 위해서는 체계적이고 면밀한 관찰이 필요하며, 영유아 각자는 특수한 상황에서 개별적으로 다양하게 성장과 발달이 이루어지고 있음을 알아야 한다. 그로 인해 영유아 각각의 발달 중에서 신체발달은 어떤 방법으로 어떤 시기에 도움을 주어야 하는지, 정서발달을 통해 무엇을 느끼고 성장하게 되는지, 인지발달은 어떤 수준까지 이루어지는지 등의 개별적인 영유아 발달에 관심을 갖게 되었다. 이는 일반적인 발달지식뿐만 아니라 다양한 방법으로 통합된 학습경험을 하게 되는 교육현장에서 영유아 개인의 발달을 어떻게 바라보아야 할지에 대한 화두가 제기된 것이라 말할 수 있다.

이를 위하여 영유아의 개별적 발달을 돕는 적절한 중재를 어떤 방식으로 해야 하는지, 또한 어떻게 영유아와 가족에게 제공할 수 있는지에 대한 논의는 계속되고 있다. 이러한 학계와 사회적 요구에 의하면, 영유아교육기관과 부모 및 다양한 팀 구성원들은 영유아의 발달 특성을 관찰하여, 그들에게 '누가, 무엇을, 어디에서, 언제, 어떻게 가르칠 것인가'를 고민하고 실행할 수 있도록 도와야 한다. 즉, 영유아 개별적 발달 측면에서 직면하게 되는 과제를 어떤 중재 서비스가 가장 효과적이고, 영유아와 부모에게 필요한지를 살펴보아야 한다. 민주교육의 원리는 '평등한 교육'이 아닌 '균등한 교육'을 실시하는 것이라고 한다. 따라서 영유아 발달에 어려움을 겪는 영유아의 교육은 그들의 능력과 소질을 최대한으로 계발시키고, 좀 더 나은 교육환경을 통해 영유아의 안정과 참여를 도모하여 그들로 하여금 영유아 발달의 장애나 문제행동의 요인을 극복하여 사회에 적응 할 수 있도록 도와야 할 것이다.

본서는 지금까지 대학과 교육 및 보육 관련 일에 종사하는 예비교사가 배웠던 영유아 발달의 초점을 발달이론 뿐만 아니라 발달을 도울 수 있는 실천방법들과 함께 종합적으로 정리해야 할 필요성을 느끼기에 집필하게 되었다. 이는 영유아 발달에서 교직원이나 부모가 문제를 직면할 경우에 대처할 수 있는 방안을 모색할 수 있도록 하여 교육현장에서 영유아 발달을 도울 수 있는 적절한 교육기회를 제공하고 다양한 교육방법을 적용하고자 하는 것이다. 또한 유아 발달 과목의 NCS에서 구분한 능력단위 요소로 강조하고 있는 사례별 발달 지원, 아동상담, 전문가 연계, 장애아동 발달 지원 항목을 포함하고, NCS 기반의 교육과정 운영에 따른 계열, 학과 및 교과목의 특성을 고려하여 다양한 교수·학습 계획을 수립하였다. 이는 각 장마다 제시한 팀티칭과 토론 주제 및 활동 등을 첨부하여 영유아 발달을 배우는 학생들이 이론의 필수지식뿐만 아니라 활동을 통해 능동적으로 참여할 수 있도록 하였다. 더불어 영유아 발달 과목에서 중요한 '관찰과 견학'을 할 수 있도록 계획하였다. 이론으로 배우고 현장에서 영유아를 관찰하고 사례연구보고서도 작성하며 어린이집과 장애어린이집 및 관련기관을 견학할 수 있도록 했다.

본서는 크게 영유아 발달의 이론 영역과 실천 영역으로 총 13장으로 구성되어 있다.

먼저 '1부 영유아 발달 이해하기'는 영유아 발달을 이해할 수 있는 발달의 의미와 연령별 발달 특징을 다루었다. '2부 영유아 사례별 발달지원하기'에서는 영유아의 발달적 문제와 그에 따른 발달검사를 통해 영유아 발달을 알아보고, 발달특성에 따른 사례별로 구분하여 영유아의 발달을 지원하는 방법을 기술하였다. 또한, 일상생활에서 발생하는 문제행동의 지도방법을 기술하였다. '3부 발달장애 영유아의 이해와 교육하기'에서는 특수아동과 통합교육 및 진단, 장애유형별 특수아동, 특수아동을 위한 교육과정과 환경, 개별화교육 프로그램에 관해 기술하였다 '4부 영유아 발달을 돕는 상담과 전문가 협력하기'에서는 아동발달에 따른 상담에 대해 알아보고, 전문적인 서비스를 받을 수 있는 기관과의 연계를 살펴보고자 한다. 또한 장애 영유아 특수교사와 일반교사의 협력방안을 알아보고, 가족과의 협력을 통해 영유아 발달을 도울 수 있는 방안을 모색할 수 있도록 구분하여 기술하였다.

끝으로, 동시 하나를 소개하고자 한다. 강정규 선생님의 동시집《목욕탕에서 선생님을 만났다(2013)》에 실려 있는 〈길〉에는 이런 문구가 실려 있다. '어디까지 갈까, 어떤 길을 갈까, 그도 저도 아닌 연우의 길을 가면 좋겠다.' 이 땅의 모든 아이들이 과연 자신의 길을 가고 있을까? 앞서 이야기했듯이 민주주의 원리는 '평등한 교육'이 아니라 '균등한 교육'인데 발달상의 한계로 자신의 길을 가고 있지 못한 수많은 아이들이 있지 않은가? 그럼에도 불구하고 교육적 희망을 가질 수 있는 것은 부족한 내용이지만 본서를 통해 개별 영유아의 발달적 특성을 고려하여 교육과 지원을 할 것이라고 생각되어지기 때문이다. 본서가 출판되기까지 아낌없이 지원해주신 기관과 지인들에게 감사드리고, 기꺼이 출간을 맡아준 교문사에 고마움을 전한다.

2017년 2월
저자 일동

차례

PART 3
특수아동 이해와 교육하기

PART 4
영유아 발달을 돕는 상담과 전문가 협력하기

PART 1

영유아 발달
이해하기

CHAPTER 1

영유아 발달의 기초

1. 영유아 발달의 개념과 중요성

인간은 여러 발달 단계를 거치게 되는데 엄마의 뱃속에서 수정되는 순간부터 시작하여 출생한 후 여러 성장과 변화의 단계를 거치고 여러 시기별로 변화하게 된다. 이러한 여러 시기별 변화를 연구하고 있는 학문을 인간 발달(human development)이라고 하며, 이때 사용되는 연령은 주로 발달 단계로 구분하고 있다. 물론 각 발달 단계를 명확히 구분하여 연령의 범위를 엄격히 나누는 것은 어려울 수 있으나 대략의 연령을 구분하면 다음과 같다.

표 〈1-1〉에서처럼 각 발달 단계를 구분하는 연령의 범위는 다소 대략적이다. 태내기는 엄마와 뱃속에서부터 시작하여 출생에 이르는 시기를 말하는데, 이 시기는 2세까지

표 1-1 인간 발달 단계와 연령 구분

인간 발달 단계	연령	인간 발달 단계	연령
태내기	수태~출생	청년기	12~20세
영아기	0~2세	성년기	21~40세
유아기	3~5세	중년기	41~60세
아동기	6~11세	노년기	61세 이후

다. 유아기는 만 3세에서 만 5세까지로, 이 시기에는 전 단계인 태내기나 영아기보다 변화의 속도가 느리지만, 이후에 이루어지는 발달 단계에 비해서는 빠른 속도로 성장하게 된다. 특히 유아기에는 언어를 사용하기 시작하므로 인지, 사회, 정서 등 여러 발달 영역의 변화가 매우 활발히 일어난다.

1) 발달의 개념

인간의 발달(Development)이란 삶이 시작되는 순간, 즉 난자와 정자가 수정되는 순간부터 전 생애 동안에 일어나는 하나의 연속적인 양적·질적인 변화과정이다(김현호 외, 2014). 따라서, 이러한 변화과정은 연속적인 변화과정으로 각 개인들은 혹은 서로가 속한 집단 내에서 이루어지는 다른 발달과 체계적으로 연결되어 있다. 이러한 발달은 시간에 의해서 연속적으로 변화되며 출생 후부터 시작하여 청년기까지 지속적으로 상승하는 과정뿐만 아니라 청년기 이후부터 사망하기까지의 과정 모두를 말한다.

양적인 변화는 신체 변화와 같은 크기와 양의 증가현상을 말하며, 질적인 변화는 분화되지 못하는 낮은 수준에서 정밀화된 높은 수준으로 구조적 변화와 미숙한 수준에서 유능한 수준으로의 기능적 변화를 말한다. 발달을 결정짓는 요인은 성숙과 경험이 있다. 성숙(maturation)은 유전에 의해서 나타나는 신체·심리적 변화를 의미한다. 즉, 사람의 목소리가 변하거나, 초경, 사춘기 등을 말한다. 경험(experience)은 사람이 환경과의 상호작용을 통해 획득하는 것으로서 일상생활에서 경험하게 되는 물리·사회적 환경 및 그들과의 상호작용을 의미하는데, 예를 들어 영유아의 부모, 친구들과 같은 인적자원이나, 다양한 문화나 교육, 대중매체 등의 사회문화적 자원이 있다.

2) 발달의 원리

발달은 환경의 요인에 의해 영향과 무관하게 모든 아동에게 보편적으로 나타나는 몇 가지 기본 원리를 가지고 있다.

첫째, 발달에는 일정한 순서가 있다. 발달은 이전에 획득한 행동변화를 기반으로 하여 다음 단계로 나아갈 수 있다.

둘째, 발달은 일정한 방향으로 진행된다. 예를 들면 영아는 두미원칙(cephalocaudal) 으로 발달이 이루어지는데, 머리에서 다리로 발달이 이루어진다. 또한, 신체적인 발달이 중심 말초의 원칙(proximodistal)에 의해서 가슴과 내부기관이 형성되고 난 후에 손가락이나 발가락을 사용할 수 있는 능력이 발달된다. 또한, 전체 특수 활동의 원칙 (general to specific)에 의해서 신체 발달이 몸 전체를 움직이는 운동에서 점차적으로 필요한 부위만 사용하여 움직일 수 있게 된다.

셋째, 발달에는 개인차가 있다. 모든 영유아는 일정한 순서와 방향에 따라 발달되지만 사람마다 가지고 있는 유전적인 요인과 환경에 따라서 차이가 있다.

넷째, 발달은 계속 이루어지지만 그 속도는 동일하지 않다. 인간의 발달은 일생 동안 계속 이루어지지만 발달 영역에 따라, 발달하는 신체 부위에 따라 성장시기와 속도가 다르다.

다섯째, 발달에는 결정적 시기(Critical Period)가 있다. 발달이 이루어지는 최적의 시기로서 영유아기의 경험이 모든 단계에 영향을 줄 수 있다.

여섯째, 발달의 각 영역은 서로 밀접하게 관련되어 있다. 신체·언어·인지·사회정서 등은 밀접하게 연관되어 있어서 다른 영역에 영향을 미친다.

3) 영유아 발달의 중요성

영아들은 출생하면서 새로운 환경에 적응하기 위해서 신체와 인지를 활용하여 성장하긴 하지만 주로 양육자의 손에 의해 의존하면서 많은 시간을 보내게 된다. 이에 비해 유아들은 외부의 제약을 받지 않고 자기 스스로 하려고 하는 자율성을 보이며, 자기 스스로 선택해서 무언가를 하고자 하는 주도성을 발달시키게 된다. 또한, 다양한 문해 능력과 같이 취학에 필요한 학습기술을 습득하고, 상호작용의 대상도 확장해 또래관계 및 대인관계의 폭을 넓혀 나가게 되면서 영아에 비해 좀 더 적극적으로 사회를 경험하게 된다.

특히 영유아 발달에 있어서 시기는 중요한 요인이 될 수 있다. 19세기 초 프랑스 남부

마을 아비뇽에서 발견된 야생 상태의 11세 빅토르는 파리의 농아연구소에서 40세에 사망했는데 흔히, 늑대소년이라고 불린다. 인간 사회에 적응하는데 어려워서 야생의 생활을 계속 하다가 몇 년에 걸친 적응기간 후에야 인간의 규칙을 수용했다고 한다. 그러나 긴 시간이 흘러도 말은 하지 못했는데, 이는 언어 발달이 이루어져야 하는 시기에 이루어지지 않았기 때문에 배우지 못한 것이다. 언어 발달이 가장 잘 이루어지는 시기는 2세부터 사춘기 동안인데 이 시기에 언어 발달이 이루어지지 않은 것이다.

그뿐만이 아니라 영유아기에 신체 및 두뇌 발달을 통해 기본적인 운동, 지각, 인지 능력을 발달시키고, 이를 바탕으로 유아기에는 획득한 운동 기술 등을 보다 정교화하며 확장된 맥락에서 자기 주도적인 행동을 시도하고 다양한 관계를 경험하게 된다. 유아 발달의 중요성을 살펴보면 다음과 같다.

첫째, 영유아 시기에는 인간 발달의 변화가 빠르고 많이 일어난다. 둘째, 영유아기에 나타난 사건이나 경험은 추후 발달 단계까지도 영향을 미친다. 셋째, 인간의 생애 초기에 특별하게 내재되어 있는 잠재력을 발현시킬 수 있는 특성이 있다. 넷째, 영유아 발달과 같은 발달 초기의 특성은 성인기의 복잡한 발달 과정을 설명하는 데도 도움이 된다. 다섯째, 영유아 시기에는 사회의 집단적인 보육과 교육이 본격적으로 시작된다.

2. 영유아 발달이론

발달의 학문적 이론은 다양함으로 하나의 이론으로만 설명하기는 어렵다. 현재까지 알려진 학문적 이론들을 보면 인간의 여러 발달측면에서 영유아의 발달에 대해 알아보고자 했다. 이에 그 중 대표적인 성숙이론, 정신분석이론, 학습(행동주의)이론, 인지 발달이론, 동물행동학적 이론, 생태학적 이론, 인본주의 이론을 살펴보면 다음과 같다.

1) 성숙이론

성숙이론은 인간이 태어나면서 유전적으로 물려받은 특질에 의해 정해진 순서대로 발달한다는 이론이다. 성숙이론을 주장한 학자들은 영유아 자신의 발달 속도에 따라 발달할 수 있도록 영유아 중심의 양육환경을 제공해야 함을 주장한다.

루소는 인간의 발달이 내적으로 프로그램화되어 있는 일련의 계열적 단계에 따라 이루어진다고 주장하고, 단계마다 질적인 발달전환이 발생하므로 단계별 특성에 맞는 교육과정을 실시할 것을 강조했다(김현호, 김기철, 정희정, 최철용, 최용득, 현영렬, 2014). 루소의 인간 발달 단계에 따르면 영유아는 유전적으로 자신이 갖고 태어난 천성에 따라 교육되는 능동적인 존재라고 했고, 교육자의 역할로는 영유아를 성인세계로부터 보호하는 것이라는 교육관을 강조했다(조복희, 2006).

Gessell(1880~1961)은 행동발달 주기를 0~5세, 5~10세, 10~16세의 세 단계로 나누었다. 아동의 발달을 단계로 나눔으로써 현재의 발달 상태를 이전 단계나 다음 단계의 발달 상태와 비교할 수 있고, 각 단계별 성숙을 통해 아동의 발달을 상대적으로 비교할 수 있다. 특히, 게젤은 40년간 수많은 아동을 관찰하고 측정하면서 영유아의 행동 영역에서 개인차를 발견했고, 이를 바탕으로 아동개인의 발달을 평가하는데 사용될 수 있는 일련의 행동발달 목록표를 고안했다. 게젤은 발달을 촉진하는 요인인 성숙과 환경 중에 성숙을 더 중요시 하긴 했으나 환경의 영향을 완전히 배제하지는 않았다. 예를 들어 그는 자궁 내의 양수 온도나 모체로부터 들어오는 산소의 양에 의해 태아발달이 영향을 받는다는 점은 인정했다(김현호 외, 2014). 그러나 게젤은 지나치게 성숙요인만 강조하고 환경요인을 경시했다는 비판을 받고 있다.

2) 정신분석이론

Freud(1885~1939)는 자유연상과 꿈의 해석, 인간의 감정과 충동, 환상 등 내면세계를 다루어 왔다. 프로이드 이전 사람들은 행동이란 단지, 자신의 의지에 의해 통제할 수 있다고 믿어왔다. 그러나 프로이드는 그 개념을 변화시켰고, 오늘날 우리가 알고 있듯이 우리 행동의 많은 부분이 숨겨진 동기와 무의식적인 욕망에 의해 지배된다고 생각하게 되었다.

Freud는 인간의 정신세계를 물 위에 떠 있는 빙산에 비유하면서 세 가지의 구조를 설명했다. 세 가지 구조는 의식(consciousness), 전의식(preconsciousness), 무의식(unconsciousness)으로 이 세 가지 구조가 인간의 성격을 이루고 있으며, 이들은 서로 상호작용을 하면서 이러한 세 가지 구조의 특징은 행동으로 나타나게 된다. 본능적인 정신적 에너지가 성격의 세 가지 구조(원초아, 자아, 초자아)로 하여금 각각의 기능을 수행할 수 있게 하는 원천적 에너지가 된다(이성태, 2007). 원초아는 인격 가운데 무의식적이고 충동적인 측면에 해당하며 쾌락원리에 의해 지배되는 심리현상이다. 자아는 인격 가운데 주로 의식 부분에 해당하는 것으로 현실원리에 입각하여 원초아의 즉흥적인 충동을 억제하고 현실을 고려하게 한다. 초자아는 일반적으로 도덕이나 양심에 해당하는 인격적 특성이며, 자기 자신을 끊임없이 비판적으로 감시한다(조형숙, 박은주, 강현경, 김태인, 배정호 외, 2015). 자아가 약한 사람은 융통성 없고 완고하며 반복적인 방어기제와 병적인 해결방법을 되풀이하여 정신병이 생기기도 한다(김미영, 2010). 또한, 무의식적으로 행한 부모의 초자아적 행동 모델은 유아의 초자아 형성에 큰 영향을 미치기도 한다(현정환, 2009). 이러한 세 가지 구조는 서로 상반되는 목적을 추구하기 때문에 서로 간에 긴장이 발생하게 되는데 제대로 중재하지 못했을 경우에 불안을 느끼게 된다. 어떤 상황에서 불안은 매우 고통스럽게 느껴지고 그로 인해 극심한 심적 압박을 동반하게 된다. 따라서, 인간은 각자 가지고 있는 자아에 의해서 방어라는 기술을 발달시키게 되고 이것을 방어기제라고 한다.

방어기제의 형태는 다음과 같다.

- 합리화(rationalization) : 어떤 상황에 적합할 듯한 그럴듯한 변명을 제시하는 것
- 억압(repression) : 실제 경험하고 있어서 스트레스를 유발하는 일을 의식하지 않도록 동기화하여 스트레스를 처리하는 것
- 전이(transference) : 자신의 부정적 감정을 상관없는 대상에게 표출하는 것
- 동일시(identification) : 타인의 태도, 가치, 신념 등을 자신의 것으로 내면화하는 것
- 반동형성(reaction formation) : 스스로 받아들일 수 없고 현실적으로 용납할 수 없는

행동이나 생각, 감정을 완전 반대로 표현하는 것

- 투사(projection) : 자기 자신의 감정이나 충동을 남의 탓으로 돌리고 스트레스를 해소하려고 하는 것
- 부인(denial) : 현실을 인정하지 않고 부정하여 왜곡하면서 현실 자체를 거부하는 것
- 승화(sublimation) : 개인·사회적으로 받아들일 수 없는 감정이나 충동을 사회적으로 바람직한 행동으로 해소하는 것

영유아들은 여러 가지 쾌락추구 경향성으로 삶을 시작한다는 것이 프로이드의 견해이다. 특히 쾌락은 신체부위인 입, 항문 그리고 성기를 자극받을 때 경험하게 된다고 했

표 1-2 **발달 단계에 따른 특징**

단계(연령)	특징
구강기 (출생~1세)	성적에너지가 구강에 집중되어 입, 혀, 입술 등 먹는 행동을 통해 만족과 쾌감을 얻는다. 이 시기에 만족을 못하면 항문기로 넘어가지 못하고 고착되어 빠는 것에 집착하게 된다. 예: 손가락 빨기, 과음, 과식, 흡연, 수다
항문기 (1~3세)	리비도가 항문에 모아지게 되면 대소변을 통해 쾌락을 느끼게 된다. 그로 인해 영유아들은 배설물에 관심과 흥미를 갖게 된다. 이 시기에 너무 조급하게 배변 훈련을 하면서 강제적으로 시키면 그 후에 성인이 되어 고착현상이 나타난다. 즉, 이 시기에 리비도가 고착되어, 지나치게 깨끗함만을 강조하게 되는 결벽증이 생겼거나, 어떤 것이든지 아끼려고 하고 보관하고 있으려는 인색함을 보이게 된다.
남근기 (3~6세)	이 시기는 다른 단계에 비해 평온한 시기인데, 리비도가 억압되어 성적 충동이 잠재되어 있게 된다. 이 시기에는 주로 지적 탐색이 활발하게 이루어지면서 지적활동에 에너지를 집중하게 된다.
잠복기 (6~12세)	리비도가 성기에 있으며 심리적 변화가 크게 일어난다. 남아는 오이디푸스 콤플렉스(oedipus complex), 여아는 엘렉트라 콤플렉스(electra complex)를 경험하면서 동성과 이성에 대한 성적인 이상향이 생기게 된다. 이 시기에 잘못된 방식으로 성기에 대한 인식을 남게 하면, 남아는 거세불안(castration anxiety)을 유발시킬 수 있고, 여아는 남근을 선망(penis envy)하게 된다. 남아는 거세불안을 감소시키기 위해 아버지에 대한 적대 감정을 억압하고 자신과 아버지를 동일시한다(정옥분, 2009). 반면에 여아는 성기가 없는 소년이라고 묘사하는데, 이는 프로이트의 정신분석학이 남자만을 위한 심리학으로 묘사되는 이유이기도 하다(조형숙 외, 2015).
생식기 (12세 이후)	앞 단계에 잠복되어 있던 리비도가 무의식에서 의식의 세계로 나오게 되는 시기이다. 그로 인해 신체적, 생리적 능력 역시 갖게 된다. 그러므로 이 시기를 순조롭게 넘긴 청소년은 타인을 배려하고 이해할 수 있는 이타적인 사람으로 성숙하게 된다.

표 1-3 에릭슨의 심리사회적 발달 8단계

발달시기	단계(연령)	특징
영아기	신뢰감 대 불신감 (출생~1세)	사회적 관계는 주로 양육자인 부모와의 적절한 관계를 맺으면서 형성하게 된다. 그로 인해 타인에 대한 긍정적 심리를 가지고 원만한 성격이 된다. 그러나 처음 갖게 되는 사회적인 관계인 부모와의 부적절한 관계는 외부세계로부터 환경에 대해서 불신감을 형성하게 한다.
걸음마기	자율성 대 수치심과 회의감 (1~3세)	적극적이며 능동적인 신체 움직임과 언어를 사용하는 시기이다. 이러한 시기에 주고 하는 요구는 자발성의 요구라고 한다. 그러나 영유아가 자기통제와 독립적 행동이 구속받게 된다면 의구심이나 심한 죄책감을 갖게 된다. 이 시기에는 질문과 탐색활동을 많이 하게 된다.
유아기	주도성 대 죄책감 (3~6세)	이 시기에는 자기 의지가 강해지고 자기 주도적으로 행동하려고 한다. 따라서, 권위 있는 부모라면 영유아 스스로가 결정권을 가지도록 지지하고 격려해주고 자녀의 의견을 존중해주어야 한다. 만약 영유아가 하지 말아야 할 것을 한다면 '안 된다'는 이유에 대해서 합리적으로 설명할 수 있다. 그러나 권위주의적인 부모는 영유아에게 제한, 통제, 비판적 잣대로 판단하면서 영유아의 자신감을 떨어트리고 소극적 성격을 갖게 하여 사회적 관계맺기를 방해하게 된다.
학령기	근면성 대 열등감 (6~12세)	이 시기의 사회적 관계는 또래집단, 선생님으로서 대부분의 시간을 학교에서 보내기 때문에 이러한 관계가 형성된다. 기초학업 능력이 어떻게 길러지냐에 따라서, 또래와 선생님과의 관계가 변한다. 즉 공부를 잘하면 선생님, 부모님이 좋아하기 때문에 사회적 관계가 잘 발달하게 된다. 아동의 근면성이 형성되는 시기로서 자신의 환경에서 생산적인 사람이 되려고 노력한다. 그러나 꾸중, 비난, 무시, 핀잔을 받게 된다면 자신에 대한 열등의식이 생긴다.
청소년기	정체감 대 정체감 혼미 (12~20세)	내가 누구인지에 대해서 의문을 가지며 나 자신이 무엇을 잘하는지 고민하는 자아정체감 형성에 결정적인 시기이다. 고민에 대한 답이 없이 정체감 혼미 상태에서 이후 6,7,8단계에 긍정적인 발달 단계를 이루기 어려워진다.
청년기	친밀감 대 고립감 (20~24세)	청소년기에 자아 정체감이 확립되면서 정체성을 다른 사람과 관계를 맺게 된다. 그로 인해 자신의 고립을 여러 다른 사람들과의 친밀감으로 자신의 고립을 극복하려고 한다. 그러나 이 시기에 다른 사람과의 친밀감을 확립하지 못하면 소외감을 느끼게 되고 그로 인해 고립된 인생을 경험하게 된다.
성인기	생산성 대 침체성 (24~65세)	중년기에 다른 사람과 원만한 관계가 이루어지면 생산적인 일에 몰두하기 위해 자녀 양육에 관심을 가진다. 그러나 원만한 관계가 이루어지지 못했을 경우에 결국에는 사회적으로나 혹은 발달적 정체가 생기게 된다.

(계속)

발달시기	단계(연령)	특징
노년기	자아통합감 대 절망감 (65세 이후)	통합성은 인생에 대한 통찰과 관조로 자신의 죽음까지도 수용하는 것을 의미한다. 그러나 통합감을 갖지 못했을 경우에는 인생의 덧없음을 탓하 며 절망하면서 죽음에 이르게 된다.

는데, 이러한 경험은 다섯 단계의 심리성적단계(psychosexual stages)를 거쳐서 발달한
다고 했다. 인간 본능에 의해 이끌리듯 표출되는 리비도(libodo)는 성적에너지이며, 이
러한 성적 본능인 리비도는 집중되는 신체부위에 따라서, 성격발달 단계가 구분된다. 이
처럼 프로이드의 발달 단계는 각각 신체 특정 부분의 반응형태에 따라 정의되는데, 어떤
발달 단계에서 문제가 잘 해결되지 못했을 때 반응 하게 되는 것이 고착(fixation)이다.
다음은 발달 단계에 따른 특징이다.

　에릭슨도 프로이드처럼 인간의 성격발달에 대해 연구했는데, 성격발달이 사회와의 관
계 속에서 이루어진다고 주장했다. 즉, 프로이드는 성격발달이 성적인 에너지에서 이루
어진다고 했으나, 에릭슨은 사회적인 관계에서 이루어진다고 했다. 또한, 에릭슨은 전 생
애에 걸쳐 성격발달이 이루어진다고 하면서 자아발달 단계에 따라 8단계로 제시했다.

3) 학습(행동주의)이론

학습이론은 발달에 있어서 단계라는 개념을 사용하지 않으며, 인간의 모든 행동이 자극
대한 반응이라고 주장한다. 즉, 외부의 자극과 경험에 의해서 행동이 이루어진다고 했
다. 그러므로 인간이 가지고 있는 내적인 요인보다는 외부요인으로 환경적 요인을 강조
하는 것이다. 대표적으로 파블로프의 고전적 조건 형성과 왓슨의 행동주의, 스키너의 조
작적 조건 형성, 반두라의 인지적 사회학습이 있다.

　파블로프(Pavlov, 1949~1936)는 고전적 조건형을 이론화했다. 행동은 환경자극에 대
한 학습된 반응양식이라고 보면서, 주변 환경과의 끊임없는 상호작용 속에서 야기되는
경험이 우리의 행동을 변화시킨다고 주장한다. 무조건 자극이란 자극이 주어지면 자연
스럽게 반응이 유발되는 것으로, 이때의 반응을 무조건 반응이라고 한다. 아무런 반응

그림 1-1 **파블로프의 조건반사 실험**

을 주지 않는 자극은 중성자극이며, 이 중성자극과 무조건 자극이 연합되면 반응이 일어나게 된다. 예를 들면 먹이를 주러 가는 주인의 발자국 소리를 듣고 미리 타액을 분비하는 개의 반응이 이에 해당하는데, 파블로프는 이런 유형의 심적 반사를 조건반사라고 했다(조성연 외, 2006).

왓슨(Watson, 1978~1958)은 파블로프가 했던 동물실험을 통해 연구한 고전적 조건 형성원리를 인간의 행동에 적용하여 연구했다. 유명한 일화로 왓슨은 "나에게 12명의 건강한 아이를 준다면 그들을 자신이 원하는 대로 의사든지 변호사든지 도둑이든지 거지든지 무엇이든지 만들 수 있다."라고 함으로써 극단적인 환경적 요인을 강조했다. 왓슨에 의하면, 행동뿐만 아니라 정서반응까지도 고전적 조건 형성으로 설명이 가능한데, 예를 들어, 알버트라는 소년에게 실험한 흰쥐 실험에서에서처럼 고전적 조건 형성에서 나타나는 자극 일반화 현상이 이루어졌다는 점이다. 또한, 왓슨은 조건 형성된 정서를 탈조건 형성시키기 위해 체계적 둔감법을 사용하므로 공포를 유발하는 자극에 점진적으로 노출시켜서 감정을 둔화시킬 수 있는 행동수정기법에 일조했다.

스키너(SKinner, 1905~1990)는 파블로프와 왓슨의 반응적 행동의 조건 형성을 연구한 것과는 달리 유기체가 스스로 조건 형성을 조작하는 것을 연구했다. 즉, 조작적으로 실험을 하여 얻어진 결과를 조건 형성이라고 명명하면서 조작적 조건 형성을 강조한다. 스키너가 생각할 때, 인간의 행동은 고전적 조건 형성으로 설명되는 수동적이고 기계적

그림 1-2 스키너의 상자(특수 아기 침대)

인 반응행동만 있는 것이라 아니라 스스로 행동을 일으키고 환경을 통제하는 자발적인 조장행동이 더 많다고 보았다. 예를 들어, 스키너의 상자 실험에서 쥐가 지렛대를 누르는 횟수를 증가시키는 강화된 것은 먹이였는데, 이처럼 어떤 반응에 대해 긍정적인 보상이 있으면 그 반응이 더 많이 나타난다는 것이다. 강화는 학습의 중요한 요인이 되는데, 강화란 행동의 발생빈도를 증가시키는 것으로 정적강화와 부적강화가 있다. 정적강화의 종류에는 물질적 강화, 사회적 강화, 자기강화가 있다. 물질적 강화란 장난감, 과자, 책 등의 물질을 말하며, 사회적 강화란 칭찬, 격려, 쓰다듬어 주기 등의 강화를 말한다. 자기 강화는 자기 만족감에 의한 내적동기를 말한다. 부적강화는 혐오상태를 제거하는 것인데, 벌과는 구별된다. 벌은 매를 맞거나 꾸중을 듣는 등의 혐오상태를 제공하여 행동의 발생빈도를 감소시키지만, 부적강화는 행동의 발생빈도를 증가시켜 혐오상태를 제거하는 것이다.

스키너의 일화 중에는 특수 아기 침대를 발명한 것이 있다. 이 상자는 온도 습도 조절이 되어 아기를 기저귀만 채워 놓으면 되고 천으로 되어 있는 바닥도 컨베이어 벨트처럼 되어 있어서 갈아 주었다고 한다. 현재에도 이 스키너 상자가 정적강화인지에 대해서는 계속 회자되고 있다.

반두라(Bandura, 1925~)는 인지적 사회학습이론을 주장하면서 인간은 자극을 주면 반응하는 단순한 존재가 아니라 능동적으로 사고할 수 있는 인지적 능력이 있는 사회적 존재라고 했다. 따라서, 다른 사람의 행동을 관찰하면서 더 많이 학습되는데, 예를 들어 언니를 따라하면서 밥을 먹고 손을 씻는 것이다. 이처럼 다른 사람의 행동을 관찰하면서 학습하는 것은 관찰학습 또는 대리적 조건 형성이라고 한다. 관찰학습은 학습에 주안점을 두는 모방 또는 모델링이 있다.

4) 인지 발달이론

피아제(Piaget, 1896~1980)는 인지적 관점에서 적응과 발달을 연구하면서 발달이론 제시했다. 피아제에 의하면 인지 발달이 성숙과 환경의 상호작용에 의해 발달한다고 했다. 이러한 인지 발달은 영유아마다 약간의 차이가 있을 수는 있으나 거의 비슷하게 4단계의 순서를 거친다고 했다.

또한, 인지 발달의 주요 개념은 도식, 동화, 조절, 평형이다. 도식(scheme)이란 영유아가 가지고 있는 '이해의 틀'을 말하는데, 태어날 때 가지고 출생하는 것이 아니라 주변 환경과 상호작용하면서 끊임없이 적응하는 과정 속에서 형성하는 것으로서 어떤 행동과 경험에서 형성되는 것이다. 동화와 조절(assimilation, accommodation)은 주변 환경과 계속 상호작용하면서 적응하는 과정이다. 특히 동화와 조절은 상호 유기적으로 작용한다. 동화는 이미 가지고 있는 도식 또는 체계에 의해 어떤 대상이나 사건을 이해하거나 해석하는 인지 과정이고, 조절은 기존에 인지 구조를 가지고 있었으나 새롭게 변경할

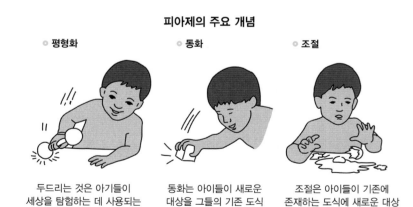

피아제의 주요 개념

○ 평형화

두드리는 것은 아기들이 세상을 탐험하는 데 사용되는 선호하는 도식이다.

○ 동화

동화는 아이들이 새로운 대상을 그들의 기존 도식 안으로 포함시킬 때 일어난다.

○ 조절

조절은 아이들이 기존에 존재하는 도식에 새로운 대상이 딱 맞지 않을 때 일어난다.

그림 1-3 **피아제의 주요 개념**

표 1-4 인지 발달의 단계별 특성

단계(연령)	특징
감각 운동기 (0-2세)	생후 초기 영아의 인지 활동은 움직이면서 감각적이다. 이 시기에 영아는 주로 손과 입의 감각을 통해 빨기, 쥐기, 때리기와 같은 행동을 하면서 도식을 조직화한다.
전조작기 (3-6세)	2세가 지나면서 유아는 가상놀이가 가능해지는데, 이는 실제사물을 상징화하는 놀이로써 소꿉놀이, 병원놀이 등이 있다. 이러한 상징적 사고를 하게 되는 시기이다. 또한, 직관적 사고, 자아 중심적 사고, 물활론적 사고, 인공론적 사고, 실재론적 사고도 한다.
구체적 조작기 (7-11세)	구체적 조작기에서는 전조작기에서처럼 자기의 관점을 한정시키지 않고 오히려 일반적인 것으로 관점을 확대하면서 내적 표상을 여러 가지 방법으로 조정하게 된다. 그래서 이 시기의 아동은 자기 중심에서 벗어나 탈 중심화가 된다. 구체적인 세계에만 한정될 뿐 추상적으로 사고하지는 못한다.
형식적 조작기 (12세 이후)	형식적 조작기에서는 추상적이면서 논리적인 사고를 하게 되는데, 그로 인해 어떤 문제를 해결하거나 새로운 가설을 사용할 수 있고 성인과 같은 형태로 생각하고 말할 수 있다. '미래와 눈에 보이지 않는 먼 곳(Remote & Future)'까지 사고하게 되면서 '연역적 문제 해결 방법'으로 논리적 사고가 가능하게 된다.

때에 이를 받아들일 수 없는 경우 기존의 인지 구조를 변경시키는 과정을 말한다. 평형 (equalibration)이란 어떤 새로운 상황이 올 때 일관성과 안전성을 만들려고 계속 동화와 조절을 하는 과정을 말한다.

인지 발달에 대해 비고츠키(Vygotsky)의 관점은 피아제(Piaget)와 다소 차이가 있다. 피아제는 성숙과 환경의 상호작용을 중요성을 강조한 반면, 비고츠키는 인지 발달이 사회·문화·역사 등에 의해 이루어진다고 주장했다. 이처럼 비고츠키는 개개인의 인지적 성장이 사회문화적 맥락 내에서 일어나고 사회적 상호작용을 통해 발달한다고 강조하고 있다(장휘숙, 2001). 따라서, 피아제는 개인의 인지 발달이 환경을 경험하면서 성장하게 되고 그로 인해 발달하게 된다고 설명하고 있다면, 비고츠키는 이를 좀 더 명확하게 설명하고 있다. 즉, 영유아의 인지 발달은 시대적 흐름에 맞게 사회문화적 맥락 내에서 또래와 어른들과의 상호작용을 통해 발달한다고 접근하고 있는 것이다.

5) 동물행동학적 이론

로렌츠(Lorenz)의 각인 이론에서 각인은 생존 가능성을 증진시키는 종 특유 행동패턴이다. 인간에게도 나타나는 유기체를 보존하기 위한 종 특유의 생존 본능이 내제되어 있다. 이러한 생존 본능은 신생아와 영아를 관찰하면 잘 볼 수 있다. 예를 들어 오리는 처음 태어나자마자 본 것에 각인되어 따라다니는 종 특유의 반응이 나타난다. 오리입장에서는 엄마를 쫓아다녀야 먹이도 먹고 적에게 보호를 받기 때문이다. 이렇듯 모든 동물에게는 나름의 종 특유 행동이 있다. 이러한 각인이론에서의 결정적 시기는 생의 초기에 아주 짧게 나타난다.

볼비(Bowlby, 1907~1990)의 애착 이론은 생의 초기 단계에서 주 양육자와 애착관계가 형성되지 않는다면 후기 단계로 갈수록 사회적 관계와 발달이 떨어진다고 주장한다. 이는 정상적으로 자라난 영유아에 비해 부모와 떨어져서 자란 7~12세의 아동을 추적 조사하여 나타난 결과로, 그들은 거칠고 주도성이 떨어지거나 과도하게 흥분하기도 했다. 이에 볼비는 생애 초기에 어머니의 적절한 돌봄이 필요하다는 것과 돌봄을 통해 세상을 이해하는 기본적인 내적 동기를 만든다고 주장했다.

또한, 할로(Harry Harlow, 1905~1981)는 새끼 원숭이로 실험했는데 로렌츠의 각인 이론을 통해 애착 형성 과정을 설명한다. 빨간 털 원숭이의 애착 형성 시험은 나무 머리에 철사 몸체를 가진 젖병이 달린 인형과 부드러운 천으로 되어 있지만 배고픔을 해결할 수

그림 1-4 **로렌츠의 각인 이론**

그림 1-5 **할로의 원숭이 애착 형성 실험**

없는 인형을 놓고 실험했는데, 원숭이는 우유를 마실 때는 잠깐 철사 인형에게 갔다가 다시 천 인형으로 돌아와서 대부분의 시간을 보냈다. 이는 애착이 접촉의 쾌감으로 인해 생긴다는 것을 설명하게 되었다. 따라서, 낯가림을 하면서 심하게 우는 6개월 정도가 되면 특정인에 대한 애착이 이루어졌다고 말할 수 있는 것이다. 이러한 중요한 실험에도 불구하고 원숭이 실험은 가학적인 실험으로 인해 아직도 많은 곳에서 회자되고 있다. 그럼에도 불구하고 할로와 볼비의 초기 연구는 인간생물학의 개념과 동기이론을 개념화했다는 데 의의가 있다.

6) 생태학적 이론

브론펜브레너(Bronfenbrenner, 1917~2005)의 생태학적 체계 이론은 다섯 가지의 외부 체계가 있으며 상호작용을 통해서 질적, 양적으로 발달 변화한다. 유기체가 적극 능동적으로 상호작용하고 발달한다. 먼저, 미시체계는 영유아와 가장 직접적으로 상호작용하

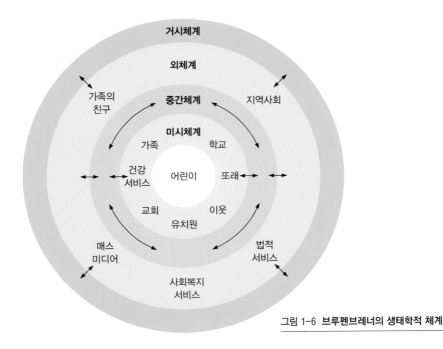

그림 1-6 **브루펜브레너의 생태학적 체계**

는 체계로, 부모, 학교, 놀이터, 교회, 병원, 또래를 말한다. 중간체계는 미시체계들 간의 상호작용으로서 예를 들어 부모-학교의 상호작용을 말한다. 외체계는 영유아가 직접적으로 상호작용하는 체계는 아니다. 그러나 영유아의 발달에 많은 영향을 줄 수 있는 체계이다. 따라서, 확대 가족, 이웃, 법률서비스, 교육위원회, 사회복지기관, 대중매체, 가족의 친구, 부모의 직장 등이 해당한다. 거시체계는 영유아가 직접 참여하는 체계는 아니지만 한 개인이 속해 있는 문화적 가치, 법, 관습, 하위문화를 말한다. 시간체계는 위의 네 가지 체계에 시간 차원을 더해 영유아의 발달을 한 시점의 사건이나 경험이 아닌 사회 역사적 환경으로 해석하는 것으로, 시간이 흐름에 따라 경험이 달라질 수 있다는 것을 의미한다. 따라서, 생태학적 이론에 의하면 인간은 자기를 둘러싼 여러 체계들과 얼마나 역동적으로 상호작용하느냐에 따라 발달하고 성장한다고 할 수 있다.

7) 인본주의 이론

매슬로(Maslow, 1908~1970)는 인간은 개인적 발달을 위한 많은 잠재력을 지니고 있으며, 기본적으로 선하고, 자아실현을 위하여 노력하는 존재라고 믿었다(김수희, 2008). 이렇게 자아실현을 하는 사람들은 사회적 환경의 영향을 덜 받으며, 자유롭게 살아간다. 매슬로의 기본 욕구 5단계에 의하면, 첫째, 생리적 욕구는 배고픔, 목마름, 배설, 수면, 성 등과 같은 욕구이며, 둘째, 안전의 욕구는 공포, 고통, 위험으로부터 안정성을 추구하며, 셋째, 사랑과 소속의 욕구는 어떤 집단에 소속되어 사랑을 받고 싶어 하는 것이다. 넷째, 자아존중의 욕구는 타인으로부터 존중받고 싶어 하는 욕구이며, 다섯째, 자아실현의 욕구는 자신의 잠재력을 발휘하여 실현하고자 하는 욕구이다. 이러한 욕구는 하나씩 충족시키고 나면 다음 수준의 욕구를 만족시키고자 하는데, 자아실현의 욕구에 이르기까지 계속하게 된다.

로저스(Rogers, 1902~1987)는 자아실현을 위해 노력하는 과정에서 개인의 성장이 이루어진다고 주장했다. 자아를 행위자로서 바라보고 나와 대상물로서의 나, 나와 다른 사람, 나와 세계와의 관계에 대해 알고자 했다. 이렇듯 인본주의는 인간을 무한한 잠재력을 가진 존재로 가정하면서 낙관적인 견해를 가지고 있다.

3. 영유아 발달의 맥락

유아는 영아에 비해 신체적으로 활발해져서 주변 환경을 보다 적극적으로 탐색하게 되고 호기심이 많아지게 되면 물리적으로 좀 더 범위를 넓혀 나가게 된다. 때로는 어른들이 사용하는 폭넓은 어휘를 사용하기도 하고, 때로는 확장된 물리적 맥락 내에서 새로운 사람과도 활발히 상호작용하면서 다양한 경험을 통해 성장하기도 한다. 따라서, 이 시기에 유아와 발달 맥락 간 상호작용이 더 활발해지는 만큼 유아에게 미치는 사회문화적 맥락의 영향력도 더 중요해진다. 사회에서 유아를 양육하게 되는 사람은 대부분 가족이다. 일반적으로 가족은 영유아가 처음으로 접하는 되는 물리·사회적 환경임과 동시에 주 애착자와 긴밀한 상호작용이 일어나는 곳이기도 하다. 가족 못지않게 영유아 발달에 영향을 주는 곳으로 우리나라에서는 최근 사회 변화와 함께 특히 거의 모든 영유아들이 일상생활을 하는 환경도 중요하다. 환경은 보육이나 교육을 담당하는 기관으로써 대부분의 영유아들은 그들이 속한 사회의 문화·신념·전통·예절 등을 다양한 경험에 의해 영유아의 발달에 직간접으로 영향을 미치고 있다. 따라서, 영유아 발달의 맥락을 이해하려면 영유아가 태어나서 처음 접하게 되는 1차 사회기관인 가족과 다양한 일상생활을 경험하면서 발달하게 되는 유아교육기관의 다양한 특성들을 모두 고려해야 한다.

1) 유아

유아는 주변 환경을 적극적으로 탐색하면서 다른 사람들과 상호작용하고 관계를 맺게 된다. 그러면서 유아는 다양한 연령과 성별에 따라 혹은 기질과 발달 등에 따라서 주변 사람과 환경의 맥락 내에서 상호작용하고 영향을 주게 된다. 태어날 때 미숙아로 태어났는지, 장애가 있는지, 기타 발달상의 문제가 있는지에 따라 달라지고, 유아의 연령, 부모나 교사, 발달 맥락 내 타인들이 기대하는 바가 달라지므로 이들이 유아를 대하는 방식도 달라진다. 또한, 유아가 속한 문화에서 성별의 구분에 따라서, 남자에게 강요되거나 여자에게 요구되는 역할과 태도를 습득하여 행동하도록 하기 위해 바람직한 행동을 설정하기도 한다.

　이처럼 유아가 어떤 문화권에서 태어났는지 혹은 유아가 특별히 가지고 있는 행동 양식이나 기질이 유아와 함께 생활하는 양육자와 다른 사람에게 영향을 주게 된다. 즉, 다루기 어려운 기질인지, 과잉행동 및 부주의한 행동을 자주 하는지 등을 고려해야 한다. 그로 인해 다양한 기질적 차이에 따라 유아들은 독특한 특성과 행동을 보이며 주변 환경과 주변 사람과 상호작용한다. 이는 같은 사회문화권에 속한 유아라 할지라도 각자의 기질과 성별 혹은 특성에 따라서 유아가 경험하는 것이 유아마다 다를 수 있으며, 그로 인해 유아의 발달이 상당부분 영향을 받게 됨을 의미한다.

2) 양육자

양육자는 유아를 오랜 기간 양육하며 물리·심리적인 유아의 요구에 바람직하게 반응해 주고 행동하는 사람으로서 가족 맥락에서는 주로 어머니가 주 양육자의 역할을 수행하고 있는 실정이지만, 오늘날 다양한 형태의 가족형태가 등장하면서 때때로 아버지와 조부모가 양육자의 역할을 수행하기도 한다. 또한, 또 다른 가족형태로서 입양이나 미혼모로 구성된 가족이 등장하기도 하는데 이러한 경우에는, 보육기관, 입양기관 등에서 보육교사가 어린 영유아를 돌보고 보호하면서 일시적이지만 양육자의 역할을 대신 수행하기도 한다. 이러한 경우에는 영유아에 대한 발달에 대한 지식과 경험 및 교육수준, 교육관, 따뜻한 성품, 양육방식과 행동, 상호작용 기술 등 양육자가 가지고 있는 개인적인 자질과 전문적인 자질 등이 영유아에게 영향을 주게 된다. 예를 들어, 미혼모는 자녀의 생부로부터 정기적인 양육비를 지원받지 못하고 있으며 아버지의 애정과 관심을 받지 못한 자녀들은 학교생활의 적응에 어려움을 겪거나 일탈행동을 보이는 경우도 있다고 한다(Coley, Votruba-Drzal, Schindler, 2009).

　이러한 다양한 가정상황과 환경 속에서 양육자가 지녀야 할 유아 발달에 대한 지식은 때때로 자신이 직접 경험했던 양육방식에서 영향을 받기도 하고 때때로 어떤 동기와 계기로 인해 양육기술을 배우고 교육받아서 긍정적인 영향을 받기에 교육수준과도 밀접히 관련된다. 과거 확대가족 안에서는 양육 경험이 많은 조부모의 도움을 받아서 아이를 양육하던 시절이 있기도 했으나, 시대적 흐름에 따라 오늘날은 전문적인 교육을 받은 대리인에 의해서 보다 각각의 영유아기 발달과업을 잘 이해하고 영유아의 요구에 어떤 식으로 반영하면 좋은지 알려주며 코칭해 주는 전문가의 도움을 받고 있다. 그러나 유아를 양육하는 바람직한 방법은 조부모, 부모, 전문가 등의 다양한 지원과 도움을 받아들이고 함께 양육하는 함으로써 양육자-유아 관계의 질을 높여서 영유아의 발달을 긍정적인 방향으로 이끄는 게 필요할 것이다. 이처럼 양육자는 과거에도 현재에도 영유아의 발달에 직접적 영향을 미치고 있다.

3) 가족

가족은 유아가 태어나서 자라고 성장하면서 처음으로 사회화를 경험하는 장소이다. 가족은 부모, 형제, 자매로 구성되어 있으며, 때때로 조부모가 함께 생활하기도 한다. 가족들과 함께 있으면서 유아는 어떤 상황에서 어떤 행동을 해야 하는지 적절한 행동을 학습하게 되고, 기본 생활습관 같은 예절과 규율 및 문화적 가치를 습득하게 된다. 뿐만 아니라 우리 집 가족만이 가지고 있는 특별한 정서적 특징이나 구성, 규모 등에 따라 사회적 관계를 어떻게 맺어야 하는지를 알아보면서 언어적 상호작용을 어떻게 하는지 습관을 형성하게 되면서 직간접적으로 영향을 받게 된다. 이처럼 가족 구성원들의 교육수준이나 경제력, 사회적으로 형성하고 있는 관계, 상호작용 같은 사회문화적인 요인은 영유아 발달에 영향을 주어 어떻게 가족과 상호작용하고 관계를 맺어야 할지에 대한 연구들이 상당 부분 이루어지고 있다. 예를 들어 부모로부터 바람직한 보호와 양육을 받지 못하는 영유아는 평생 지울 수 없는 상처를 받게 된다. 일반적인 아동학대로서 신체적 학대, 성적 학대, 방임, 정서적 학대를 경험한 아동이 점차 많이 지고 있는 추세이다. 자녀의 연령에 따라 살펴보면, 신생아와 영아기 자녀의 경우에는 방임 형태로 이루어지며, 유아기나 학령기 아동은 신체적, 정서적, 성적 학대에 빈번하게 노출되고 있다(U. S. Department of Health and Human Services, 2011).

이러한 문제는 부모 자신이 스트레스를 해결하지 못했거나 낮은 교육수준과 불안정한 취업상태 및 낮은 소득수준과 빈곤 등으로 가족갈등을 반복적으로 경험하면서 가족

생활을 하게 되면서 발생하게 된다.

4) 유아교육기관

현대 우리사회는 확대가족보다는 핵가족과 맞벌이 가정이 증가하고 있으며, 누리과정의 도입으로 인해 조기교육에 대한 관심도 높은 실정이다. 이에 어린이집과 유치원은 영유아의 보육 및 교육을 부모와 함께 연계할 수 있는 방안이 무엇인지 계속 고민하고 있으며, 관련 연구기관들도 어린이집과 유치원의 수준 높은 보육과 교육의 질을 위해서 워크숍과 연구를 수행하고 있다. 2015년 보건복지부의 보육 통계에 의하면, 우리나라 0~2세 영아들의 약 34%, 3~5세 유아들의 약 95%가 어린이집이나 유치원을 이용하는 것으로 나타났다.

유아기에 접하는 어린이집이나 유치원은 규모와 형태가 다양하다. 유아의 수, 교사의 수, 물리적 특성 등에 따라 소규모인지 대규모인지 결정된다. 또한, 운영방식도 전일제, 반일제, 종일반 등에 따라 각기 다르게 운영된다. 물론 어떤 교육관을 지닌 유아교육기관에서 어떤 교사와 어떤 시간을 보내는지에 따라 유아에게 미치는 영향의 정도가 달라지겠지만, 그럼에도 불구하고 유아교육기관은 가족을 떠나서 속하게 되는 2차 사회기관으로, 또래관계를 형성하고 사회적 상호작용하면서 중요한 영향을 주고받는 곳이다.

영유아는 연령이 올라가면서 유아교육기간 안에서 경험하는 물리적인 환경은 전체로 확장되기 시작한다. 이때 전체 영유아의 규모는 유아교육기관에 직접적인 영향을 주는데, 대체로 소규모의 유아교육기관에 소속된 학생들이 상대적으로 규모가 큰 유아교육기관의 영유아와 비교하여 더 많은 사회적 지지와 보살핌을 받을 수 있다.

따라서, 영유아들이 가족의 품을 떠나서 오랜 시간 일상생활을 함께 하게 되는 유아교육기관에서의 일과는 여러모로 영유아에게 영향을 주게 되고 영유아의 발달에 중요한 영향을 미치는 구성요인으로서 작용하게 된다고 말할 수 있다.

5) 문화

인간 생애 동안 발달이 전개됨에 따라 영유아가 경험하는 세상은 좀 더 확장되고 다면화 되면서 외부 환경으로 확대된다. 여기에는 친구, 대중매체, 학교 등 사회문화적 환경이 포함된다. 문화란 세대를 통해 전해 내려오는 특정 집단 구성원들의 행동, 패턴, 신념, 기타 모든 생산물을 말하며, 이는 인간과 환경 간 상호작용의 결과물로 오랜 시간을 거쳐 형성된다(문혁준 외, 2014). 특히, 각 사회문화적으로 적절하다고 생각되는 행동과 태도들은 그 사회에 속하는 구성원들의 생각을 반영하여 적용하기 때문에 좀 더 폭 넓게 반영된다.

따라서, 사회문화적 관점에서 문화는 사회를 구성하고 있는 구성원들이 영유아와 어떤 방식으로 상호작용하는지 무엇을 경험하고 어떻게 발달하는지 등을 선택하고 결정할 때 중요한 역할을 할 수 있다. 한 실험 연구에 의하면 15분 동안 방영된 약한 수준의 폭력 프로그램이라 할지라도 전체 시청자의 25%의 공격성을 증가시킨다고 했다(Anderson & Bushman, 2002). 따라서, TV 폭력 프로그램에 노출될 아동은 다른 사람과의 관계를 형성하는데 뿐만 아니라, 장기적으로 부정적인 영향을 주게 된다. 또한, 영화나 드라마의 주인공은 주로 남성이거나 권력을 가지고 있고, 여성은 젊거나 매력적이거나 배려심이 있거나 애정과 가정문제를 다룰 때 등장한다고 한다(Signorielli, 2001). 이처럼 성역할의 고정관념이 생길 수 있는 매체의 영향에 의해서 영유아를 바라볼 수 있는 것이다.

유아가 바람직하게 성장하는 데 있어 사회문화적 관점은 영유아에게 중요한 영향을 주게 되는데, 서로 다른 문화권의 차이로 인해 사뭇 다른 견해를 보이기도 한다. 예를 들어, 어떤 문화권에서는 유아의 능력에 대한 사회적 기대가 높을 수 있고, 어떤 문화권에서는 양육방식에 대한 부모의 신념과 가치가 매우 우수에서 유아에 대한 복지나 교육에 대한 국가의 투자가 많을 수 있다. 물론 그로 인해 발달의 결과도 달라질 수 있다. 또한, 개인을 중시하는 문화권에서는 때때로 유아의 자율성과 독립심을 강조하여 유아 스스로 할 수 있음을 격려하고 개인적인 친족과의 관계를 유지하도록 가르친다. 반면에 이와 다른 문화권에서는 유아가 자신의 정서를 외부적으로 표현하기보다는 스스로 마음을 달래도록 지도하는 경향성이 높다.

문화는 굉장히 광범위하며 빠른 속도로 변화하고 있다. 특히 오늘날은 과거에 비해 훨씬 복잡해졌고 사회문화적 교류가 빈번해지면서 얼굴을 마주보지 않고 SNS로 소통하는 네트워크의 시대이다. 그러므로 고정되어 있던 물리적인 시대를 뛰어넘어서 유동적이고 역동적이며 훨씬 복잡한 맥락 내에서 유아 발달을 이해하기 위해 여러 가지 요인들을 고려할 필요가 있다. 유아 발달에 영향을 주는 요인을 예측하기 위해 앞서 고려한 유아, 양육자, 가족, 유아교육기관, 문화 외에도 여러 가지 맥락을 고려해야 할 것이다.

1. 유아 발달에 영향을 미치는 다양한 요인에 대한 논쟁점 중에서 발달이 유전에 의한 것인가, 아니면 환경에 의한 것인가에 관하여 실제적인 사례를 들어 토론하시오.

2. 행동주의이론에서 행동수정의 전략으로 사용되는 강화에 대해 자신의 관점을 말하시오.

CHAPTER 2

영유아 발달의 연령별 특징

1. 태내 발달 및 신생아 발달

1) 태내 발달 단계

배종기(germinal period)는 수정란이 정자와 난자가 결합하여 자궁벽에 착상하는 2주까지의 기간이다. 정옥분(2009)에 의하면 정자와 난자의 결합으로 이루어진 수정란은 급속하게 세포분열을 하는데, 2일 후에는 4개, 3일 후에는 32개의 세포로, 그리고 수정 후 1주일이 지나면 100~150개의 세포로 분열한다. 또한, 엄마의 자궁벽에 착상이 완전히 이루어지려면 약 1주일이 걸리는데, 배종기는 착상과 동시에 끝난다. 배아기는 수정란이 자궁벽에 착상한 후부터 8주까지를 말하며, 배아기가 되면 자유롭게 떠다니던 수정란이 자궁벽에 착상하여 어머니와 의존적인 관계를 형성하게 되고, 이때부터 발달은 매우 빠른 속도로 이루어진다(조복희, 2006). 배아기인 4주경에는 심장은 뛰고, 8주경에는 얼굴에 눈, 입, 귀가 분화되고, 팔, 다리도 형성하기 시작한다. 정옥분(2009)에 의하면 태아기는 8주 이후부터 출생까지의 시기를 말하는데, 이 시기에 촉각적 자극에 대해 반응을 하며, 운동기능이 점차 분화되고 복잡해지기 시작하면서 12주경에는 인간의 형체를 닮기 시작하고 16주경에는 어머니가 태동을 느낄 수 있으며, 20주에는 태아의 움직임이 활발하게 나타나며, 28주경이면 태아는 미숙아로 태어난다 하더라도 인큐베이터에서 양육이 가능할 정도로 충분히 성장하게 된다.

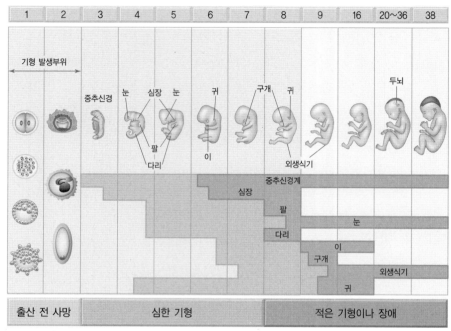

| 1 | 2 | 3 | 4 | 5 | 6 | 7 | 8 | 9 | 16 | 20~36 | 38 |

기형 발생부위

중추신경　눈　심장　눈　귀　구개　귀　두뇌

팔　다리　이　외생식기

중추신경계
심장
팔
다리　눈
이
구개
외생식기
귀

| 출산 전 사망 | 심한 기형 | 적은 기형이나 장애 |

자료: Santrock(1994)

그림 2-1 태아의 발달

2) 태내환경과 영향 요인

태아에게 영향을 줄 수 있는 몇 가지 항목에 대하여 알아보면 다음과 같다.

첫째, 영양상태이다. 임신 중기에는 태아가 엄마의 철분을 흡수하여 혈액을 만들기 때문에 임산부는 철분의 하루 섭취량을 평상시에 비해 15~30% 정도로 늘려야 한다. 영양 공급이 충분하지 못한 경우에는 미숙아가 태어날 확률이 높아지기 때문에 유의해야 한다.

둘째, 약물복용이다. 안전한 약물도 태아에게 전달되어 위험하다. 직·간접적인 흡연이나 음주 등과 같은 복합적인 약물도 태아에게 양향을 주게 되는데, 태아의 장기가 형성되는 중요한 시기에 약물이 태아에게 전달되면 인지, 운동, 언어, 사회성, 정서 발달 등 태아의 여러 영역에 걸쳐 심각한 결함을 초래하는 악영향을 미치게 된다. 대표적으로 태아 알코올증후군이 있다.

셋째, 질병이다. 질병도 태내결함을 유발하는 중요한 원인으로 작용한다. 특히 임신 3개월 이전에 엄마가 풍진에 감염되었다면 태아가 장애를 가지고 태어날 확률이 높다.

넷째, 연령 및 출산 횟수이다. 임산부가 출산할 때 최적의 연령은 23~28세이며, 노산이거나 20세 이하인 경우에는 기형아를 출산할 가능성이 높다. 또한, 아버지의 연령도 20세 이하거나 55세 이상인 경우에 다운증후군 장애가 나타날 위험이 증가한다.

일곱째, 정서 상태이다. 임산부가 정서적으로 우울하여 오랜 기간 힘들어 할 경우에 임신기간 동안 태아에게 영향을 주게 된다.

3) 신생아 발달의 특징

신생아는 태어나면 피부가 쭈글쭈글하고 붉은색을 띠며, 전체적으로 끈적끈적한 태지로 덮여 있다. 신장은 남아가 평균 50.8cm, 여아가 평균 50.1cm이고, 체중은 남아가 평균 3.4kg, 여아가 평균 3.2kg이다(조복희, 2006). 신생아의 수면시간은 하루에 18시간 정도이지만 24개월경에는 12시간 정도로 천천히 감소하기 시작한다. 신생아기에는 산모가 특별한 질병이 없거나 모유를 먹이기 힘든 상황이 아니라면 모유를 먹이는 것이 바람직하다. 이는 인공유에 비해 영양학적으로 우수하며 영아 초기에는 장내에서 비타민이나 영양소를 흡수하는 데 효과적인 장내 세균을 만들어 소화흡수를 도와주고, 영아에게 안정감을 주며, 항상 일정한 온도를 유지하고 있어 수유하기에 쉽고 간편하다. 그러므로 되도록 모유수유를 하도록 권장하고 있으나 상황이 어렵다면 인공유를 먹인다. 인공유는 영양소를 충분히 고려한 것이기 때문에 엄마가 모유수유를 못했다고 죄책감을 가질 필요는 없으며, 많은 산모들이 인공유를 선택하고 있다.

더불어 신생아의 반사는 무의식적이고도 자동적인 반응을 하게 되는데, 정옥분(2009)에 의하면 신생아는 외부의 자극에 대해 여러 가지 반사 행동을 보인다. 첫째, 근원 반사는 입 주위를 자극하면 자극을 향해 고개를 돌리고, 입을 벌려 무엇인가를 빨려고 하는 것이다. 둘째, 빨기 반사는 구강자극에 민감하기 때문에 입주위에 닿는 것은 어떤 것이지 빨려고 하는 것이다. 셋째, 모로 반사는 갑자기 큰소리를 내거나 안고 있다가 내려놓으면 팔이 활처럼 휘는 것이다. 넷째, 바빈스키 반사는 발바닥을 발꿈치에서 발가락

쪽으로 간질이면 엄지발가락을 구부리는 반면, 다른 네 발가락은 부채처럼 쫙 펴는 것이다. 다섯째, 수영 반사는 아기를 물 속에 넣으면 팔다리 운동과 호흡을 하는 것이다. 여섯째, 파악 반사는 손바닥에 어떤 물건을 쥐어주면 꼭 쥐는 것이다. 일곱째, 걸음마 반사는 겨드랑이를 잡고 살짝 들어올리면 걸어가듯이 무릎을 구부려 발을 번갈아 가면서 걷는 것이다.

2. 영아기 발달

영아기 발달은 인간 발달의 여러 영역에서 급속한 발달이 이루어지는 시기로, 신체적 성장, 두뇌 발달 및 인지 발달의 급속한 성장을 보인다. 또한, 이 시기는 사회적 발달의 중요한 형태로서 양육자와의 유대관계를 통한 애착 발달이 이루어진다. 이러한 영아기 발달의 특징을 살펴보면 다음과 같다.

1) 신체 발달

출생 후 1년은 신체적 성장이 가장 빠른 속도로 이루어진다. 그래서 제1 성장급등기라고도 한다. 두뇌 발달의 결정적 시기로서 새로운 운동기능의 발달이 뇌, 신경계, 근육의 발달과 병행하게 된다. 또한, 감각과 지각의 발달로 운동기능이나 인지 발달에 영향을 준다.

눈에 띄는 신체적 성장으로 첫째, 신장과 체중의 변화가 이루어지는데, 신장은 1.5배, 체중은 3배가 증가한다. 생후 2년에는 성인 키의 절반, 체중은 출생 시의 4배가 된다. 둘째, 신체 비율이 변화한다. 머리 크기가 신생아는 신체의 1/4, 2년 후에는 1/5, 성인은 1/8로 변한다. 셋째, 골격이 발달된다. 출생 시 뼈의 수는 성인보다 적은데, 손목뼈 3개에

표 2-1 영아기 대·소근육운동 기술 발달 특성

연령	대근육운동 발달	소근육운동 발달
0~1세	엎드려서 양팔로 머리와 어깨 지지하기 손과 무릎으로 기기 기는 자세에서 한 손 뻗치기 도움 받아 앉기 도움 없이 앉기 붙잡고 혼자 서기 스스로 혼자 서기 도움 받아 걷기 도움 없이 두세 발짝 걷기 좋아하는 물건에 손 내밀기 물건 잡기 물건 던지기 양손으로 공 집어 올리기	입에 음식물 넣기 한 손으로 물체 집어 들기 엄지손가락과 집게손가락 사용하기 주먹 쥐어 연필 잡기 그릇에 담겨 있는 물건 쏟기
1~2세	혼자 걷기 계단 기어오르기 손을 잡아주면 계단 걸어 올라가기 작은 의지에 혼자 앉기 웅크리고 앉았다가 일어서기 몸을 굽히고 장난감 집어 올리기 장난감 밀면서 걷기 장난감 잡아당기면서 걷기 공을 머리 위까지 들어올리기 의자 밀기	양손으로 두 개의 물건 잡기 컵에 물체 넣기 연필로 의미 없는 낙서하기 책 한 장씩 넘기기 병에 있는 것 쏟기 말뚝에 한 개의 고리 끼우기 말뚝에 한 개의 고리 빼기 말뚝에 네 개의 고리 끼우기 말뚝에서 네 개의 고리 빼기 크레파스나 연필로 종이에 낙서하기 지시에 따라 블록으로 탑 세 개 쌓기 두 개의 블록 쌓기 종이 찢기
2~3세	양손으로 공 굴리기 한 손으로 공 굴리기 난간 잡고 계단 올라가기 도움 받아 계단 걸어 내려가기 양발을 모으고 제자리에서 높이뛰기 땅 짚지 않고 바닥에서 일어서기 도움 받아 앞으로 구르기	다섯 개의 블록으로 탑 쌓기 다른 손으로 종이 잡기 색종이 반 접기 책 두세 장 넘기기 뚜껑 돌리기 일곱 개의 블록으로 탑 쌓기 작은 물건의 포장 벗기기 나사 빼기 반죽 놀이하기 손가락으로 연필 잡기 방문 손잡이 돌리기

연령	대근육운동 발달	소근육운동 발달
2~3세		수도꼭지 돌리기 큰 구슬 세 개 끼우기 손도장 찍기 가위로 자유롭게 종이 자르기

자료: 임경옥, 이병인(2013)

서 청년기에는 6개가 추가되며, 사춘기까지 골격의 경화현상이 일어난다. 두개골의 6개의 숫구멍은 두 돌이 되기 전에 단단해진다. 넷째, 치아가 발달된다. 생후 6개월경 아래 앞니부터 1년 6~8개의 앞니가 나고 24~30개월까지 20개의 젖니가 모두 난다.

생후 6개월이 되면 성인의 수면 양상을 보이는데, 하루에 3~4회의 낮잠을 잔다. 생후 2년이 되면 12시간으로 감소하며, 뇌의 빠른 성장으로 인해 50%이던 REM수면도 30%로 감소하게 된다. 생후 5~6개월이면 이유식을 시도하게 되는데, 질병이 있거나 여름철에는 지연하는 것이 좋다. 그러나 영양실조는 신체적 성장과 지적 발달을 지체시키므로 생후 2년 이내 추가적인 영양 공급은 인지 발달에 긍정적 효과를 주기 위해 필요하다. 배설과 배변 훈련은 생후 6~7개월 이전에는 배설기관을 통제하는 근육의 미성숙으로 반사적으로 대소변을 배설하지만, 그 후에 근육이 성숙하면 대변은 13~15개월경, 소변은 20개월 정도에 가릴 수 있다. 특히, 말을 알아듣고 배설활동에 흥미를 느낄 때가 적당하므로 조급하게 배변 훈련을 시킬 필요는 없다.

2) 인지 발달

영아기의 인지 발달은 피아제의 관점에서 보면 주변 환경에 대한 정보를 얻기 위해서 감각운동을 통한 지각 경험이 바탕이 되어야 한다. 정보처리적 관점에서 볼 때는 영아가 정보를 받아들이고 활용하며 저장하는 방법은 '기억'에 중점을 두고 이루어져야 한다. 이렇듯 영아기 인지 발달에는 감각자극으로 시각, 후각, 청각, 촉각적 자극이 필요하며 언어적 상호작용은 인지 발달 및 사회성 발달과 관련이 있다.

시각은 감각 정보의 80%를 의존하게 되지만 가장 늦게 발달하는데, 영아들은 근시이 다가 생후 1년에 정상 시력을 갖게 된다. 영아의 감각 자극은 형태, 크기 등 물리적 세계

표 2-2 영아기 인지 발달 특성

연령	인지 발달
0~1세	시야를 가린 손수건을 얼굴에서 치우기 그릇 속에서 물건 꺼내기 그릇 속에 물건 넣는 동작 모방하기 그릇 안에 물건 세 개를 넣었다 꺼내기 줄에 매달려 있는 잔난감 흔들기 눈앞에서 치우는 물건 쳐다보기 떨어진 장난감 집어 올리기 그릇 아래 감추어 놓은 물건 찾기
1~2세	퍼즐판에서 동그라미 도형 꺼내기 퍼즐판에서 동그라미 도형 맞추기 꽂기판에 한 개의 둥근 꽂기 꽂기 지시에 따라 블록으로 탑 세 개 쌓기 그릇에서 여섯 개의 물건을 하나씩 꺼내기 신체 한 부분 가리키기 원하는 물건 찾아오기 같은 물건 짝짓기 물건과 같은 그림 짝짓기 꽂기판에 다섯 개의 둥근 꽂기 꽂기
2~3세	1~3까지 따라 세기 세 개의 블록 세기 같은 도형 찾기 세 가지 색 짝짓기 퍼즐판에 세 가지 도형 끼우기 수직선 긋기 수평선 긋기 원 그리기 세 개의 같은 촉감 짝짓기 십자 긋기 큰 것과 작은 것 가리키기 차례로 큰 것에 끼워 넣게 된 교구 네 가지 크기 맞추기 오형과 도형 그림 짝짓기 1~5 숫자 가리키기

자료: 임경옥, 이병인(2014)

의 지각이 동일하게 유지되는 것으로 지각항상성을 가지고 있다. 그래서 주변 세계를 안정되게 지각한다. 또한, 형태지각도 하게 된다. 부분, 움직이는 물체, 컬러, 곡선을 선호하고, 단순 도형에서 복잡한 도형을 선호하며, 형태가 색깔이나 명암보다 영아의 주의를 끌게 된다.

깊이도 지각할 수 있다. 시각 벼랑 실험에서 6개월 된 영아가 깊이 지각을 할 수 있는데, 이는 기어 다닐 수 있는 영아가 떨어지는 경험을 한 경우에 획득한 것으로 보인다. 영아기의 청각은 출생 2개월 전 어머니의 소리, 음악 소리 등을 들을 수 있으며, 1개월에는 바음과 파음을 구별하고, 2개월에는 서로 다른 목소리에 반응하며 소리가 나는 방향을 구별할 수 있다. 4~6개월에는 친숙한 목소리를 구별하며, 10데시벨 정도의 차이를 감지하고, 6개월에는 높은 소리를 잘 들을 수 있게 된다.

또한, 다양한 냄새를 식별할 수 있으며, 생후 6일 된 신생아도 엄마 젖 냄새를 지각할 수 있다. 2~3개월에 특정 맛에 대한 기호가 생기는데, 영아기 말에 미각이 예민해지므로 다양한 음식의 제공이 필요하다. 손발의 움직임이 활발해지는 6개월이 되면 촉각을 사용해 주변을 탐색하게 되고, 1년이 되면 손의 감촉으로 익숙한 물체를 식별하게 된다. 더불어 영아는 어떤 감각을 통해 익힌 물체를 다른 감각에 의해 알아보는 능력이 있다. 이는 영아가 균형을 유지하고 옆에 있는 물체를 잡고 여기저기 돌아다니는 법을 학습하는 과정에서 운동과 현재의 지각 정보를 지속적으로 통합하게 되는 것이다.

3) 언어 발달

영아의 최초의 발성은 탄생할 때의 울음이다. 그 후에 쿠잉(cooing)으로 유사모음과 같은 소리를 내게 된다. 이후 4개월이 되면 모음과 자음을 모두 사용하는 쿠잉을 하게 된다. 이렇게 영아들이 처음으로 보이는 표정이나 울음은 어떤 의미가 없는 본능적 행위에 불과하지만 사회적 환경 속에서의 상호작용을 통해 공동의 의미와 관심을 획득하게 된다(Eckerman, Paderson, Stein, 1982). 영아는 상호작용을 하면서 아무 의미 없이 만들어낸 소리나 표정이 다른 사람과의 관계를 어떻게 이루어 나가는지를 알아가면서 소리, 표정 등이 자신의 필요와 요구를 충족시키는 수단이라는 것을 알게 된다(김금주, 2000).

표 2-3 영아기의 언어 발달 특성

연령	수용언어 발달	연령	
0~1세	이름 부르면 돌아보기 보라는 지시에 쳐다보기 "안 돼."라고 했을 때 70% 정도 행동 멈추기 행동으로 하는 지시 따라 하기 간단한 동작 따라 하기		다른 사람의 소리 모방하기 같은 음절을 두세 번 반복해서 소리 내기
1~2세	물을 EO 자신 가리키기 네 개의 장난감 가리키기 이름을 듣고 친숙한 물건 다섯 개 가리키기 요구에 따라 사물을 주거나 보여 주기 한 가지 지시 따르기 "멈춰.", "가." 지시 따르기 친숙한 동물 그림 가리키기		호흡 훈련하기 1 혀 훈련하기 '더' 요구하기 엄마, 아빠 부르기 두세 가지 동물 소리 내기 물어볼 때 자신의 이름 말하기
2~3세	복수형으로 말할 때 하나 이상의 물건 주기 기능이나 용도에 맞는 물체 가리키기 관련된 두 가지 지시 따르기 음식 가리키기 동작 지시 따르기 동사 그림 가리키기 화장실에 있는 물건 가리키기 가구 가리키기 가전제품 가리키기		호흡 훈련하기 2 '예' 또는 '아니오'로 대답하기 '없다'라고 말하기 '주세요'라고 말하기 명사와 간단한 동사 연결하여 말하기 화장실에 있는 물건 이름 말하기 소유 말하기 "~이(가) 아니야."라고 말하기 '어디에'를 묻는 질문에 대답하기 자신의 성별 말하기 복수형으로 말하기 "이게 뭐지?"라고 질문하기 '이것', '저것'을 사용하여 말하기 '나', '내 것'을 사용하여 말하기 '누가'를 묻는 질문에 대답하기 '열렸다' 또는 '닫혔다'를 사용하여 말하기 다섯 가지 신체 부위 말하기

자료: 임경옥, 이병인(2015)

6개월 된 영아가 부모와의 상호작용에서 음성의 고저를 다르게 표현하면서 영아가 실제 단어를 사용하기 전의 음성적 신호를 사용하며, 부모는 이에 반응한다(Bruner, 1975). 이처럼 영아는 언어의 의미와 관계를 알아가면서 학습하게 되는 것이다. 이에 영아의 의사소통 연구에서는 영아가 관계를 맺는 사람과의 사회성 발달뿐만 아니라 언어 발달을 도울 수 있도록 보다 많은 매체들을 사용하여 개념을 알아가며 관계를 형성하고자 한다. 즉, 복합적인 매체의 활용을 통해 좀 더 다양한 상황에서의 언어사용과 개념들을 알아볼 수 있다.

4) 사회정서 발달

신생아는 기본 정서를 가지고 태어나며 2차 정서는 영아의 발달에 따라 나타난다. 정서는 자극에 직면하여 발생하거나 자극에 수반되는 여러 가지 생리적 변화로서 혈압, 맥박수, 호흡의 변화라든가 눈에 보이는 행동으로 미소, 찡그림 등의 반응으로 기쁨, 슬픔, 공포 등이 있다. 영아기 정서의 기능은 첫째, 영아의 상태를 양육자에게 알림으로써 영아를 보살피게 하고, 둘째, 특정자극에 대한 특정반응을 하도록 하는 동기를 부여하게 한다. 예를 들어, 분노로 인해 공격성을 보이거나, 공포를 느낄 때 회피하게 되는 것이다.

정서의 발달은 쾌, 불쾌에서 행복과 기쁨으로, 만족과 분노, 혐오, 공포, 슬픔, 수치, 당황, 죄책감 순으로 발달한다. 특히 정서 표현의 발달은 출생 후 2년간 이루어지는데, 출생 시 기본 정서인 1차 정서는 행복, 분노, 놀람, 공포, 혐오, 슬픔, 기쁨이고, 첫돌이 지난후 2차 정서가 나타난다. 2차 정서는 수치, 부러움, 두려움, 죄책감, 자부심이다.

영아기의 가장 중요한 사회적 발달은 애착이다. 애착은 영아와 양육자간에 형성되는 친밀한 정서적 유대감을 의미한다. 종족을 보존하기 위한 목적으로 주위 환경에 적응하기 위해 생물학적으로 프로그램된 기제라 볼 수 있다. 영아기에 형성된 애착은 이후 인지, 정서, 사회성 발달에 영향을 준다. 애착의 유형은 '낯선 상황' 실험을 통해 세 가지 유형으로 구분했고, 후에 Main과 Solomon이 불안정-혼란 애착 유형을 추가했다.

첫째, 안정 애착을 형성한 영아는 주위를 탐색하기 위해 어머니를 쉽게 떠난다. 양육자 특성은 영아의 신호에 민감하고, 영아와의 접촉을 즐기며 많은 자극을 제공한다. 또한, 정서 표현을 잘 자극하고, 영아가 주변을 탐색하도록 격려했다.

둘째, 불안정 회피 애착을 형성한 영아는 어머니에 대한 반응을 별로 보이지 않는다. 양육자 특성은 아이의 신호에 둔감하거나 무반응하며 신체적인 접촉이 거의 없고 부정적인 감정을 표현하고, 자기중심적이며 아이가 원하지 않을 때도 끊임없는 자극을 주고

표 2-4 영아기 사회성 발달 특성

연령	사회성 발달
0~1세	교사를 모방하여 웃기 교사의 얼굴 만지기 교사의 머리카락 잡아당기기 제시된 물건에 손 내밀기 친숙한 사람에게 다가가기 장난감을 쥐고 1분 동안 살펴보기 장난감을 따라 1분 동안 고개 움직이기 장난감을 흔들어 소리 내는 행동 모방하기 이름을 부르면 바라보기
1~2세	까꿍 놀이 모방하기 짝짜꿍 모방하기 빠이빠이 모방하기 교사를 모방하여 팔로 동그라미 만들기 손을 내밀어 어른에게 장난감 주기 다른 영아와 차를 밀면서 놀이에 참여하기 인형이나 부드러운 장난감을 품에 안고 나르기 어른에게 읽어 달라고 책 건네주기 '안 돼.'라고 말하면 손 움츠리기 높은 의자에 앉혀졌을 때 3분 동안 기다리기 다른 영아에게 장난감 나눠 주기 시켰을 때 친숙한 사람에게 인사하기 다른 영아와 5분 동안 자동차 밀며 놀기 물건을 보여 주기 위해 사람 끌어당기기 다른 영아와 물건 나누기 또래 영아들과 놀기 다른 사람에게 미소 짓기 친숙한 사람과 뽀뽀하기 시켰을 때 다른 사람과 포옹하기 숨겨 놓은 물건 찾기 지시했을 때 다른 사람 손잡기
2~3세	교사가 지시하면 50% 돕기 지시에 따라 다른 교실에서 물건 가져오기 지시에 따라 다른 교실에서 사람 데려오기 동화책을 들려주면 5~10분 동안 듣기 시켰을 때 '고맙습니다'라고 말하기 물어볼 때 선택하기 감정을 드러내기

(계속)

연령	사회성 발달
2~3세	어른에게 물 달라고 요구하기 교사의 간단한 동작 모방하기 다른 영아 옆에서 블록 쌓기 옆 친구에게 컵 건네주기 가족사진에서 자신 찾기 인형 머리 빗어 주기 '여보세요'라고 말하기

자료: 임경옥, 이병인(2015)

지나치게 열정적이다.

셋째, 불안정 저항 애착을 형성한 영아는 심한 분리불안을 가지며, 양가적 감정을 보인다. 양육자 특성은 기분에 따라 애정을 보이다 무관심하고, 비일관적인 양육을 한다. 또한, 대체로 아이의 신호에 둔감하다.

넷째, 불안정 혼란 애착은 회피 애착과 저항 애착의 결합으로 이루어졌는데, 이러한 경우 영아의 반응은 어머니와 재결합 시 얼어붙은 표정으로 어머니를 보거나 먼 곳을 쳐다본다. 양육자 특성은 영아를 방임하거나 신체적으로 학대하고, 심한 우울증을 보이기도 한다.

애착 형성의 증거로 낯가림과 분리불안을 들 수 있다. 낯가림은 익숙한 얼굴과 낯선 얼굴의 불일치에 대한 반응으로 6~8개월에 나타나서 12개월 전후에 절정에 달하며, 낯가림의 정도는 영아의 기질이나 환경 요인에 따라 다르게 나타난다. 수용적인 양육 태도는 애착 형성이 잘 되게 하고 그로 인해 낯가림과 분리불안이 빨리 나타난다. 분리불안은 12개월 전후에 나타나서 20~24개월 무렵 없어진다. 안정 애착 유형의 영아는 분리불안 반응을 덜 보이며 어머니를 안전기지로 삼아 주변 환경을 탐색하고 놀이를 한다.

3. 유아기 발달

1) 신체 발달

영아에 비해 유아는 성장 속도가 상대적으로 완만하지만 계속 신체적 성장이 이루어진다. 이에 신체의 발달과 운동기능의 발달을 위해서 다양한 신체활동을 해볼 수 있다. 특히 유아는 영아와 마찬가지로 신체를 통해 주변세계를 탐색하고 이를 통해 학습한다. 따라서, 유아가 신체를 보다 더 잘 인식하고 신체적 능력을 발전시켜 나갈 수 있도록 도와야 한다.

유아는 대근육운동에서 영아에 비해 달리기, 뛰어오르기, 깡충깡충 뛰기, 한 발로 뛰기, 공 던지고 받기, 그네 타기, 세발자전거 타기 같은 간단한 운동을 할 수 있다. 이후에 각종 도구나 기구를 사용하며 신체활동을 하게 된다. 또한, 소근육운동에서는 영아기 후반부터 점차적으로 손가락, 손과 눈의 협응기술 등이 발달하게 된다. 그래서 유아기에는 블록 쌓기, 퍼즐 맞추기, 그림 그리기, 구슬 꿰기, 자르고 붙이기 등을 할 수 있고, 단추를 끼우고 컵에 물 따르기, 옷 입기, 숟가락 사용하기 등의 자조기술도 발달하게 된다. 이러한 연령에 따른 유아기 대·소근육운동 기술 발달의 특성을 알아보면 〈표 2-5〉와 같다.

표 2-5 **유아기 대·소근육운동 기술 발달 특성**

연령	대근육운동 기술 발달	소근육운동 기술 발달
3~4세	앉아서 공 잡기 손으로 공 정지시키기 정지된 큰 공 차기 1.5cm 떨어진 곳에서 어른에게 공 던지기 서서 두 손으로 공 잡기 걸으면서 공차기 한 발로 서서 5초간 균형 잡기 의자에서 뛰어내리기 앞으로 구르기	아홉 개의 블록으로 탑 쌓기 나무망치로 말뚝 다섯 개 두드려 끼워 넣기 다리 만드는 것 모방하기 가위로 직선 따라 자르기

(계속)

연령	대근육운동 기술 발달	소근육운동 기술 발달
3~4세	팔을 흔들면서 열 발짝 뛰어가기 세발자전거 타기 밀어 주면 그네타기 미끄럼틀에 올라가서 내려오기 선 따라 걷기 발을 바꾸며 계단 오르기 발끝으로 걷기 발을 번갈아 가며 계단 내려가기 달리기	큰 구슬 여섯 개 끼우기 위치에 맞게 손도장 찍기 순서대로 점 잇기
4~5세	구르는 공을 달려가 차기 머리 위로 날아오는 공을 두 손으로 잡기 낮게 굴러 오를 공을 두 손으로 잡기 낮게 굴러 오는 공을 한 손으로 잡기 혼자서 계단 이용하기 뒤로 걷기 넘어지지 않고 두 발 모아 앞으로 열 번 뛰기 30cm 높이에 매 놓은 줄 뛰어넘기 뒤로 여섯 번 뛰기 한 발로 깡충 뛰기 세발자전거 타고 모퉁이 돌기 한 발로 연달아 다섯 번 뛰기	작은 구슬 꿰기 종이로 삼각형 접기 찰흙을 이용하여 두세 부분으로 된 형태 만들기 풀로 붙이기 네모 자르기 세모 자르기 곡선 자르기 동그라미 자르기 집 그리기 도형 색칠하기 도형으로 여러 가지 모양 만들기 점 이어 모양 만들기 1
5~6세	발뒤꿈치 들고 달리기 열 번 높이뛰기 눈 감고 한 발로 서기 멀리뛰기 하기 튀어 오른 공 잡기 스틱으로 구르는 공 치기 벽에 튀긴 공 잡기 낮게 던지는 공 한손으로 잡기 평균대 위를 앞으로 걷기 평균대 위를 뒤로 걷기 평균대 위를 옆으로 걷기 발을 번갈아 가며 깡충 뛰기 혼자서 그네 타기 3m 높이의 미끄럼틀 타고 내려오기 씽씽카 타기 평행봉에 10초 동안 매달리기 혼자서 줄넘기하기	그림 안에 95% 정도로 색칠하기 잡지나 책의 그림 오려내기 연필깎이 사용하기 종이에서 단순한 형태 찢어 내기 종이를 대각선으로 두 번 접는 것 모방하기 종이에 글자 쓰기 종이로 세 번 접는 것을 보고 모방하기 가위로 다이아몬드 모양 자르기 끈 묶기 나무 그리기 손 그리기 점 이어 모양 만들기 2 점 이어 동물 만들기

자료: 임경옥, 이병인(2013)

2) 인지 발달

피아제에 의하면 유아기는 감각운동기를 뛰어넘어 전조작기에 해당한다. 2~7세에 해당하는 전조작기는 2~4세까지를 전 개념적 사고기라 지칭하며, 4~7세까지는 직관적 사고기라고 한다. 전 개념적 사고기의 특징은 상징적 사고, 자아중심성, 물활론적 사고, 전환적 추론이 있다. 상징적 사고는 특정 대상이나 경험을 표상하기 위해 상징을 사용하는 능력으로서 영아기 말부터 급격히 증가한다(문혁준 외, 2014). 자아중심성은 다른 사람의 관점에서 사물을 보는 것에 어려움이 있는 것으로 자기중심성은 피아제와 인헬더의 세 산 모형 실험을 통해 더 잘 알려져 있다. 세 산 모형 실험에서 유아에게 색깔, 크기, 모양이 다른 세 산을 다른 위치에 배열하여 보여주고 산들의 모습을 그린 그림에서 자신이 보고 있는 모습을 고르게 하면 잘 하지만, 다른 위치에 있는 인형의 관점에서 선택하라고 하면 어려워하는 것이다. 이처럼 유아는 자기중심성에 의해 자신의 관점에서 생각하고 말한다. 물활론적 사고는 실제 생명이 없는 대상이 생명이 있다고 생각하는 것이다. 전환적 추론은 귀납법과 연역법 중간 정도에 놓여 있는 추론으로 유아는 서로 관련이 전혀 없는 두 사건이 다른 사건의 원인이 되었다고 생각한다. 즉, 변환을 지각하지 못한다.

직관적 사고의 특징은 한 가지 이상의 측면을 동시에 고려하지 못하고 대상과 사건에 대해 두드러진 지각적 특성에만 의존하고 있거나 중심화되어 있기 때문에 논리적으로 생각하지 못한다. 따라서, 보존 개념과 유목화를 어려워한다. 보존개념을 완전히 획득하기 전까지는 얼마간의 기간이 필요한데, 6~7세가 되기 전까지는 양의 보존을 이해하지 못한다. 그러나 6~7세에는 액체의 양과 물질의 보전개념을 이해하고, 9~10세에는 무게의 보존 개념을 알게 되며, 11~12세에는 부피의 보존 개념도 이해하게 된다. 반면 유목화에도 어려움을 겪게 되는데, 유목화란 상위 유목과 하위 유목과의 관계에서 유목 포함의 원리를 잘 모른다. 그러나 피아제는 유목화도 세 단계를 통해 발달한다고 했다. 첫 단계는 2~4세 유아는 유목화를 하지 못하고 비슷한 것끼리 함께 놓으려고만 한다. 두 번째 단계는 5~7세 유아로 유목이라는 범주를 만들 수 있게 된다. 하지만 이 단계의 유아는 서로 다른 수준의 유목이 어떤 관계인지는 이해하지 못한다. 세 번째 단계는 7~11세 아동으로 위계적 유목화가 가능해지며, 정확하게 이해할 수 있게 된다.

표 2-6 유아기 인지 발달 특성

연령	인지 발달	
3~4세	1~10까지 따라 세기 블록 다섯 개 세기 블록 열 개 세기 1~10까지 숫자 가리키기 1~3까지 수 개념 습득하기 물건을 위, 아래, 안에 놓기 물건을 앞, 뒤에 놓기 기능에 따라 세 가지 물건 분류하기 함께 놓여야 할 물건 짝짓기 다섯 가지 신체 부위 가리키기 남자와 여자 가리키기 두 부분으로 나누어진 형태를 하나로 완성하기	부분 그림과 그것의 전체 연결하기 셋 이상의 물건을 일대일 대응시키기 여섯 조각 퍼즐 맞추기 사선 긋기 V 긋기 VVVVV 긋기 네모 그리기 세모 그리기 눈, 팔 다리 그려 넣기 세 가지 색 이름 말하기 동그라미, 세모, 네모 이름 말하기 물건 이름 열다섯 가지 말하기
4~5세	1~10까지 순서대로 배열하기 1~10까지 뒤에 오는 수 말하기 1~10까지 쓰기 1~10까지 세기 1~10까지 수 개념 습득하기 각 수에 2까지 더하기 각 수에서 2까지 빼기 더 많은 것 가리키기 오른쪽, 왼쪽 구분하기 마름모 그리기 단순한 미로 사이에 선 긋기	친숙한 단어 열 개 읽기 반쪽 보고 완전한 형태의 물체 가리키기 얼굴 그리기 머리, 몸, 팔, 다리를 갖춘 사람 그리기 세 개의 물건 중에서 없어진 물건 말하기 네 개의 그림을 보고 기억하여 말하기 여덟 가지 색 이름 말하기 화폐 단위 말하기 세 조각으로 나누어진 그림 맞추기 필요한 물건 찾기 여섯 개의 블록으로 모양 만들기
5~6세	1~50까지 세기 1~10까지 앞의 수 말하기 덧셈하기 뺄셈하기 정시 말하고 쓰기 다섯 가지 촉감 말하기 순서대로 요일 말하기 다섯 가지 단어 쓰기 그림 중 빠진 부분 이름 말하기 몇 번째인지 말하기 첫 번째, 가운데, 마지막 위치명 말하기 길이 순서에 따라 물건 배열하기 곡선 그리기 복잡한 미로 사이에 선 긋기	물건의 정리 장소 찾기 필요한 기구와 도구 찾기 동물의 집 찾기 가게에서 파는 물건 분류하기 인체 부위의 기능 연결하기 순서대로 그림 붙이기 직업과 관계된 그림 찾기 그림을 기호로 바꾸기 공간 위치 표시하기 크기에 맞는 상자 찾기 1~50까지 쓰기 숨은 그림 찾기 동물의 발자국 찾기 도형 모양 맞추기 30분을 말하고 쓰기

자료: 임경옥, 이병인(2014)

3) 언어 발달

유아는 현실보다는 가상적인 맥락에서 보다 높은 수준의 언어를 사용하며, 가상놀이의 역할에 따라 언어 형태의 발달 수준이 다르게 나타난다(이영자, 신은수, 이종숙, 2003). 예를 들어, 엄마 역할을 맡은 유아는 평소 엄마가 사용하던 언어를 모방하여 성인 수준의 언어를 사용한다. 아기 역할을 맡은 유아는 동생이 사용하던 언어를 기억하여 자신의 언어 사용 능력보다 낮은 수준의 언어를 사용하게 된다(조형숙 외, 2015). 따라서, 유아의 언어 발달을 더 촉진시킬 수 있도록 제시한 주제에 따라 대화를 촉진하거나 직접 언어를 사용할 기회를 제공하면서 지속적인 대화를 지원할 수 있다. 권성민(2010)은 멀티미디어를 활용하여 동화를 들려주는 방법이 동화를 출력하여 교사가 들려주는 방법보다 언어와 사고능력 발달에 효과가 있다고 했다. 이처럼 다양한 멀티미디어를 활용하여 유아의 언어 발달을 촉진해야 할 필요가 있다.

유아의 언어 발달은 음성언어와 문자언어로 나누어 볼 수 있다. 먼저 음성언어 발달에서 유아는 2세경부터 세 단어 조합을 시작하지만 세 단어 이상의 단어를 조합한 문장은 주로 유아기에 사용하게 된다. 주로 긍정적 서술문 위주의 문장을 말하지만 유아기에는 부정문과 의문문 등의 발달이 이루어진다. 예를 들어, "안 해.", "안 먹어." 등의 말을 하게 되는데, 무조건 '안'을 사용하면서 잘못된 문법을 사용하기도 한다. 의문문은 마지막 단어의 억양을 올려서 표현하면서 시작한다. 예들 들어, "거기 왜 가?", "밥 먹어?" 등의 문장을 사용한다.

음성언어 발달에서 문법 발달뿐만 아니라 의사소통 발달도 이루어지는데, 주로 또래나 성인과의 대화를 통해 이루어진다. 예를 들어, 어떤 상황에 적절하게 반응하기, 계속 주제를 이어가기, 새로운 주제 제시하기 등은 서로 공유하고 대화하면서 발달되게 된다.

문자언어 발달은 읽기, 쓰기로 구분한다. 먼저 이기숙, 김영실, 현은자(1993)가 제시한 유아의 연령별 읽기 행동 특성에서는 2~3세는 주위의 글자에 관심을 갖게 되고, 3~4세는 책을 볼 때 글자를 읽는 것을 알게 되며, 4~5세에는 책의 제목과 읽는 방법을 인식하고 아는 글자를 찾아서 읽어보려고 한다. 5~6세에는 아는 글자를 찾아서 읽을 수 있으며, 주변에서 자주 볼 수 있는 글자를 읽을 수 있게 된다. 이처럼 연령이 높아질수록 읽기 능력은 발달된다.

표 2-7 유아 연령별 문자언어 발달 과정

연령	읽기	쓰기
2세	• 주위 글자에 관심 갖기 • 책의 글자는 읽는 것임을 앎	• 쓴 것과 그린 것을 구별함 • 연필, 볼펜, 사인펜 등의 필기도구를 사용해봄
3세	• 책을 볼 때 그림이 아니라 글자를 읽는 것임을 앎 • 읽기의 목적을 '책을 읽기 위해서, 학교에 가려고, 공부 잘하려고 등'으로 언급함 • 책에 관심을 갖고 나름대로 글자에 의미를 부여함	• 긁적거리기를 많이 함 • 자기가 쓴 것을 성인에게 열심히 보여 줌 • 자기 이름에 있는 글자를 배움 • 어떤 글자를 써 달라고 요구하기도 함 • 여러 가지 글자 형태가 나타남
4세	• 책을 읽는 방법과 방향, 페이지 제목 등을 인식함 • 소리와 글자 간의 일대일대응을 할 수 있음 • 주위에서 아는 글자를 읽어 보려고 함 • 친구의 이름에 있는 글자를 인식함 • 상황적 문자를 읽음(맥락을 기초로 읽음)	• 여러 가지 글자놀이를 즐김 • 자기 이름을 쓸 줄 알게 됨 • 다양한 목적에 맞게 쓰거나 다른 사람이 쓰도록 문어체로 불러 줌 • 다양한 목적을 가진 쓰기 행위를 구별함 • 자발적으로 쓰려고 함 • 모르는 글자를 물어봄 • 창안적 글자 쓰기가 많이 나타남
5세	• 아는 글자가 다른 상황에서 제시되어도 읽을 수 있음 • 주변에서 자주 볼 수 있는 글자를 읽음 • 가족과 친구들의 이름을 읽음 • 상황이 제시되지 않아도 몇 개의 단어를 읽음(탈맥락적 읽기가 가능함)	• 여러 상황에 맞는 글이 있음을 알게 됨 • 간단한 단어를 쓸 수 있고, 간단한 글을 써 보려고 함 • 여러 가지 쓰기 도구를 사용하여 씀 • 소리 나는 대로 글자를 씀

자료: 조형숙 외(2015)

또한, 유아는 아주 어릴 때부터 긁적거리기 등 다양한 형태의 쓰기를 시도하다가 점차 표준화된 쓰기로 발달한다. 따라서, 유아의 창안적 글자를 자연스러운 쓰기 발달 과정으로 인식하고 존중하여 유아가 쓰기에서 즐거움과 자신감을 갖도록 도와야 한다(조형숙 외, 2015).

표 2-8 유아기 언어 발달 특성

연령	수용언어 발달	표현언어 발달
3~4세	'어디에서'를 묻는 질문에 장소 가리키기 관련 없는 두 가지 지시 따르기 '나', '너' 대명사 사용하기 인체 감각 기능 네 가지 가리키기 '같다', '다르다' 가리키기 '크다', '작다' 가리키기 '길다', '짧다' 가리키기 '가볍다', '무겁다' 가리키기 소리를 듣고 소리 내는 것 가리키기 여러 가지 동물 가리키기 여러 가지 과일 가리키기 일이 일어난 순서 가리키기	표정 보고 감정 말하기 '무엇'을 묻는 질문에 대답하기 '무엇으로'를 묻는 질문에 대답하기 신체 부위의 기능 네 가지 말하기 '같아요' 또는 '달라요'라고 말하기 '크다' 또는 '작다'라고 말하기 '길다' 또는 '짧다'라고 말하기 '가볍다' 또는 '무겁다'라고 말하기 동물의 소리 내기 '어디서'를 묻는 질문에 대답하기 동작 그림책을 보고 동사를 사용하여 말하기 '~하는 중이다' 형태로 말하기 친숙한 물건이 사용되는 방법 말하기 방금 전에 경험한 일 말하기
4~5세	그림 중에 있는 다른 종류 가리키기 그림에서 틀린 부분 가리키기 관련 있는 세 가지 지시 따르기 '딱딱하다', '부드럽다' 가리키기 화폐 단위 가리키기 '많다', '적다' 가리키기 '높다', '낮다' 가리키기 '뜨거운 것', '차가운 것' 가리키기 '안', '밖' 가리키기 크기가 다른 세 개의 물건 가리키기 의태어, 의성어와 관련된 그림 가리키기 그림의 상황을 보고 얼굴 표정 붙이기 이름의 끝소리가 같은 그림과 다른 그림 가리키기 여러 가지 문구 용품 가리키기	'많다' 또는 '적다'라고 말하기 '높다' 또는 '낮다'라고 말하기 생일 말하기 생일 축하 노래 부르기 사건이 일어난 이유 말하기 그림 가운데 있는 다른 종류 말하기 그림에서 잘못된 점 말하기 과거 시제로 말하기 '~하려고 한다' 형태로 말하기 '~하고 싶다' 형태로 말하기 '~할 수 있을 텐데', '~할 텐데' 형태로 말하기 '그리고'를 사용하여 말하기 '그런데'를 사용하여 말하기 형용사를 사용하여 말하기 짧은 말 전달하기 순서대로 두 가지 사건 말하기 네 가지 맛 말하기 '그래서'를 사용하여 말하기
5~6세	설명을 듣고 해당하는 것 가리키기 '가장 많은', '가장 적은', '조금' 가리키기	다음에 무슨 일이 생길지 예측하여 말하기 각 직업의 역할 말하기 '언제'를 묻는 질문에 대답하기 반대말 말하기 주소 말하기

(계속)

연령	수용언어 발달	표현언어 발달
	계절 가리키기 날씨 가리키기 표지판 가리키기 옷 입는 순서 가리키기 큰 것부터 차례대로 가리키기 이야기의 순서 가리키기 단위 명칭 가리키기 알맞은 장면 찾기	전화번호 말하기 '왜'를 묻는 질문에 대답하기 '만약 ~라면 무슨 일이 일어날까?'라는 질문 에 대답하기 가게에서 파는 물건 말하기 낱말 연상하여 말하기 상황에 맞게 인사말 하기 세 장면 연결하여 말하기 운동 경기 종목 말하기 그림 보고 문장 만들어 말하기 네 장면 연결하여 말하기 앞에 어떤 장면이 있었는지 말하기

자료: 임경옥, 이병인(2015)

1. 영유아기 연령별 발달특성에 따라 태내 발달, 신생아 발달, 영아 발달, 유아 발달에서 발생할 수 있는 문제에 대해 토론하시오.

2. 다음은 뉴스의 일부이다. 영아 돌연사를 예방하기 위한 자신의 관점을 말하시오.

지난 15일 대전의 한 어린이집에서 낮잠을 자던 2살 난 아기가 숨을 쉬지 않는 것을 보육교사가 발견했습니다. 119 구조대가 급히 병원으로 옮겼지만 이미 숨진 상태였습니다. 지난 14일 부산에서도 생후 넉 달 된 아기가 혼자 잠을 자던 중 숨졌습니다. 영아 돌연사는 지난 2005년 75건에서 2012년 99명으로 7년간 32%가 늘었습니다. 이처럼 영아 돌연사가 꾸준히 발생하고 있지만 뚜렷한 원인이 밝혀지지 않아 부모들은 불안합니다.

자료: KBS 뉴스, 2013.12.17.

PART 2

영유아 사례별 발달 지원하기

CHAPTER 3

영유아의 발달적 문제와 발달검사

1. 발달적 문제

초기 발달 과정에서 정상발달 궤도로부터 이탈하거나 그럴 위험이 우려된다면 조기에 발견하여 적절히 중재하는 것이 영유아의 발달에 중요하다. 이는 일반적인 발달 과정을 겪지 않고 발달속도가 지연되거나 보통 유아들과 다른 발달 상태를 경험하는 경우에 대한 내용이다.

1) 발달문제의 개념

발달은 전 생애에 걸쳐 일어나는 생물학적, 인지적, 사회적 변화로 성숙되어 가는 일련의 과정이다. 이러한 발달 과정에서 정상적인 발달 속도가 다소 지연되거나 질적인 부분에서 발달이 이루어지지 않는 경우가 있다. 이러한 경우에 발달적 이상이 있거나 장애가 있을 때 정상 또는 비정상이라는 용어가 사용되기도 하고, 적응 또는 부적응이라는 용어를 사용하기도 한다(이영 외, 2010). 정상적인 발달 수준에서 벗어난 것으로 이상발달이라고도 한다(조성연 외, 2006). 인간의 발달 과정에서 다른 시기에 비해 발달이 급속히 일어나는 유아기는 일생의 기초를 형성하는 시기로서 이후의 발달에 많은 영향을 미친다. 이러한 차원에서 유아기의 발달적 문제를 다룰 때는 장애보다는 성향 또는 어려움에 초점을 두고 있다. 따라서, 위에 언급한 다양한 용어들은 공통적으로 발달적 문제가 있음을 이야기하는 것이다.

그러므로 발달문제란 유아들이 발달 과정에서 일시적으로 적응상의 어려움을 보이거나 발달에 이상이 있어나 장애가 있는 것이다. 이는 영유아가 속해있는 문화적 가치나 상황적 요인이나 성별에 따른 규범과 연령에 따른 발달 등에 의해서 정상적인 발달 수준에 벗어난 기준을 범주화하여 빗어지는 사태를 미연에 방지하고자 하는 것이다. 즉, 영유아 개인의 발달이 이상이 있다기보다는 발달적 문제에 초점을 두고 살펴서 전체적인 발달적 문제를 고려함을 의미한다.

2) 발달문제의 분류

현대 정신의학에서 발달문제는 크게 원인과 증상에 따라 아동기 장애를 분류하고 있으며, 국내에서는 DSM-IV의 기준에 의해 발달문제를 구분한다. DSM-IV는 통계편람 제4판(Diagnostic and Statistical Manual of Mental Disorders-IV, 1994)으로 먼저 원인에 따른 발달문제 분류는 기능적 발달문제와 기질적 발달문제로 구분할 수 있다. 기능적 발달문제는 영유아의 주변 환경이나 부모의 영향 등의 오부 환경요인에 의한 발달문제이다. 기질적 발달문제는 환경의 영향보다는 유전인자나 뇌손상과 같은 요인이 행동에 영향을 주는 것이다(김현호, 김기철, 정희정, 최철용, 최용득, 현영렬, 2014).

둘째, 증상 유형에 따른 분류는 내재화된 발달문제와 외현화된 발달문제로 분류된다. 내재화된 발달문제는 타인에게 해가 되는 행동을 하지 않지만 스스로 고통을 받는 불안장애나 기분장애 등이 있다. 외현화된 발달문제는 사회적 규범을 지나치게 벗어난 반사회적 행동을 하는 것으로서 품행장애나 적대적 반항장애 등이 있다.

셋째, DSM-IV에 따른 분류는 임상의학 현장에서 가장 널리 사용되고 있는 진단기준으로 세계보건기구가 설정한 국제질병분류((ICD)와 미국정신의학회(APA)에서 만든 DSM(Diagnostic and Statistical Manual of Mental Disorder)이다. 특히 DSM-IV에서는 '유아기, 소아기, 청소년기에 흔히 처음으로 진단되는 장애'라는 항목으로 아동기 장애를 분류하고 있기 때문에 상담에서 아동문제 및 장애에 대해 평가할 때 많이 사용된

표 3-1 DSM-Ⅳ 발달문제 유형

장애	장애 종류	특징
정신지체	<ul><li>가벼운 수준</li><li>중간 수준</li><li>심한 수준</li></ul>	<ul><li>가장 심한 수준</li><li>지적 기능의 저하(IQ 70 미만)</li><li>적응기능의 결함이나 장애</li><li>18세 이전에 발병</li></ul>
학습장애	<ul><li>읽기장애</li><li>산술장애</li><li>쓰기장애</li><li>달리 분류되지 않는 학습장애</li></ul>	개인의 생활연령, 측정된 지능, 교육 정도에 비해 기대 수준보다 실제적 학업 기능이 낮음
운동기술장애	<ul><li>발달성 근육운동 조정 장애</li></ul>	기대 수준보다 근육운동 조정 기술이 낮음
의사소통장애	<ul><li>표현성 언어장애</li><li>혼재 수용–표현성 언어장애</li><li>음성학적 장애</li><li>말 더듬기</li><li>달리 분류되지 않는 의사소통 장애</li></ul>	말이나 언어장애가 있음
광범위성 발달장애	<ul><li>자폐성 장애</li><li>레트장애</li><li>소아기 붕괴성장애</li><li>아스퍼거장애</li><li>달리 분류되지 않는 발달장애</li></ul>	여러 발달 영역에서 심한 결함과 광범위한 장애가 보이는데, 사회적 상호작용의 장애, 의사소통의 장애, 상동 증적 행동과 극도로 제한된 관심이 있음
주의력 결핍 및 파괴적 행동장애	<ul><li>주의력 결핍 및 과잉행동 장애</li><li>품행장애</li><li>반항성 장애</li></ul>	<ul><li>주의력 결핍 및 과잉행동 장애 : 심한 부주의 또는 과잉행동 및 충동 증상이 있음</li><li>품행장애 : 다른 사람의 기본적인 권리나 나이에 적합한 사회적 규범이나 규칙을 어기는 행동을 보임</li><li>반항성 장애 : 거부적, 적대적, 도전적 행동이 보임</li></ul>
유아기 또는 초기 소아기의 급식 및 섭식 장애	<ul><li>이식증</li><li>반추장애</li><li>섭식장애</li></ul>	<ul><li>이식증 : 1개월 이상 지속적으로 비영양성 물질을 먹음</li><li>반추장애 : 음식을 먹고 밖으로 뱉거나 다시 씹어 삼킴.</li><li>섭식장애 : 급식과 섭식에 지속적인 문제 있음</li></ul>
틱장애	<ul><li>뚜렛장애</li><li>만성 운동성/음성장애</li><li>일과성 틱장애</li><li>달리 분류되지 않는 틱장애</li></ul>	자신의 의지와는 무관한 불수의적 행동으로 갑작스러우며, 빠른 속도로 반복적으로 불규칙하게 상동적인 운동이나 소리를 나타냄.

(계속)

장애	장애 종류	특징
배설장애	• 유분증 • 유뇨증	부적절한 장소에 반복적으로 배변 및 소변을 실수함.
유아기, 소아기, 청소년기의 기타 장애	• 분리불안 장애 • 선택적 함구증 • 반응성 애착장애 • 상동증적 운동장애	• 분리불안 장애 : 유아가 애착을 느끼는 사람이나 집과 이별할 때 지나친 불안을 보임 • 선택적 함구증 : 말을 할 수 있음에도 불구하고 특정 사회적 상황에서 지속적으로 말을 하지 못함. • 반응성 애착장애 : 부적절한 애착관계 형성으로 인하여 심하게 손상되고 부적절한 사회적 관계를 보임 • 상동증적 운동장애 : 반복적이고 외관상 충동적이며 비기능적 운동성 행동을 보임

다. DSM-IV(1994)로 진단할 때에 발달문제 중 영유아들에게 적용할 수 있는 발달문제 유형은 다음과 같다.

2. 영유아 관찰과 평가

19세기 스탠리 홀(G. Stanley Hall)이 질문지를 이용하여 영유아의 발달을 연구한 후, 발달 분야의 과학적 연구방법은 계속 변화했다. 과학적 방법이란 연구자들이 연구를 설계하고 수행하며, 연구 결과를 평가하고, 연구 결과에 대해 다른 연구자들과 소통하기 위해 사용하는 규칙들의 체계이다(Vasta, Haith, Miller, 1999). 발달 연구에서 연구자들은 기억이나 지능, 스트레스 수준, 공격성 등과 같이 다양한 연구 관심사를 적절히 측정해 자료를 수집하는 여러 방법들을 고안해 냈다. 각각의 자료 수집 방법들에는 강점과 약점이 있으므로, 연구자는 답하고자 하는 문제의 특성에 따라 적절한 방법을 선택해야 한다. 여기서는 크게 관찰, 면접과 질문지, 표준화검사를 이용하는 방법을 살펴본다.

표 3-2 유아 발달 연구 자료 수집 방법의 강점과 약점

방법		강점	약점
관찰	자연관찰	일상 환경에서 자연스럽게 발생하는 유아의 행동 자료를 수집	자연적인 발생 빈도가 낮은 행동에 대한 자료 수집이 제한됨 개인적 공간에 접근하기 어려울 수 있음
	구조화 관찰	통제된 환경에서 연구 관심사인 행동을 적극적으로 유도할 수 있음	유아가 실험실에서 나타낸 행동은 일상 환경에서의 행동과 차이가 있을 수 있음
면접	구조화 면접	문해 능력이 없는 대상으로부터도 쉽게 정보를 수집할 수 있음	응답자가 솔직한 정보를 제공하지 않을 수 있음
	비구조화 면접	응답자의 사고나 태도, 상태 등에 대해 심도 있는 자료를 수집할 수 있음	응답 자료를 수량화하거나 체계적으로 비교하기 어려움
질문지		자료 수집이 용이함. 다양한 관심사에 대한 정보 수집이 가능함.	응답자가 정확한 정보를 제공하지 못할 수 있음
표준화 검사		같은 연령대의 다른 유아들의 수행력과 비교가 용이함	연구 관심사인 변인을 측정할 수 있는 검사의 종류와 수가 한정되어 있음

자료: 문혁준 외(2014) 재수정

1) 관찰

관찰이란 연구자가 관심을 가지고 있는 대상이나 현상에 대한 정보를 입수하기 위해 특정 상황에서 나타나는 인간의 행동 양상을 살펴보고 체계적으로 기록하는 것을 말한다. 관찰은 사람들이 실제로 하는 행동에 대한 정보를 입수하는 데 있어 매우 중요한 자료 수집 방법이 된다. 특히 언어적 의사소통에 제한이 있는 영아나 유아의 발달을 연구하는데 유용한 방법이 된다.

관찰의 목적은 영유아의 발달 수준을 파악하여 영유아의 현재 상황을 이해하고 바람직한 교육을 실현하고자 하는 것이다. 또한, 영유아의 개인차를 파악하여 의사표현을 잘 못하는 영유아가 어떤 개인적 특성과 취향 및 선호도를 가지고 있는지를 파악하여 적절하게 도움을 줄 수 있다. 더불어 영유아 발달을 고려한 교사의 관찰일지는 학부모와 상담할 때 근거자료로 활용할 수 있다. 학부모들은 자녀의 발달을 적을 교사의 관찰 일지를 보면서 교사의 이야기를 듣고, 자녀의 유아교육기관에서의 생활을 알게 되며 가정 양육에 어떻게 참고할 것인지 교사와 의논하게 된다. 교사와 학부모는 함께 의견은 공유하면서 관찰을 토대로 교육 내용 및 교수 실제에 적용할 수 있는 부분을 다룰 수 있다. 어떤 유아사 특정 영역의 발달이 또래보다 낮은 수준이라면 발달을 촉할 수 있는 방안을 함께 모색하고, 관찰 결과 영유아가 특별히 좋아하는 놀이나 장난감을 통해 활용할 수 있는 교수방법을 제시하여 문제를 해결하려는 노력을 할 수 있다. 이처럼 부모와 교사가 함께 노력하면서 영유아의 발달을 위해 역동적으로 촉진하고자 힘써야 할 것이다. 그러기 위해서는 개별 영유아를 관찰하고, 문제의 원인을 파악해야 할 것이다.

이러한 관찰은 관찰 방법, 관찰 참여, 관찰 기록 방법에 따라 다르게 정의되는데, 이는 다음과 같다.

(1) 관찰 방법에 따른 분류

첫째, 자연 관찰은 일상적인 활동을 하는 영유아들 대상으로 자연스럽게 다양한 기법을 사용하여 자료를 수집하는 방법이다. 물론 관찰자는 영유아를 빤히 쳐다본다거나 오랜 시간 관찰하면서 "내가 너를 지켜보고 있다."고 암시를 줄 필요는 없다. 그래서 관찰자는 훈련이 필요하다. 또한, 관찰자는 편견 없이 영유아를 관찰해야 하는데, 때때로 싸움을 하는 영유아를 관찰할 때에 "이 친구는 문제아일 거야."라고 단정 짓고 관찰을 하면 관찰에 오류가 생기게 된다. 따라서, 관찰 결과의 오염을 막기 위해서는 미리 영유아를 지레짐작하여 추측하지 않도록 해야 한다. 자연 관찰 시 주의할 점은 관찰할 목적을 명확히 정해야 하고, 관찰을 어떤 식으로 기록할지에 대해서도 정해야 한다.

둘째, 구조화된 관찰은 통제 관찰이라고 하며, 관찰할 때 통제가 이루어지는 관찰 방법이다. 자연 관찰보다 구제적인 행동이나 반응을 관찰하기에 적합하다. 구조화된 관찰 시 주의점은 절차가 표준화되어 있어야 하고, 관찰자가 관찰 대상자를 관찰하면서 기록하면서 점수화하는 방법에 대해 숙련되어 있어야 한다. 또한, 윤리적인 측면을 고려해야 한다.

(2) 관찰 참여에 따른 분류

첫째, 참여 관찰은 집단의 구성원으로서 역할을 하면서 관찰하는 방법으로 관찰자가 영유아와 생활하면서 친숙해지고 신뢰감을 얻으면서 함께 있는 것이다. 그러나 관찰자는 특정 대상자에게 편견을 갖지 않은 상태에서 투입되어야 하고, 관찰 대상자에게 미리 어떤 기대를 가지거나 특정하게 방향점을 제시해서는 안 된다. 참여 관찰을 하면서 영유아들이 하는 말과 행동을 좀 더 귀 기울여서 듣고 내면의 소리에 다가갈 수 있도록 해야 한다. 다만, 참여 관찰은 다소 오랜 시간이 소요되기 때문에 이를 먼저 인식하여야 한다.

둘째, 비참여 관찰은 관찰자가 관찰 현장에 직접 참여하지 않고 관찰만 하는 방법이다. 캠코더나 일방경을 활용하여 관찰할 수 있는데, 이 경우에는 관찰 대상자들이 관찰자를 신경 쓰지 않기 때문에 보다 면밀하게 관찰할 수 있다.

(3) 관찰 기록방법에 따른 분류

첫째, 일화기록법은 영유아의 어떤 행동이나 특정한 상황에 초점을 두고 관찰하면서 서술하듯이 사실적으로 사건을 기록하는 방법이다. 예를 들면, "영희는 미술시간을 좋아한다."로 기록하는 것이 아니라, "영희는 미술시간에 4시간이나 책상 위에 있는 사과를

표 3-3 **일화기록의 양식 예**

일화기록의 양식	
관찰 대상:	요일:
관찰자:	관찰 시간:
관찰 장소:	
사건:	
해석:	
관찰 결과에 따른 제언:	
관련된 일화 카드가 있습니까?	예: 아니오:
관련 카드번호 ( )	

표 3-4 **표본기록법의 양식 예**

표본기록법의 양식		
관찰 대상:	생년월일:	관찰일 현재 연령:
관찰자:	성별(남, 여):	관찰 시간:
관찰 장면:		관찰 일자:

시간	기록
11:35 11:38 11:40	
요약	

그렸다."의 형식으로 기록하여야 한다.

둘째, 표본기록법은 관찰 대상이 한 말과 행동을 순서대로 적으면서 미리 정해 놓은 시간 내에 활동이 끝날 때까지 관찰 대상이 한 말과 행동을 자세하고 객관적으로 적는 관찰 방법이다. 관찰하는 대상에 대한 많은 정보를 얻을 수 있으며 관찰 대상의 행동과 사건을 통해 사건의 전후 관계를 파악하여 문제행동을 파악하는 데 도움을 줄 수 있다는 장점이 있다. 그러나 관찰하는 데 있어서 연속적인 행동을 관찰하고 자세하게 기록하여야 하며 관찰 대상자를 가장 자세하고 완전하게 표현해야 함으로 시간이 많이 걸린다. 또한, 모든 행동을 다 기록하는 데는 한계가 있다는 단점이 있다.

셋째, 평정척도법은 관찰 대상자를 관찰하여 행동의 질적인 차이를 점수화하는 등급별 구분으로 표시하는 방법이다. 유치원이나 어린이집에서 교사가 가장 많이 사용하는 방법이다. 어떤 행동을 하고 있는지 뿐만 아니라 질적인 특성의 차이를 판단하는지도 알 수 있으며 유아 발달의 전반적 측면을 관찰하고 평가할 수 있고, 쉽게 만들 수 있고 사용이 편하다는 장점이 있다. 그러나 이를 평정하는 판단의 오류가 있을 수 있으며, 행동의 수준만 기록되어 있어서 관찰 대상자의 행동이 무엇 때문에 이루어졌는지 원인을 알 수 없다는 단점이 있다.

넷째, 행동목록법은 어느 한 시점에서 어떤 행동을 왜 하는지 출현 여부에 관심을 두고 기록하는 방법이다. 그래서 유아의 특정한 어떤 행동에 대해서 계속 빠르고 효율적으로 기록된다는 장점을 가지고 있다. 각 행동들이 나타나는지를 관찰하여 체크하면 되기 때문에 빠른 시간 안에 정보를 얻을 수 있게 된다. 그러나 그러한 행동이 왜 일어났는지 원인을 알 수 없고 얼마 동안 그 행동이 지속되었는지 모른다는 단점이 있다.

다섯째, 시간표집법은 특정한 행동을 특정한 시점에서 관찰하는 방법으로 일정한 시간 간격을 두고 관찰하여 기록하는 방법이다. 미리 선정된 행동을 여러 회에 걸쳐 관찰하면서 행동을 표집하는 것으로 예를 들어, 비교적 자주 일어나는 대표적 행동을 표집하는 것이다. 그래서 특정한 행동이 얼마나 발생했고 비교적 짧은 시간동안 행동을 표집할 수 있다는 장점이 있으나, 행동의 원인까지는 알 수 없고 서술적인 관찰 기록이 아니기 때문에 유아에 대한 정보를 풍부하게 얻을 수 없다는 단점이 있다.

2) 면접과 질문지

유아 발달 연구에서 자료를 수집할 때 흔히 사용되는 면접과 질문지의 종류를 살펴보면 다음과 같다. 먼저 구조화 면접 방식은 응답자에게 구도로 표준화되어 있는 질문을 하고, 그 응답을 기록하는 것이다. 다시 말해 구조화 면접에서는 각 연구 대상에게 동일한 내용에 대한 프로토콜이 작성되고, 그에 따라 면접이 진행된다. 이 방식은 응답 자료를 점수화하기 용이하고, 응답자 간 점수를 비교할 수 있다(문혁준 외, 2014).

비구조화 면접은 모다 융통성 있고, 개방된 형식의 자료 수집 방법이다. 이를 통해 응답자의 사고와 관점 등에 대해 심층적인 자료가 나올 수 있다. 하지만 응답자의 답변은 질문에 따라 달라지므로 동일한 질문을 하기 어렵고 답변을 체계적으로 비교하기 어렵다.

질문지 방식은 구조화된 질문을 서면 형식으로 제공하고 응답자에게 직접 답변을 표시하도록 하여 자료를 수집하는 것이다. 질문지를 사용하면 많은 정보를 상대적으로 빠르게 수집하며, 수집된 자료를 쉽게 수량화하여 분석할 수 있지만 면접이나 질문지 방식과 같이 응답자의 답변을 바탕으로 자료를 수집할 경우에는 정보의 정확성의 한계가 있다.

3) 표준화검사

표준화검사는 동일 연령대 유아들의 점수 분포를 바탕으로 유아 개인의 점수를 해석한다. 예를 들어, 표준화 지능검사에서 지능은 평균이 100이고 표준편차가 10인 정규분포를 나타낸다. 따라서, 어떤 영유아가 지능검사에서 100점을 맞으면 이 영유아의 지능은 평균수준이라고 해석할 수 있다. 이처럼 표준화검사는 개인의 발달검사를 평가할 수 있고, 상대적인 비교가 가능하다는 강점이 있으나 검사를 개발하고 규준을 만들기까지 시간과 비용이 소요되는 단점이 있다.

이렇듯 표준화검사는 각 영역의 수행력을 평가하기 위해 표준화과정을 거쳐 개발된 검사이다. 표준화 검사를 실시하면 개인의 수행력을 다른 사람들의 수행력과 비교할 수 있다. 유아를 대상으로 한 표준화 검사의 예로 3~7세 유아의 지능을 측정하기 위한 한국 유아용 웩슬러 지능검사(Korean Wechsler Preschool and Primary Scale of Intelligence, K-WPPSI), 2~12세 사이 유아와 아동의 지능을 측정하기 위한 한국판 K-ABC(Korean version of the Kaufma Assessment Battery for Children), 생후 2주에서 만 6세 사이 영유아의 발달 상태를 측정하기 위한 한국판 Denver 발달선별검사 II, 만 4~6세를 대상으로 학습과 관련된 기본능력을 측정하기 위한 유아용 종합학습능력진단검사 등이 있다.

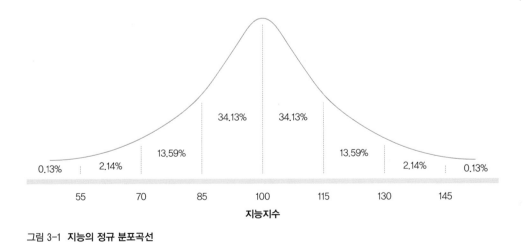

그림 3-1 **지능의 정규 분포곡선**

3. 발달검사의 종류

발달 관련 평가로 지능검사, 신체검사, 소근육 발달검사, 언어 발달검사 등을 하게 된다. 유명한 발달검사로는 덴버 발달 선별 검사, 베일리 영유아 발달검사, 게젤 발달검사가 있다.

1) 발달검사

(1) 신생아 건강 상태와 행동 평가

Apgar검사는 맥박, 반사능력, 피부색, 호흡, 근육 상태 등의 다섯 가지 영역에서 각 영역별로 2점씩 총 10점 만점으로 평가되는데, 점수가 7점 이상이면 정상이고 4점 이하이면 위험한 상태로 병원에서 위험한 상황을 인지하고 바로 즉각적인 조취를 취해야 한다.

표 3-5 신생아 발달검사

검사도구명	대상	주요 특징	개발자
덴버 발달 선별 검사 (Denver Development Screening Test: DDST)	생후 1개월 ~6세 유아	생후 1개월에서 6세까지의 덴버 시(Denver)에 거주하는 정상 소아 1,036명을 대상으로 105개의 항목을 사용하여 표준화한 것임 4가지 영역, 즉 전체운동(gross motor), 언어(language), 미세운동-적응기능(fine motor-adaptive), 개인성-사회성(personal-social)으로 구성되어 있고, 피검사의 연령에 알맞은 여러 가지 과제를 제시하여 그것을 수행하도록 되어 있음	W. K Frankenburg (1967년, 1990년 2판 개정)
한국판-덴버 발달 선별 검사 (K-DDST)	생후 2주 ~6년 4개월	덴버 발달 선별 검사의 한국판으로 유아의 발달 상태를 알아보기 위한 104개의 검사항목이 4개의 발달 영역으로 구분되어 구성되어 있음	이근 (1990년)
영유아 발달 선별 검사 (K-COR)	0~5세	유치원, 어린이집의 0~5세 영유아를 위한 간편 발달 선별 검사 도구로, 부모로부터 얻은 정보와 검사자가 관찰한 아동에 대한 정보를 통합하여 아동의 발달기능과 요구를 평가하는 검사	김정미, 신의선

Brazelton 신생아 행동 평가 척도는 신생아가 주위 환경에 어떻게 반응하는가를 알아보는 행동검사이다. 이 검사는 아이가 출생하고 나서 1주일 후에 실시하는데, 검사 시간은 30분 정도 소요되며, 검사의 내용은 활동 수준, 스트레스에 대한 생리적 반응, 신생아의 주의집중력, 사람 얼굴과 목소리에 대한 사회적 반응, 근육 상태, 등을 평가하게 된다.

(2) 지능 발달검사

첫째, 베일리(Bayley) 유아 발달척도는 지능 척도, 운동 척도, 행동 척도(영아 행동 기록)로, 폭넓게 사용되는 표준화 검사이다. 둘째, 게젤(Gesell)의 발달 스케줄-운동기능은 적응행동, 언어행동, 사회적 행동을 사용한다. 스크리닝 테스트(발달지체 아동의 판단기준)의 기초가 되었으며 이후 발달의 예측과는 상관이 낮다. 셋째, 덴버 발달 판별 검사는 생후 2주~6세 사이 영유아의 발달상 문제점 판별을 위해 제작했으며, 전체 운동능

표 3-6 **영유아 지능 발달검사**

검사도구명	대상	주요 특징	개발자
한국 웩슬러 아동용 지능검사 (K-WPPSI)	5~15세	검사는 피검사자의 지적능력에 대한 다양한 정보를 제공하는 검사로 언어성 검사영역(상식, 산수, 이해, 어휘, 공통성, 숫자 문제)과 동작성 검사(빠진 곳 찾기, 차례 맞추기, 토막 짜기, 모양 맞추기, 미로 찾기)영역에서 총 12개의 소검사로 구성되어 있다.	한국교육 개발원
카우프만 아동용 검사 (Kaufman Assesment Battery for Children: K-ABC)	2.5~ 12.5세	• 검사의 주된 목적은 인지능력과 성취도의 사정이지만 학습장애와 다른 특수아의 심리적, 임상적, 심리·교육적 사정을 목적으로 하기도 한다. • 검사를 진행할 때, 특정 과제의 내용에 대해 바르게 대답했는지의 여부가 중요한 것이 아니고 어떤 식으로 대답하는지 인지 과정에 초점을 맞추고 있다.	Alan S. Kaufman, Nadeen L. Kaufman
고대-비네 지능검사 (K-BINET)	만 4세 이상~ 만 15세 미만	• Alfred Binet가 1905년에 처음 시도한 스탠포드 비네검사를 한국판에 맞게 고려대에서 표준화한 지능검사도구이다. • 연령은 만 4세 이상 만 15세 미만을 대상으로 하지만 정신지체와 같은 장애아동은 실제 연령을 불문하고 만 14세로 간주할 수 있다.	전용신

력, 언어능력, 미세운동 및 적응발달, 사회성 발달을 측정한다. 넷째, 습관화 검사는 습관화 속도로 아동기 지능을 예측할 수 있다. 다섯째, 재인기억 검사는 영아기 이후의 IQ 예측을 위해 사용한다. 친숙한 자극에 노출 후 새로운 자극이 제시될 때 새로운 자극에 대한 응시시간으로 재인기억을 측정한다. 베일리 유아 발달척도와 게젤의 발달 스케줄-운동기능은 발달지체의 예후를 측정하는 데 도움이 되며, 습관화 검사와 재인기억 검사는 영아기 이후의 지능을 예측할 수 있는 것으로 알려져 있다.

(3) 기초학력 검사

KISE-BAAT는 읽기·쓰기·수학·학습에 부진과 곤란을 나타내는 아동을 선별하고 진단하는데 도움을 줄 뿐만 아니라, 이들을 위하여 교육을 계획하고 적용하여 학습을 원활히 할 수 있도록 하는 표준화검사이다. 대상 연령은 만 5세부터 만 14세까지 할 수 있

표 3-7 영유아 기초학력 검사

검사도구명	대상	주요 특징	개발자
기초학력 검사 (KISE-BAAT)	5~14세	KISE-BAA는 학교 학습에서 부진을 나타내는 아동을 선별 또는 진단하고 이들이 부진을 나타내는 영역과 수준을 파악하는데 더욱 중점을 두어 규준 참조검사로 개발되었음 읽기, 쓰기 및 수학검사 각각을 교육프로그램의 수립과 시행에 필요한 정보를 확보하는데 도움을 주기 위하여 2종의 동형검사로 개발했음	박경숙, 김계옥, 송영준, 정동영, 정인숙
기초학습 지능 검사	• 유치원~초등학교 6학년 • 능력이 부족한 장애 아동	조기취학의 가능 여부 판별, 미취학 아동의 수학 여부 판별, 선수학습 능력과 학습의 결손 상황 파악, 학습장애 요인 분석, 아동의 학습 수준의 정상과의 이탈도 판정, 각 학년별, 연령별 수준을 설정하여 학력성취도를 알 수 있음	한국교육개발원 (KEDI)
FGST 학습준비도 검사	• 특수교육 대상 아동 • 초등학교 취학 전 아동	• 특별한 교육적 요구를 가진 아동의 독특한 요구를 충족시켜 주기 위하여 개발된 것으로, 선별기능에 따라 학급 내의 소집단 편성이나 초기의 반편성의 중요한 자료나 지침으로 사용될 수 있음 • 지능의 발달이 부진하거나 뇌기능이 온전치 못하거나 혹은 정서장애로 인하여 학습장애 문제를 가지고 있는 아동을 조기 선별할 수 있는 자료임	김정권, 여광응

으며, 발달장애아동과 같이 학력의 수준이 낮은 아동의 기초학력을 측정할 수 있는 문항을 포함하고 있으며, 장애아동은 물론 어떤 아동의 기초학력 진단을 위해서도 내용을 조정하거나 응답시간을 연장할 수 있도록 개발했다. 특히, 5~6세 어린 아동들에게 실시하려면 신뢰 관계를 형성하기 위해서 노력해야 하는데, 그것이 어렵다면 다음 기회에 하는 것이 바람직하다. 또한, 라포가 형성되었으면 검사가 실시되는 도중이여도 가끔씩 자연스러운 태도로 격려해 주어야 한다.

(4) 지각 및 운동능력 검사

운동능력을 측정하기 위해서 사용될 수 있는 검사 방법에는 여러 가지가 있다. 즉 인간이 구사하는 다양한 운동 가운데, 어떤 능력을 표적으로 해서 측정할 것인가에 따라 운동능력 검사 방법이 요구된다. 그러나 피검사자의 운동능력과 상관없이 실시할 수 있는

표 3-9 **영유아 지각 및 운동능력 검사**

검사도구명	대상	주요 특징	개발자	비고
시지각 검사 도구	아동용 검사: 4세~8세	피 검사자의 운동능력과 상관없이 실시할 수 있는 빠르고 간단한 시지각 검사로서 판별, 진단, 연구의 목적으로 사용되며 MVPT-R의 개정판으로 기존의 검사 항목에 11세 이후의 아동을 위한 검사 항목이 추가 되었으며, 학습, 운동, 인지 장애를 가진 환자에게 유용하게 사용할 수 있음	아동용 Ronald P. Colarusso, Donald D. Hammill 성인용 Mary Jane Bouska, Eugene Kwatny (1972-아동용) (1983-성인용)	
한국판 시지각 발달검사 (K-DTVP-2)	4~8세	K-DTVP-2는 시지각 및 시각-운동 통합 능력을 측정하는 검사로서 8개 하위검사를 통해 공간관계, 공간위치, 형태항상성, 도형-배경을 측정. K-DTVP-2의 결과는 시지각 결손 아동의 수준과 현재상태를 파악하고, 시지각 및 시각-운동능력에 문제가 있는 아동들에게 특별한 훈련 프로그램의 영향을 보여주는 것 등으로 활용됨.	문수백, 여광응, 조용태	

빠르고 간단한 시지각 검사로서 어린 연령도 할 수 있는 검사도 있다. 이에 각각 장애를 가진 환자와 어린 연령을 대상으로 한 발달검사로서 적합한 검사로서 〈표 3-9〉 검사도구가 사용되었다. 또한, 인간이 구사하는 각각의 운동기능 자체는 매우 특이하므로 하나의 운동기능이 그 개인이 가진 전체의 운동기능을 대표할 수는 없다. 따라서, 운동기능을 측정하기 위해서는 보다 많은 종류의 운동기능을 측정하여야 개인이 수행할 수 있는 전반적인 운동기능을 평가할 수 있다.

(5) 문제행동검사

문제행동검사는 이상발달의 관점에서 발달 단계에 따른 증상의 발현과정에 대한 평가를 체계화 할 수 있는 틀을 제공하며, 개인의 문제행동 뿐 아니라 적응상태, 사회능력, 개인의 강점까지 폭넓게 평가하는 종합적인 평가체계로서 진단할 수 있다.

표 3-10 영유아 문제행동검사

검사도구명	대상	주요 특징	개발자	비고
문제행동 발생 동기와 관련된 변인의 조사 (Motivation Assesment Scale: MAS)	아동	모든 문제행동 발생에는 환경적 요인에 대한 개인적인 대처양상이 각기 다르게 나타날 수 있음 이에 대한 변인의 평가를 위해 고안됨.	O'Neil (1997년)	
벅스의 행동평정 척도 (Burks' Behavior Rating Scales : BBRS)	유아, 초·중등	벅스의 행동평정척도(Burks' Behavior Rating Scales : BBRS)는 학급이나 가정에서 행동상의 결함 때문에 학교나 관련 집단에서 상담을 필요로 하는 아동들에게 나타나는 종합적 원인론적 행동양상의 식별을 위해 고안된 것임	Harold F. Burks, Ph. D western Psychological Services (1986)	
아동행동 평정척도 (K-CBCL)	4~17세	행동문제의 평가와 동시에 사회능력척도를 제작하여 문제행동증후군척도와 유사한 과정을 통해 표준화 기준을 마련함으로서 정서행동문제 뿐만 아니라 아동·청소년의 적응능력의 평가도 병행했음	홍강의, 오경자, 이혜련	

(6) 사회성, 적응행동검사

사회성 적응행동검사는 사회맥락적인 측면에서 영유아가 자기존중감을 가지고 사회성을 토대로 적응행동을 하는지 진단할 수 있다. 사회성숙도검사는 사회성이 적응행동에 미치는 크다는 것을 인식하고 적응행동을 측정하며 정신지체 여부나 그 정도를 판별하고, 적응행동진단검사는 학생의 일상생활에서 자조능력, 타인과의 의사소통, 사회적 상호작용, 학업과제 및 작업관련 혹은 직업 전 과제 능력을 평가한다. 이처럼 사회문화적으로 잘 적응하고 있는 여부를 파악하는 수단으로 사용하는 검사이다.

표 3-11 **영유아 사회성, 적응행동 검사**

검사도구명	대상	주요 특징	개발자	비고
국립특수교육원 – 적응행동검사 (KISE-SAB)	5~14세	2002 AAMR의 적응행동 규정에 따라 개념적 적응행동검사, 사회적 적응행동검사, 실제적 적응행동검사로 구성되었으며, 우리나라의 사회 문화적 맥락과 생활양식에 적합한 내용과 방법으로 적응행동을 평가하는 문항으로 구성됨. 일반 학생과 정신지체학생을 대상으로 표준화하여 일반 학생은 물론, 정신지체학생 집단의 규준으로도 비교 할 수 있도록 구성됨.	정인숙, 강영태, 김계옥, 박경숙, 정동영 서울문화 (2003) (재판:2008)	
사회성숙도 검사 (Social Maturity Scale)	0~ 만 30세	117개의 문항으로 구성되어 있으며 이것을 각 연령단계로 묶어서 제시하고 있으며 피검사자와의 면접이나 보호자와의 면접을 통하여 그의 일상생활에서 행동을 면접자가 표시를 하도록 되어 있음 검사문항은 일반 자조 능력, 독립적 식사 능력, 작업 능력, 의사소통, 운동 능력, 사회화 정도의 8개의 영역으로 구성.	E. A Doll 중앙 적성 연구소	
한국판 적응행동검사 (K-SIB-R)	11개월~ 17세	정신지체 아동의 진단과 분류에 기여하여 적절한 배치를 도와줄 뿐 아니라 직접적인 교수 및 훈련 목표 설정을 도와주며 훈련 프로그램과의 연결이 가능하도록 되어 있음 K-SIB-R의 검사 결과는 개별화된 가족 지원서비스 계획, 개별화 교육 계획, 개별화 프로그램계획, 또는 개별화 전환계획의 교수 및 훈련 목표 설정에 적합함.	백은희. 이병인 학지사	

(7) 언어검사

언어검사는 언어 발달이 정상적으로 이루어지고 있는지 혹은 언어 발달에 지체가 있는지의 여부를 판별할 수 있으며 영유아의 수용언어 및 표현언어 발달간의 차이를 진단할 수 있다. 예를 들어 취학 전 아동의 수용 언어 및 표현언어 발달척도(PRES)는 만 2세부터 만 6세까지의 아동들의 언어 이해 수준뿐 아니라 표현 능력까지 평가할 수 있는 검사다. 이 검사는 수용언어와 표현언어 두 영역으로 구성되어 있으며, 아이들이 흥미 있어 하는 컬러 그림과 친숙한 장난감들로 재미있게 검사에 임하면서 자신의 능력을 최대한 발휘할 수 있도록 하여 평가한다.

표 3-12 **영유아 언어검사**

검사도구명	대상	주요 특징	개발자	비고
언어이해 – 인지력 검사	3~6세 미만	3세부터 6세미만의 학령 전 아동들에 대한 언어 이해력 및 인지력을 측정하는 검사임 동일 연령 내에서 언어 발달의 개인차를 뚜렷이 변별해내기 보다는 언어적 발달지체를 가리기 위해 제작된 것이므로 일반 아동은 물론 정신지체, 청각장애, 언어장애. 자폐장애, 주의력결핍 과잉장애 등의 문제를 가진 아동들에게 적용할 수 있음	서울장애인 종합복지관 기쁜소식	
그림 어휘력 검사	2~8세 11개월 장애아동을 포함한 모든 아동	장애아동의 어휘능력을 측정하기 위해 고안됨. 정상 아동은 물론, 정신지체, 청각장애, 언어장애, 뇌손상, 자폐장애, 행동장애, 뇌성마비 등으로 인해 언어에 문제가 있는 아동들의 수영어휘 능력을 평가하는 데에 활용될 수 있음 검사도구는 그림어휘력검사 실시요강. 그림어휘력 검사 그림자료, 검사지로 구성	서울장애인 종합복지관 기쁜소식	
문장이해력 검사	4~6세 11개월	문장이해능력의 수준을 측정하는 것이며, 그 대상은 정상 아동은 물론, 정신지체, 청각장애, 언어장애, 자폐장애, 주의력 결핍 과잉행동장애, 뇌성마비 등의 문제로 인해 언어에 문제를 가지고 있는 아동들임	서울장애인 종합복지관 기쁜소식	

(8) 자폐성 장애 진단 검사

자폐 장애는 사회적 상호작용과 의사소통의 발달이 현저하게 비정상적이고, 활동과 관심의 폭이 현저하게 제한되어 있으며, 반복적이며 상동행동을 보이는 전반적 발달장애로 3세 이전에 발생한다. 이 장애는 개인의 발달 수준과 생활 연령에 따라 매우 다양하게 나타나며, 초기 유아 자폐증, 아동기 자폐증, 칸너 자폐증, 자폐 스펙트럼 장애 등으로 불리어왔다. 흔히 자폐증은 다른 장애와 함께 나타나기 때문에 때로는 변별 진단이 어렵다.

자폐 장애에 대한 진단은 흔히 의사, 심리학자, 특수교육전문가 등에 의해 이루어진다. 그러나 이 장애를 확인할 의학적 검사는 없다. 주로 평가는 직접 관찰, 사례, 부모 면접,

표 3-13 **영유아 자폐성 장애 진단 검사**

검사도구명	대상	주요 특징	개발자	비고
자폐증 유아선별 부모용 간편 체크리스트	3~6세 일반 유아	미국정신의학회의 자폐장애진단 기준에 기초하여, 우리나라 자폐아 부모들을 대상으로 한 신뢰도 검사를 거쳐 구성. 총 23개 항목 중에서 4개의 영역에서 각각 1개 이상을 포함해 총 5개 이상의 행동특성을 보이면, 일단 자폐증 증상이 있는 것으로 의심됨.	홍강의, 정보인, 이상복 1997년	
아동기 자폐증 평정 척도 (Childhood Autism Rating Scale: CARS)	2~15세	자폐증과 기타 발달장애를 앙ㄹ 수 있도록 구별하는 것과 자폐증의 장애정도를 알 수 있도록 구성되어 있으며, 최저 15점(정상)부터 최고 60점까지의 범위 중 자폐증과 기타 발달장애를 구분하는 경계점수는 30.0점이며, 30.0~36.5점은 경증 및 중간정도의 자폐증, 37.0~60.0점은 중증의 자폐증으로 분류함	Schopler AGS 1986년	
자폐아 행동 체크리스트 (The Autism Behavior Checklist: ABC)	18개월 ~35세	57게 항목으로 구성되었으며 신체영역, 대인관계영역, 신체 및 사물사용영역, 언어영역, 사회성 및 자조기능의 5개 하위영역으로 구분됨. 평가는 자폐 문제의 심각성에 따라 1점에서 4점까지의 가중치가 주어지며 전체득점 158점 중 68점 이상일 경우 자폐 가능성이 매우 높은 수준임	Krug, Arick, Almond 1980년	

행동 및 심리검사 등으로 이루어진다. 흔히 장애를 구분하는 요소는 그 행동의 특성, 빈도, 강도 및 지속기간이다. 전문가들은 이런 명칭을 사용할 때 신중을 기해야 한다. 자폐증과 변별해야 하는 주요 장애에는 기타 전반적 발달장애(Rett장애, Asperger장애 및 소아기 붕괴 장애), 정신지체, 정신분열증, 청각장애, 발달성 언어 장애, 및 사회적 박탈 등이 있다.

2) 성향검사

(1) 유아의 기질검사

유아의 기질은 시간의 흐름에 따라 유전과 성숙 및 경험에 의해 영향을 받는다. 기질은 절대적인 것은 아니지만 대개 타고난 것이며 태어난 직후부터 시작하여 상당 기간 꾸준히 지속된다고 알려져 있다. 따라서, 양육자가 쉽게 유아의 행동을 예언하고 조절할 수 있게 된다. 아이들 개개인이 보여주는 유형(스타일)을 기질이라고 하는데, "어떤" 행동을 하는지, "얼마나" 잘하는지, "왜" 할까 등을 알아볼 수 있다. 이를 변인과 관계 지어 연구하고, 발달과 연결하여 연구한 다양한 논문들이 있으나 그 중 하나만 소개하고자 한다.

표 3-14 **아동의 기질 유형과 어머니의 양육 태도검사**

번호	문항	전혀 그렇지 않다	대체로 그렇지 않다	대체로 그렇다	매우 그렇다
1	목욕할 때 물을 튀기며 활발히 논다.				
2	이상한 냄새를 빨리 맡으며 이에 대해서 표현을 한다.				
3	날씨가 나빠서 집안에 있어야 할 때, 답답해하며 실내를 왔다 갔다 한다.				
4	매일 저녁 비슷한 시각(1시간 이내의 차이)에 잠을 잔다.				
5	놀이터에서 뛰고 미끄럼틀에 기어오르는 등 끊임없이 움직인다.				
6	색깔에 대해 민감하게 반응한다(예를 들어 예쁘다거나 밉다고 말을 한다).				
7	낯선 곳(예를 들면 가게, 놀이터)에서도 10분 이내에 잘 적응한다.				
8	잠자리에 든 후 잠들기까지의 시간이 일정하지 않다.				
9	낯선 어른에 대한 긴장이나 수줍음을 빨리(10분 이내) 극복한다.				
10	음식을 먹는 동안 발을 차거나 상체를 움직이는 등 몸을 많이 움직인다.				
11	만들기나 그림책 보기 같은 조용히 하는 활동을 더 많이 한다.				
12	차를 탔을 때 거의 움직이지 않고 있다.				
13	다른 집을 한두 번 방문하면 그 곳 사람들과 쉽게 어울린다.				
14	한 놀잇감을 잠시 가지고 놀다가는 곧 다른 놀잇감을 찾거나 다른 행동을 한다.				
15	매일의 일과에 변화가 생길 때(유치원에 갈 수 없는 등) 쉽게 새 일과에 따른다.				

(계속)

번호	문항	전혀 그렇지 않다	대체로 그렇지 않다	대체로 그렇다	매우 그렇다
16	엄마가 머리모양을 바꾸거나 새 옷을 입어서 모습이 달라지면 그 변화에 대해서 반응을 보인다.				
17	공원에서나 남의 집을 방문할 때, 낯선 아동에게 접근하여 그들과 함께 논다.				
18	우리 집을 방문한 낯선 어른에게 접근하며 쉽게 친해진다.				
19	낯선 곳에 처음 가더라도 불안해하지 않는다.				
20	휴일에도 다른 날과 거의 같은 시각(1시간 이내의 차이)에 일어난다.				
21	팔과 다리 등을 많이 움직이는 활동적인 놀이를 더 즐긴다.				
22	아침에 비슷한 시각(1시간 이내의 차이)에 잠을 깬다.				

자료: 천희영(1992). 한국 아동의 기질 유형화와 어머니 양육 태도. 연세대학교 대학원 박사학위논문.

표 3-15 어머니의 양육 태도검사

어머니의 양육 태도를 알아보기 위해 사용된 측정도구는 Schaefer(1959)의 MBRI(Maternal Behavior Research Instrument)를 이원영(1983)이 번안하여 만든 도구를 수정, 보완하여 제시했다. MBRI는 원래 애정적 태도− 적의적 태도, 자율적 태도−통제적 태도, 외향적 태도−내향적 태도, 독립심 조장 태도−의존심 조장태도, 수용적 태도−거부적 태도, 부모의 독립성−부모의 의존성, 긍정적 평가 태도−부정적 평가 태도의 7가지 하위요인으로 이루어져 있으며, 검사문항은 각 하위 요인별로 28문항씩 총 154개 하위문항으로 구성되어 있다. 양육 태도가 두 개의 축으로 대별되는 4개의 하위요인인 애정적 태도, 거부적 태도, 자율적 태도, 통제적 태도로만 제한되고 각각 12문항씩 총 48문항으로 구성되었다.

번호	문항	매우 그렇다	그런 편이다	그저 그렇다	그렇지 않다	전혀 그렇지 않다
1	어머니께서는 자녀와 함께 보내는 시간을 즐거워하시는 편이십니까?					
2	어머니께서는 어린 자녀들이 놀고 있을 때 허물없이 끼어들어 어린이들이 노는 방식대로 놀아 줍니까?					

(계속)

번호	문항	매우 그렇다	그런 편이다	그저 그렇다	그렇지 않다	전혀 그렇지 않다
3	자녀가 버릇없이 굴 때 어머니께서는 벌을 주겠다고 엄포를 놓으신 적이 있으십니까?					
4	자녀들은 부모의 말에 절대적으로 순종해야 한다고 생각하십니까?					
5	어머니께서는 어린이의 요구를 무시하는 편이십니까?					
6	어머니께서는 자녀의 행동이 자랑스럽게 느껴지고 또 칭찬도 하시는 편이십니까?					
7	자녀의 행동이 바르게 자라려면 부모를 어렵게 알고 두려워 할 줄 알아야 한다고 생각하십니까?					
8	집이나 어머니를 떠나서 혼자 행동하는 것을 관대하게 봐주시는 편이십니까?					
9	자녀가 속을 썩이는 행동을 할 때 어머니께서는 참으려 하다가 와락 성을 내거나 큰 소리 치는 때가 있습니까?					
10	어머니께서 자녀에 대해 별로 아는 것이 없다고 생각하십니까?					
11	어머니는 자녀 양육이 즐거울 때보다는 짐스러울 때가 많다고 생각하십니까?					
12	어머니의 도움을 거절하고 자녀 혼자 무얼 하겠다고 할 때 그냥 내버려 두시겠습니까?					
13	어머니께서는 자녀로 인해 속상하고 화나는 일이 많으십니까?					
14	어머니께서는 자녀의 행동 및 태도에 고쳐야 할 점이 많다고 생각하십니까?					

(계속)

번호	문항	매우 그렇다	그런 편이다	그저 그렇다	그렇지 않다	전혀 그렇지 않다
15	어머니께서는 자녀 스스로 행동하는 것을 관대하게 봐 주시는 편이십니까?					
16	어머니께서는 자녀들이 무언가 해낼 것이라는 기대감을 강하게 갖고 계십니까?					
17	어머니께서는 자녀의 정서적 특성이나 성격이 바람직하다고 생각하십니까?					
18	어머니께서는 자녀들이 '장손', '맏딸' 혹은 집안의 귀중한 존재라는 것을 깨닫게 하려고 노력하시겠습니까?					
19	어머니께서는 자녀가 다른 어린이 또는 어른과 잘 사귄다고 생각하십니까?					
20	어머니께서는 자녀들이 생각하고 있는 것이나 말하고자 하는 것을 무엇이든 어머니가 알고 있어야 제대로 교육 할 수 있다고 생각하십니까?					
21	어머니께서는 자녀를 존중하고 신뢰하며 허물없이 이야기를 나누는 편이십니까?					
22	어머니께서는 경제, 정치, 사회문제 및 여러 방면에 대해 폭 넓은 흥미를 갖고 계십니까?					
23	어머니께서는 자녀양육에 대한 지식을 넓히기 위해 독서도하고 강연회 등에 참석하여 사람들에게 묻기도 하십니까?					
24	어머니께서는 자녀와 보내는 시간을 많이 갖는 편이라고 생각하십니까?					
25	가정 내의 질서를 유지하기 위해 규칙과 규율을 많이 설정해야 한다고 생각하십니까?					

(계속)

번호	문항	매우 그렇다	그런 편이다	그저 그렇다	그렇지 않다	전혀 그렇지 않다
26	어머니께서는 자녀의 행동이나 자녀가 성취해 낸 일(그림, 만들기 등)에 늘 관심을 갖는 편이십니까?					
27	어머니께서는 자녀를 슬하에 둔 것이 퍽 기쁘다고 자녀에게 말해 주십니까?					
28	자녀에게 문제되는 행동이 있을 때 거리낌 없이 다른 사람에게 의논을 하고 도움을 받으십니까?					
29	어머니께서는 어린이가 보이는 흥미, 관심거리에 대해서 자녀와 이야기를 자주하여 도움을 주십니까?					
30	어머니께서는 자녀에게 애정표현을 겉으로 잘 하십니까?					
31	어머니께서는 자녀에게 될 수 있으면 원대한 꿈과 포부를 갖도록 격려하여 보다 더 성공할 수 있게끔 격려해 주신 적이 있습니까?					
32	어머니께서는 자녀가 될 수 있으면 사회적으로 성공했으면 싶으십니까?					
33	어머니께서는 자녀의 학교 성적에 관심을 갖고 자주 살펴보십니까?					
34	어머니께서 자녀의 요구를 다 들어 주시는 편이십니까?					
35	어머니께서는 자녀를 양육하려면 어쩔 수 없이 근심 걱정이 생긴다고 이야기 한 적이 있으십니까?					
36	다른 사람이 어머니를 대할 때 어려워하거나 까다로운 면이 있다고 하는 편이십니까?					
37	어머니께서는 직장일이나 가사를 하다가 권태롭다거나 지겹다고 생각을 하실 때가 있으십니까?					

(계속)

번호	문항	매우 그렇다	그런 편이다	그저 그렇다	그렇지 않다	전혀 그렇지 않다
38	어머니께서는 자녀가 클 때까지 다른 사람이 키워줬으면 좋겠다는 생각을 하실 때가 있으십니까?					
39	어머니께서는 자녀들이 사귀는 친구와 자녀들이 하는 말을 잘 보살펴서 나쁜 친구나 나쁜 일에 빠지지 않도록 적극 도와주시는 편이십니까?					
40	어머니께서는 어린이 마음대로 하게 되면 버릇 들이기가 힘들게 되기 때문에 표현이나 움직임을 엄격히 제한해야 할 필요가 있다고 생각하십니까?					
41	어머니께서는 어린이가 놀거나 공부할 때 될 수 있으면 집안에서 하도록 하시는 편이십니까?					
42	어머니께서는 자녀가 잘못을 했을 경우 일부러 쌀쌀맞게 대하고 따끔하게 이야기하는 편이십니까?					
43	어머니께서는 사물에 대해 판단을 잘하고 이해도 빠른 편이라고 생각하십니까?					
44	어머니께서는 자녀의 잘못된 행동을 꼬집어 내지 않는 편이십니까?					
45	어머니께서는 어린이 마음대로 행동하도록 자유를 주실 용의가 있으십니까?					
46	어머니께서는 자녀가 할 수 있다면 힘든 일도 안쓰럽지만 혼자서 하라고 하십니까?					
47	자녀가 속을 썩이는 행동을 못 본체할 수 없어 야단을 치거나 비평을 하시는 편이십니까?					

(계속)

번호	문항	매우 그렇다	그런 편이다	그저 그렇다	그렇지 않다	전혀 그렇지않다
48	어머니께서는 일일이 돌봐 주지 않고 자기 혼자서 늘 자리를 찾아서 놀게 하는 편이십니까?					

자료: Schaefer, E.(1959). A circumplex model for maternal behavior. Journal of Abnormal and Social Psychology, 59, 226-235. ; 이원영(1983). 어머니의 자녀 교육관 및 양육 태도와 유아의 발달과의 관계성 연구. 이화여자대학교 박사학위논문.

4. 발달검사의 실시 방법

1) 포테이지 발달검사(Portage Checklist)

포테이지 아동 발달검사는 일반적으로 발달장애의 조기진단에 사용될 수 있는데 진단 내용은 특수교육 프로그램으로 연결시킬 수 있다. 이 검사는 장애아의 조기교육을 담당 하는 교사들의 경험을 토대로 만들어졌기 때문에 검사 결과를 이용하여 학교에서는 교 사들이 프로그램을 계획할 수 있고, 이를 연계하여 가정에서는 부모들이 장애아동을 효 과적으로 교육시킬 수 있다. 이처럼 포테이지 발달검사는 교사들이 쉽게 치료교육 프로 그램으로 만들 수 있게 되어 있다. 아동관찰에 의해 발달 수준을 체크하고 현재 수준을 알아보고 다음에 수행할 수 있는 교육목표를 정할 수 있는 데 도움을 주게 된다. 이 검 사방법은 0세에서 6세인 유아, 정상적 학령전기 아동, 장애를 가진 학령 전기 아동, 학령 전기 아동 수준의 행동을 나타내는 좀 더 나이든 아동이나 성인을 대상으로 각각 개별 적으로 진행한다. 측정영역은 유아자극, 신변처리, 운동성, 사회성, 인지, 언어의 6가지 발 달 영역이며, 채점 및 해석 소요시간은 약 60분으로 부모 면접 및 아동 관찰로 이루어진 다. 검사도구는 따로 없으며, 검사 내용에 따라 주변에 있는 적당한 장난감이나 자료를 사용할 수 있다.

표 3-16 교육 진단 평가서

TEST ADMINISTERED : 포테이지 발달검사 목표

Date : ____20**. *. **____

Name : 김 * *
Sex : 여
Age : 만 1세 9개월(21개월)
Educ : 미취학

1. 의뢰 사유

: 언어 발달이 높은 수준이여서 전반적인 발달은 어느 정도인지 검사를 실시함

2. 행동 관찰

: 또래보다 체격은 약간 작은 편이고, 어른과 함께 놀기를 좋아함. 혼자서 미끄럼틀을 탈 수 있고, 음악에 맞추어 몸을 움직이며, 간단한 심부름도 가능했음 블록을 가지고 놀 때는 8~10분 정도의 집중력을 보였으며, 쉴 새 없이 엄마에게 말을 걸고, 대답을 요구했으며, 잘 웃고 표정도 밝은 편임

3. 발달력

: 정상 임신으로 만삭에 제왕절개로 출생함, 출생 시 몸무게는 2.5kg. 앉기는 7개월에 가능해 또래와 비슷한 발달을 보였으나, 혼자 서기는 13개월, 걷기는 15개월로 또래에 비해 다소 늦은 편임 낮에는 대소변을 가릴 수 있으나, 아직 밤에 잘 때는 잘 가리지 못함. 원하는 것을 한 두 단어로 연결해 요구할 수 있을 정도의 언어 발달을 보임

4. 검사 결과

1. 신변처리	29 개월	4. 인지	26 개월
2. 운동성	29 개월	5. 언어	30 개월
3. 사회성	33 개월	전체 발달 연령	29 개월

아동은 생활 연령 21개월에 비해 현재의 전체 발달 수준은 29개월로 또래와 비교할 때 약 8개월가량 빠른 편으로, 정상발달을 보이고 있다. 하위 발달 영역의 발달 수준도 편차가 크지 않고 고르게 잘 발달하고 있으며 비교적 사회성 영역의 발달이 가장 빠른 편으로 강점이라 할 수 있겠다.

평가자 : 특수교사 ○○○ (사인)

포테이지 발달검사의 내용을 구체적으로 살펴보면, 첫째, 유아자극이다. 이는 유아기에 경험한 자극과 강화가 발달에 많은 영향을 미치기 때문에 생후 4개월까지의 영아로부터 적절한 반응을 이끌어내기 위한 시·청·촉각적 활동들과 자료들로 구성되어 있다. 0~4개월 영아들뿐만 아니라 이 사이의 발달 수준을 보이는 발달장애아에게 유용하다. 둘째, 신변처리다. 먹기, 입기, 대소변 가리기, 머리 빗기, 이 닦기, 목욕하기 등의 기본생활로 자신을 돌보는 문항들로 구성되어 있다. 신변처리 활동은 타인 및 가족의 사회적 관습, 독립된 생활과 관련된 행동들이다. 장애아들에게 이 영역의 내용을 일상생활에 필요한 자조자립 기술을 조기에 습득할 수 있게 해 준다. 셋째, 운동성이다. 대·소근육의 협응된 신체 움직임을 관찰하고 측정한다. 넷째, 사회성이다. 타인과 상호작용하는 행동들을 측정하는 것이다. 다섯째, 인지이다. 앞으로 어느 정도의 지적 성장을 할 수 있는지를 알 수 있는 영역으로 겉으로 나타난 언어나 행동을 보고 측정한다. 여섯째, 언어이다. 언어를 세분화하지 않고 아동의 말의 내용과 그 내용을 표현하는 형태에 초점을 둔다.

또한, 포테이지 발달검사를 할 때 특수교사는 아동을 관찰하면서 측정하긴 하지만, 일반적인 내용은 부모를 대상으로 질문한다. 더불어 실시 방법이 비교적 쉽고 여러 번의 관찰만으로도 검사할 수 있다. 특수교사가 21개월 된 여아를 검사하고 작성한 교육진단 평가서를 작성한 사례를 살펴보도록 하자.

이처럼 검사 결과를 토대로 영아의 발달 수준을 판단할 수 있고, 발달상 강점과 약점을 알아보고, 또래에 비해 뒤처지는 발달 영역이나 강점 영역을 알아보고 아동양육이나 교육에 참조할 수 있다. 물론 발달장애를 판단할 때도 사용되기도 하는데 이럴 때는 어떤 발달 영역은 건너뛰기도 하면서 검사자 나름대로 창의성, 융통성을 가지고 장애아에 맞는 치료교육 목표의 기초자료로 사용할 수 있다. 이는 장애아에게 부족하거나 길러 주어야 할 발달 영역의 과제를 알아보고 제시하는 데 의의가 있다. 또한, 이 검사에서는 유아 자극에 대해 체계적으로 제시되어 있는데, 이는 부모들이 쉽게 모르는 척 지나갈 수 있는 부분으로서 때로는 애착 형성의 시기를 놓쳤거나 중증의 정신지체장애아를 처음 교육시킬 때 유아자극의 검사 내용을 참고하면 도움이 된다.

2) 아동 발달검사(K-CDI)

아동 발달검사는 부모 관찰을 통하여 아동의 심도 있는 발달적 정보를 얻는 체계적인 검사로서 미국에서 개발된 《The Child Development Invenory》를 우리나라 실정에 적합하도록 표준화한 검사이다. 일반적으로 아동의 발달 정도를 파악하고, 정상 범위에 속하는지 여부를 사정함으로써, 영·유아 보육을 담당하는 기관과 특수교육 대상 기관 그리고 발달문제 관련 소아과에서 아동의 발달 선별 검사로서 활용될 수 있다. 특히, 아동 발달검사(K-CDI)는 부모의 보고를 통하여 15개월에서 만 6세 사이 아동의 발달상의 문제를 조기에 선별하는 데 목적을 두고 있다.

아동 발달검사의 내용은 아동의 발달 상태를 측정하는 8개 하위 발달척도로 사회성, 자조행동, 대근육운동, 소근육운동, 표현언어, 언어 이해, 글자, 숫자와 전체 발달 영역 그리고 부가적인 정보를 제공해주는 문제 항목 영역으로 구성되어 있다. 첫째, 사회성은 개별적 상호작용뿐만 아니라 집단 참여 상황에서 부모, 아동, 다른 사람들과의 상호작용 발달을 측정한다. 둘째, 자조행동은 먹기, 옷 입기, 목욕하기, 화장실가기, 독립심과 책임감 발달을 측정한다. 셋째, 대근육운동은 걷기, 뛰기, 오르기, 점프하기, 타기, 균형 잡기, 협응 능력 발달을 측정한다. 넷째, 소근육운동은 뇌와 손의 협응 능력을 포함하여 물건을 들어 올리는 것, 낙서하고 그림을 그리는 것까지의 눈과 손의 협응 발달을 측정한다. 다섯째, 표현언어는 간단한 몸짓, 발성, 언어 행동부터 복잡한 언어 표현인 표현적 의사소통 발달을 측정한다. 여섯째, 언어이해는 간단한 이해에서부터 개념 이해인 언어 이해 발달을 측정한다. 일곱째, 글자는 쓰기와 읽기를 포함하는 문자와 단어에 대한 인지 발달을 측정한다. 여덟째, 숫자는 간단한 숫자 세기부터 간단한 산수 문제풀이까지 수의 양과 숫자에 대한 인지 발달을 측정한다. 아홉째, 부모가 체크하는 전체 발달 영역과 문제 항목으로 시각과 청각, 건강과 성장, 언어문제, 주의 집중, 정서 등을 측정하며 부모가 체크한 문항들은 검사 결과에 보충적으로 사용될 수 있다.

이처럼 아동 발달검사는 이러한 8가지 하위 발달척도와 1가지 부모의 체크한 문항으로 인해 아동에 대한 심도 있는 발달적 정보를 얻을 수 있다. 이러한 아동 발달검사 결과는 영유아기에 초래할 수 있는 발달상에 이루어질 수 있는 부적응행동이나 장애 여부 선별에 활용할 수 있으며, 유아교육기관과 가정에서 부모와 교사가 어떤 식으로 접근

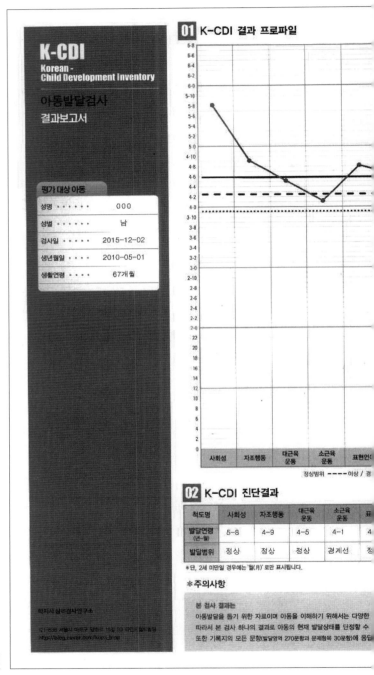

그림 3-1 아동발달검사 결과보고서 예시

03 K-CDI 결과해석 총평

아동의 발달은 개인 내 그리고 개인 간 차이가 민감하게 작용하므로 각 아동에 대한 심층 이해를 위해서는 결과에 대해 전문가로부터 개별상담을 받으시길 권합니다.

황동연아동은 전체 발달이 정상범위에 속하며 사회성 자조행동 대근육 표현언어 언어이해 글자 숫자 발달이 정상범위에서 속하지만 소근육 발달이 정상범위 이하의 지연(또는 경계선)범위에 속하고 있습니다. 황동연아동은 현재 연령수준에 적합한 발달을 하고 있으나, 소근육 영역의 발달을 촉진하기 위한 기회가 다소 부족하였던것으로 판단됩니다. 일상중 자연스러운 상황에서 아동과 다양한 경험을 가지는것은 아동의 균형적인 발달촉진에 도움이 될 것입니다.

∗문제항목

		예
시각·청각·성숙 문제	잘 보지 못하는 것 같다.	☐
	잘 듣지 못하는 것 같다.	☐
	건강상의 문제가 있다.	☐
	발육, 키, 몸무게에 문제가 있다.	☐
	식습관에 문제가 있다(예: 너무 안 먹거나 너무 많이 먹는다).	☐
	배변훈련이 잘 안되어 있다.	☐
	수면문제가 있다.	☐
	통증을 호소한다. (예: 귀, 배, 머리 등).	☐
	체력문제가 있다. 쉽게 피곤하거나 행동이 매우 둔해 보인다.	☐
운동 문제	행동이 매우 서툴다(예: 서툴게 걷거나 뛰고 비틀거리거나 쓰러진다(만 2세 이상 아동의 경우)).	☐
	손의 사용이 매우 서툴러 보인다.	☐
언어능력 문제	또래 아이들에 비해 잘 말하지 못한다.	☐
	아동이 하는 말을 이해하기 어렵다(만 3세 이상 아동의 경우).	☐
	말을 더듬는다.	☐
	다른 사람의 말을 잘 이해하지 못하거나 이해가 느리다.	☐
미성숙 문제	미성숙하여 자기 나이보다 훨씬 어린아이의 행동을 한다.	☐
	자신보다 어린아이들과 놀기를 좋아한다.	☐
	부모와 떨어지기가 어렵다(예: 심하게 매달리거나 슬퍼한다).	☐
	수동적이며 거의 주도적이지 않다.	☐
주의집중 문제	주의집중을 못한다(예: 다른 사람의 말을 잘 경청하지 못한다).	☐
	가만히 앉아있지 못하고 지나치게 활동적이다.	☐
	어수선하여 어지럽히거나 조심성이 없거나 책임감이 없다.	☐
행동 문제	하나를 고집스럽게 요구한다.	☐
	복종하지 않으며 공손하지 못하고 반항적이다.	☐
	지나치게 공격적이다.	☐
정서 문제	소심하고 겁이 많고 걱정이 지나치다.	☐
	행복해 보이지 않는다(예: 자주 울거나 칭얼거린다).	☐
	다른 아동들과 잘 어울리지 못한다.	☐
	자신감이 부족하다(예: '나 못해'와 같은 말을 한다).	☐

(계속)

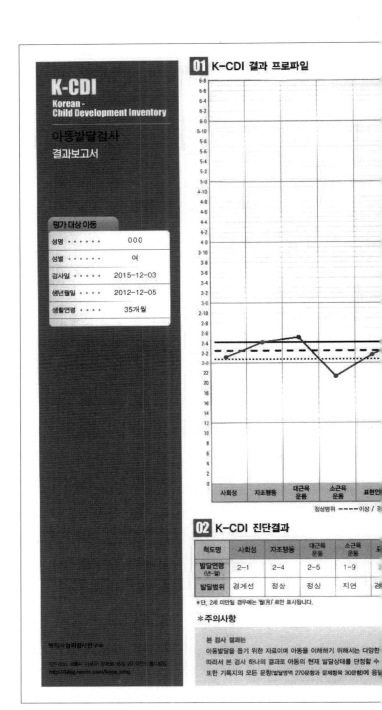

K-CDI
Korean -
Child Development Inventory

아동발달검사
결과보고서

평가 대상 아동

성명 · · · · ·	000
성별 · · · · ·	여
검사일 · · · ·	2015-12-03
생년월일 · · · ·	2012-12-05
생활연령 · · ·	35개월

복지사 심리검사연구소

121-836 서울시 마포구 잔로16길 20 이진빌 총-빌딩
http://blog.naver.com/kcpe_blog

01 K-CDI 결과 프로파일

(세로축 눈금: 6-8, 6-6, 6-4, 6-2, 6-0, 5-10, 5-8, 5-6, 5-4, 5-2, 5-0, 4-10, 4-8, 4-6, 4-4, 4-2, 4-0, 3-10, 3-8, 3-6, 3-4, 3-2, 3-0, 2-10, 2-8, 2-6, 2-4, 2-2, 2-0, 22, 20, 18, 16, 14, 12, 10, 8, 6, 4, 2, 0)

가로축: 사회성, 자조행동, 대근육 운동, 소근육 운동, 표현언어

정상범위 ----이상 / 경

02 K-CDI 진단결과

척도명	사회성	자조행동	대근육 운동	소근육 운동	표
발달연령 (년-월)	2-1	2-4	2-5	1-9	2
발달범위	경계선	정상	정상	지연	경

＊단, 2세 미만일 경우에는 '월(月)'로만 표시됩니다.

＊주의사항

본 검사 결과는
아동발달을 돕기 위한 자료이며 아동을 이해하기 위해서는 다양한
따라서 본 검사 하나의 결과로 아동의 현재 발달상태를 단정할 수
또한 기록지의 모든 문항(발달영역 270문항과 문제항목 30문항)에 응답

03 K-CDI 결과해석 총평

아동의 발달은 개인 내 그리고 개인 간 차이가 민감하게 작용하므로 각 아동에 대한 심층 이해를 위해서는 결과에 대해 전문가로부터 개별상담을 받으시길 권합니다.
　손채림 아동은 전체발달이 경계선범위에 속하며 자조행동 대근육 언어이해 발달이 정상범위에서 속하지만 사회성 소근육 표현언어 글자 숫자 발달이 정상범위 이하의 지연(또는 경계선)범위에 속하고 있습니다. 손채림 아동은사회성 소근육 표현언어 글자 숫자 영역의 발달을 촉진하기위한 기회가 다소 부족하였던 것으로 판단됩니다. 아동의 건강한 발달을 위해 추후 지속적인 관찰이 필요합니다. 일상에서 아동과 자주 접하는 부모의 관찰은 아동의 발달에 중요한 정보를 제공합니다. 아동과 다양한 경험을 가지는 것은 아동의 균형적인 발달 촉진에 도움이 될 것입니다.

*문제항목　　　　　　　　　　　　　　　　　　　　　　　　　　　　　　　예

시각 · 청각 · 성숙 문제	잘 보지 못하는 것 같다.	☐
	잘 듣지 못하는 것 같다.	☐
	건강상의 문제가 있다.	☐
	발육, 키, 몸무게에 문제가 있다.	☐
	식습관에 문제가 있다(예: 너무 안 먹거나 너무 많이 먹는다).	☐
	배변훈련이 잘 안되어 있다.	☐
	수면문제가 있다.	☐
	통증을 호소한다(예: 귀, 배, 머리 등).	☐
	체력문제가 있다. 쉽게 피곤하거나 행동이 매우 둔해 보인다.	☐
운동 문제	행동이 매우 서툴다(예: 서툴게 걷거나 뛰고 비틀거리거나 쓰러진다(만 2세 이상 아동의 경우)).	☐
	손의 사용이 매우 서툴러 보인다.	☐
언어능력 문제	또래 아이들에 비해 잘 말하지 못한다.	☐
	아동이 하는 말을 이해하기 어렵다(만 3세 이상 아동의 경우).	☐
	말을 더듬는다.	☐
	다른 사람의 말을 잘 이해하지 못하거나 이해가 느리다.	☐
미성숙 문제	미성숙하여 자기 나이보다 훨씬 어린아이의 행동을 한다.	☐
	자신보다 어린아이들과 놀기를 좋아한다.	☐
	부모와 떨어지기가 어렵다(예: 심하게 매달리거나 슬퍼한다).	☑
	수동적이며 거의 주도적이지 않다.	☐
주의집중 문제	주의집중을 못한다(예: 다른 사람의 말을 잘 경청하지 못한다).	☐
	가만히 앉아있지 못하고 지나치게 활동적이다.	☐
	어수선하여 어지럽히거나 조심성이 없거나 책임감이 없다.	☐
행동 문제	하나를 고집스럽게 요구한다.	☐
	복종하지 않으며 공손하지 못하고 반항적이다.	☐
	지나치게 공격적이다.	☐
정서 문제	소심하고 겁이 많고 걱정이 지나치다.	☐
	행복해 보이지 않는다(예: 자주 울거나 징얼거린다).	☐
	다른 아동들과 잘 어울리지 못한다.	☐
	자신감이 부족하다(예: '나 못해' 와 같은 말을 한다).	☐

해야 할지를 계획하기 전에 교육계획 및 중재를 위한 기초 자료로 사용할 수 있다. 또한, 이러한 결과는 현재 아동의 발달에 대해 의심되는 증상과 특정한 문제를 체크하는 항목이 있어서 다른 발달 진단 결과를 이해하는 데에도 유용한 자료로 활용될 수 있다.

1. 팀별로 다양한 검사를 선정하여 조사하고, 각각 특징을 발표하시오.

검사	발달검사	학습 관련 검사	지능검사
조사 내용			

CHAPTER 4

사례별 발달 지원 방법

1. 신체·운동 발달

영유아의 신체적 성장은 신장과 체중의 증가와 신체비율의 변화, 골격 및 치아의 발달 등에 의해 순차적으로 이루어진다. 유아의 건강한 신체 발달을 위해서는 적절한 영양 공급이 이루어져야 한다. 유아의 신장은 매년 7cm 정도씩 증가하여 5세에는 출생 시의 두 배, 6세경에는 평균 신장이 115cm 정도가 되며, 체중은 매년 2kg씩 증가하여 5세경

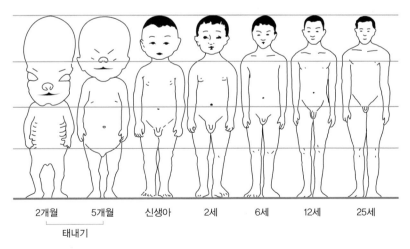

그림 4-1 **신체 비율의 변화**

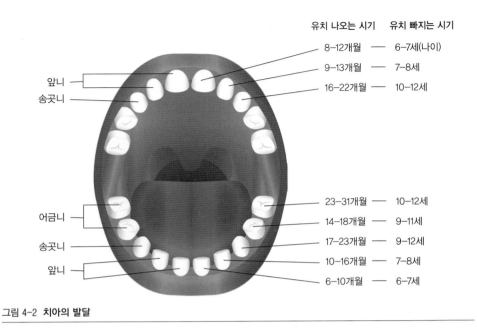

유치 나오는 시기　유치 빠지는 시기

앞니 ── 8–12개월 ── 6–7세(나이)
9–13개월 ── 7–8세
송곳니 ── 16–22개월 ── 10–12세

어금니 ── 23–31개월 ── 10–12세
14–18개월 ── 9–11세
송곳니 ── 17–23개월 ── 9–12세
앞니 ── 10–16개월 ── 7–8세
6–10개월 ── 6–7세

그림 4-2 **치아의 발달**

에는 출생 시의 다섯 배 정도, 6세에는 20kg 정도가 되고, 남아가 여아보다 신장이 조금 더 크고 체중도 더 나가는 차이가 나타난다(곽노의, 김경철, 김유미, 박대근, 2010). 뇌의 무게는 5세경에 성인의 90% 정도 성장하게 된다. 그로 인해 신체 비율도 변화되는데, 머리가 점차 작아지고 체지방의 줄어들면서 팔다리가 길어진다.

골격 및 치아의 발달도 이루어지는데, 이는 골격의 경골화가 이루어지면서 가능해진다. 골격 발달은 뼈의 길이와 넓이, 조직 등이 계속 변화하는 것으로 유아는 성인에 비해 골격 조직이 부드럽고 유연하여 같은 충격이 가해졌을 때 회복이 빠른 편이다.

영유아 치아의 발달은 짧은 기간에 진행되지 않는다. 처음에는 잇몸만 보이며, 입 안 가득 이가 나기까지는 3년이라는 시간이 걸리는데, 치아의 발달은 자궁 안에서부터 시작된다. 치아의 뿌리는 태아 시절에 형성되며 출생 후 3~12개월 사이에 이가 잇몸 표면으로 나오기 시작한다. 이유식을 시작하는 6개월 정도에는 아기의 첫니를 볼 수 있다. 그러므로 이가 모두 나는 3세가 될 때까지 영유아의 치아를 건강하게 관리할 필요가 있다.

0개	7세	8세	9세	10세	11세	12세
깡충깡충 뛸 수 있다.	눈을 감고 한쪽 발로 균형을 잡을 수 있다. 5cm 정도의 평균대 위를 넘어지지 않고 걸을 수 있다. 사방치기 놀이를 할 수 있다. 거수 도약운동을 할 수 있다.	발을 번갈아 가며 한 발로 뛸 수 있다. 여러 가지 놀이를 할 수 있다.	작은 공을 12m 정도 던질 수 있다. 25cm 정도의 높이로 뛰어오를 수 있다.	1초에 5m 정도를 달릴 수 있다.	1.5m 정도의 멀리뛰기를 할 수 있다.	1m 정도의 높이로 뛰어오를 수 있다.

자료: Feldman(2006), p.307

그림 4-3 연령별 신체 발달

2) 운동 발달

(1) 대근육운동 발달

대근육운동은 팔을 움직이기나 걷기 등 근육을 크게 움직이는 것과 관련이 있다. 신생아 때는 고개 들기(1개월), 가슴 들기(2개월), 뒤집기(3~4개월), 앉기(7개월), 서기(12~14개월), 혼자 걷기(15개월), 계단 오르기, 자전거 타기(18개월), 달리기, 뒤로 걷기, 공 차기, 공 던지기, 뜀뛰기(18~24개월)를 하면서 운동 발달이 이루어진다.

이러한 변화는 머리 크기의 비율이 작아지면서 몸의 무게 중심이 아래로 내려가서 균형을 잡을 수 있게 됨으로써 수월해진다. 특히 큰 근육을 사용해서 움직이는 것으로 걷기, 달리기, 뛰기, 공 던지기, 계단 오르내리기 등이 있다. 3세경에는 잘 달리기는 하지만 달리면서 왼쪽이나 오른쪽으로 방향을 전환하지는 못한다. 또한, 미끄럼, 그네, 세발자전거 등과 같은 기구를 사용할 수 있게 된다. 더불어 큰 공 차기, 크게 튀는 공을 양팔을 뻗어 잡을 수 있게 된다. 4세 유아는 균형을 잡고 서서 한 발로 깡충 뛰기, 선 위를 똑

바로 걷기를 할 수 있게 된다. 또한, 높은 곳을 올라갈 수 있게 되면서 위아래로 방향 전환이 가능해져서 사다리, 나무, 놀이기구에 오르내리기를 할 수 있게 된다. 또한, 도구를 사용하여 공을 던질 때 팔을 머리 위로 올려 던지기 등도 가능해진다. 5세에는 유연성을 강조하면서 균형 잡기를 원할 수 있어서 무릎을 굽히지 않고 발가락을 잡을 수 있고, 성인과 같이 균형을 잡을 수 있어서 걷거나 10초 동안 한 발로 설 수 있고, 세발자전거를 속도를 내면서 탈 수 있게 된다. 또한, 두 발을 번갈아가며 쓰러지지 않고 계단을 올라가고 내려갈 수 있게 되며, 달리면서 방향을 전화할 수 있게 되고, 제자리에서 멀리 뛰기도 가능해진다.

(2) 소근육운동 발달

소근육운동은 손가락을 정교하게 움직이기와 같이 섬세하게 조율된 움직임과 관련이 있다. 신생아 때는 근원 발달의 원칙에 의해서 팔에서 손, 손가락 순서로 운동 발달이 이루어지는데, 팔 뻗어 잡기(6개월), 엄지와 집게 이용해서 작은 물체 집기(10개월)를 하면서 소근육운동 발달이 이루어진다. 이는 눈과 손의 협응에 의해서 발달되는데, 3세경이 되면 손가락을 사용하여 특정한 물건을 잡거나, 작은 물건을 잡아서 집어 올릴 수 있게 된다. 4세가 되면 간단한 글자나 자신의 이름 등을 쓸 수 있고, 몇 개의 숫자도 쓰면서 쓰기에 관심을 갖게 된다. 5세경이 되면 도구 사용이 원활해지는데, 특히 가위를 가지고 선을 따라서 대부분의 모양을 자를 수 있게 되며, 연필을 정확하게 잡고 글씨를 쓸 수 있게 된다. 더불어 색칠을 할 때 선 안에 색을 정교하게 칠할 수 있게 된다. 이처럼 소근육운동 기술에서 발달되었음을 나타낼 때 대표적으로 등장하는 예가 그림 그리기인데, 각 연령별 그림 그리기의 변화를 살펴보면 얼마나 소근육이 발달되어 있으며 뇌가 성숙되고 있는지 알 수 있다.

그림 그리기 기술의 발달 단계(Kellogg, 1970)를 살펴보면, 단계별로 특징이 있다. 1단계는 1세 반~2세 영아들이 끼적거리기 단계 또는 낙서 단계이며, 2단계는 2~3세 유아들이 단순한 형태 단계로 원, 삼각형, 정사각형, 십자 모양 등의 단순한 기하학적 형태를 그린다. 3단계는 4세까지이며 무늬를 그리는 단계이고, 4단계는 5~7세이며 실제 사물을 그리는 단계이다. 위의 단계로 갈수록 보다 세밀하고 자세히 묘사할 수 있게 된다.

또한, 자조기술도 향상되어 옷을 입고 벗는 일, 젓가락질, 단추 끼우기, 운동화 끈 묶기

그림 4-4 소근육 발달을 돕는 활동

등도 스스로 신변처리를 할 수 있게 된다. 이러한 자조기술은 중추 신경 및 근육운동의 협응이 성숙되어야 가능하며, 유아기에는 눈과 손의 협응이 이루어져서 스스로 할 수 있는 자조기술이 발달하게 된다. 3세경에는 숟가락과 젓가락을 효율적으로 사용할 수 있고, 6~7세경이 되면 식사를 할 수 있게 된다. 옷 입고 벗기는 3세경부터 가능하고, 4세경에는 혼자서 옷을 입을 수 있게 된다. 교사와 부모는 영유아의 운동 발달을 돕기 위해 유아가 혼자 하도록 기회를 마련함으로써 자조기술 발달을 지원할 수 있다.

3) 신체·운동 발달에 도움이 필요한 유아

(1) 신체 발달이 늦은 유아

발달이 또래에 비해 늦어 보이는 유아를 위해서는 신체를 사용하여 연습할 기회를 주는 것이 필요하다. 물론 유아들은 개인차에 의해 대근육과 소근육의 발달에 차이를 보인다. 그러나 영유아의 과보호로 인해 기어 올라가는 것을 제지하거나 위험하다고 못하게 하면 영유아의 신체 발달을 방해하면 안 된다. 그러므로 안전한 환경을 준비한 상태에서 영유아들이 뛰어놀 수 있는 환경을 마련해 주어야 한다.

안전한 환경을 제공한 후 충분한 신체활동 제공하기

안전한 환경에서 충분히 자유롭게 뛰어놀 수 있도록 함으로써 영유아에게 신체 발달이 자연스럽게 이루어지도록 기회를 마련해 주어야 한다. 날카롭거나 깨졌거나 물에 젖어 있는 환경에서 놀이하는 것이 아니라 안전한 환경을 미리 준비해 제공한다면 영유아들이 위험한 상황에 노출될 가능성이 훨씬 줄어들 것이다. 또한, 충분히 신체활동 할 수 있는 시간적인 여유도 있어야 한다. 시간에 쫓기듯이 놀이를 하는 것보다는 1~2시간씩 충분히 놀이할 수 있도록 해야 한다.

영유아 스스로 할 수 있도록 기다려 주기

소근육 발달이 아직 이루어지지 않은 상태에서도 혼자서 하려는 영유아들을 위해 여유롭게 시간을 주어야 한다. 젓가락 사용이 서툴다고, 외출복의 단추를 빨리 끼우지 못한다고, 운동화 끈을 빨리 묶지 못한다고 교사가 직접 도와주는 것보다는 스스로 할 수 있도록 연습의 기회를 주어야 한다.

(2) 잘 먹지 않는 유아

영양을 충분히 섭취해야 하는 영유아들이 잘 먹지 않으면 걱정되기 마련이다. 영유아의 식습관이나 건강문제의 경우 이에 대한 해결을 해야 한다. 영유아에 대한 지속적인 관찰을 통해 이루어질 수 있다. 그래서 '왜 거부하는지' 이유를 찾는 것이 먼저 중요하다. 음식의 문제가 아니라 사용하는 도구의 문제일 수 있다. 이를 잘 관찰하여 문제점을 발견해야 한다. 예를 들어, 음식을 먹는 도중 구토를 했다거나 음식을 먹는 수저로 약을 먹였을 때 거부할 수 있다. 또는 음식을 억지로 먹이진 않았는지, 먹는 환경이 불편한지 등은 체크할 수 있다.

- 강요하지 말고 음식을 맛보라고 권하는 것이 좋다.
- 단맛이 강한 과일을 먼저 먹이거나 너무 자주 먹이지 않는 것이 좋다.
- 바람직한 식습관 형성을 위한 방법
  - 늦어도 10시 이전에는 잠자리에 들고, 규칙적으로 생활하게 한다.
  - 규칙적인 식사시간을 정하여 규칙적으로 시행하고, 식사시간 전에 알린다.

- 강제로 먹이지 않는 것이 좋고, 먹는 행동에 칭찬을 해 주는 게 좋다.
- 산책과 운동 신체활동을 하게 함으로써 식욕을 돋아주는 것이 좋다.
- 탄수화물 위주보다는 여러 가지 영양성분이 풍부한 식단이 좋다.
- 스트레스를 받지 않게 하고 신체의 이상이 있는지 확인한다.

2. 인지·언어 발달

1) 인지 발달

유아기 인지 발달은 빠른 속도로 인지가 성장하며 그로 인해 언어가 발달하게 된다. 또한, 그와 동시에 효율적인 정보의 처리로 인해서 기억력이 발달하게 된다. 유아기 사고의 특성은 피아제의 인지 발달 단계 중 전조작기에 해당한다. 2세에서 4세까지의 영유아 시기를 전 개념적 사고기라 부르는데, 이 시기의 특징은 상징적 사고(symbolic thought), 자기중심적 사고(egocentric thought), 물활론(animism), 전환적 추론, 인공론적 사고(artificialism), 직관적 사고 등이다. 직관적 사고는 보존개념, 서열화, 분류화를 획득하지 못했는데, 직관적 사고로 인해 판단을 내려야 하는 상황에서 논리적으로 추론하지 못하고 전체와 부분의 관계를 명확하게 파악하기 힘들며 과제를 처리하는 방식도 그 당시의 직관에 의해 쉽게 영향을 받게 된다(곽노의, 김경철, 김유미, 박대근, 2010). 보존개념(conservation)은 사물의 모양이 변하거나 여러 부분으로 나누어져도 본래의 속성은 변하지 않는다는 것을 이해하는 능력이다. 즉, 수의 보존개념은 5~6세, 길이 보존개념은 6~7세, 양, 면적, 무게의 보존개념은 7~8세, 부피의 보존개념은 11~12세에 획득하게 된다. 서열화(seriation)란 일정한 특성에 따라 사물을 순서대로 늘어놓는 것이다. 3~4세의 유아는 막대기를 크기 순서대로 나열하지 못하다가 5~6세가 되면 어느 정도 순서대로 나열하기는 하지만 순서대로 전체를 완성하지는 못한다. 완전한 서열화를 하려면 구체적

조작기가 되어야 한다. 분류화(classification)란 같은 속성을 가진 것끼리 묶는 것이다.

기억 발달도 이루어지는데, 유아는 기억능력이 상당 부분 향상되면서 기억의 용량이 증가하게 되고 발달하게 된다. 연령이 증가함에 따라 감각기억과 장기기억은 변화하지 않지만, 단기기억은 증가하게 된다(Dempster, 1981).

2) 언어 발달

유아의 언어능력은 연령이 증가하면서 발달되지만, 성별에 따른 차이는 별로 없다(장보경, 이연규, 2009). 또한, 유아는 현실보다는 가상적인 맥락에서 보다 높은 수준의 언어를 사용하며, 가상놀이의 역할에 따라 언어 형태의 발달 수준이 다르게 나타난다(이영자, 신은수, 이종숙, 2003). 이러한 유아의 언어능력은 구어와 문어의 통합, 의미 중심 활동과 음운 중심 활동의 통합, 개인과 사회적 측면의 통합, 모든 교과의 통합을 통해 발달해야 한다(이금구, 동풀잎, 2010).

(1) 음성언어 발달

유아기에는 음성언어의 발달이 활발히 이루어진다. 먼저 유아가 사용하는 단어 수의 증가하는데, 유아 초기에 사용하는 단어 수가 200~300개에서 5세경에는 2,500개로 증가하게 된다. 남녀의 단어 습득 속도는 여아가 남아보다 더 빠르며, 유아는 추상적인 의미의 단어보다는 구체적인 의미의 단어를 더 빨리 획득한다는 특징이 있다. 단어 의미의 발달도 이루어지는데, 때로는 단어의 의미를 과잉 확대하거나 과잉 축소하기도 한다. 과잉 확대란 단어의 의미를 원래의 범주보다 확대해서 사용하는 것이며, 과잉 축소란 단어의 의미를 실제 범주보다 축소해서 사용하는 것이다. 단어의 의미를 발달시키는 초기에는 일반적으로 과잉 확대보다는 과잉 축소 현상이 더 자주 나타나게 된다.

문장이란 생각이나 감정을 말이나 글로 표현할 때 내용을 나타내는 최소의 단위를 뜻하며, 문법은 단어가 서로 관계를 맺어서 문장을 이루는 법칙을 의미한다(조형숙 외, 2015). 낱말과 말의 구조 발달에 따른 언어 발달은 10~12개월에 첫 낱말을 말하기 시작한다. 이 시기에 이해하고 있는 낱말은 20여 개 이상으로 주로 엄마, 아빠, 아가, 야옹이,

표 4-1 우리말 개별 음소의 발달 단계

연령	완전 습득 연령단계(95~100%)
2세	ㅍ, ㅁ, ㅇ
3세	+ ㅂ, ㅃ, ㄸ, ㅌ
4세	+ ㄴ, ㄲ, ㄷ
5세	+ ㄱ, ㅋ, ㅈ, ㅉ
6세	+ ㅅ

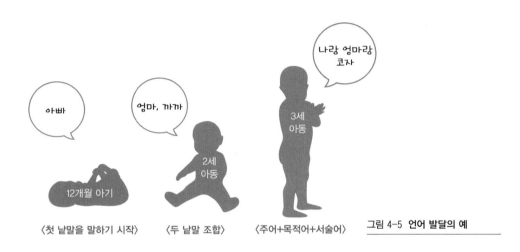

그림 4-5 **언어 발달의 예**

물, 우유, 까꿍 등을 이해한다. 문장의 발달은 2세경이 되면 유아는 두 단어로 문장을 만들어 사용할 수 있다. 이러한 언어를 전보식 언어라고 하는데, 전보식 언어란 조사나 접미사, 접속사 등을 생략하고 핵심적인 단어만 나열하여 문장을 만들어 전달하는 것이다. 예를 들어, "엄마, 과자가 먹고 싶어."를 "엄마 과자"로 표현하는 현상이다. 3세경에는 2~4개 정도의 단어로 문장을 만들며, 주어, 목적어와 서술어 등 3개의 구문 구조를 사용하여 "엄마, 빵 먹어.", "던져서 공 받아." 등을 말하게 된다. 4세경에는 3~7개 정도의 단어로 문장을 만들어 거의 완전한 문장을 구사하게 된다. 5세경에는 6~12개의 단어를 사용하여 문장을 구사할 수 있다.

문법의 발달은 2~3세에 품사의 위치와 문법적 형태소를 사용하며, 2세경에는 부정문이 나타나게 되는데, "안 먹어."등의 부정문을 사용한다. 3세경에는 "싫어.", "아니." 등의 부정문을 많이 사용하며, 4~5세경에는 다양한 의문사를 사용한 의문문을 만들고 과잉 일반화 또는 과잉 규칙화 현상이 나타난다. 예를 들어 주격조사인 "가"의 사용으로 "엄마가", "선생님이가", "아빠가", "인형이가" 등으로 말을 만들어 사용한다. 5세 이후에는 "-께서" 등 주격 조사의 높임을 사용할 수 있다.

의사소통기술의 발달은 유아기 말이 되면 자아 중심적 언어가 감소하면서 점차 사회화된 언어를 사용하는데, 4세경에는 의사소통하는 상대를 고려하여 상대의 수준에 맞게 소통할 수 있다. 의사소통을 원활하게 하기 위해서는 유아는 물리적·사회적 맥락에 적절한 언어를 사용하는 방법을 습득하는 것이다.

(2) 문자언어 발달

읽기란 단순히 글을 음독하는 것이 아니라 글에 담긴 의미를 이해하는 것이며, 이것이 곧 진정한 의미의 읽기다(Robinson, 1982). 유아의 읽기 행동에는 전 읽기 이해, 그림 보고 마음대로 이야기 만들기, 의미를 비슷하게 꾸며 말하기, 단어나 구절을 암기하여 이야기하기, 실제 글자 읽기 등이 포함된다. 일반적으로 2~3세에는 주위의 글자에 관심을 가지며 책의 글자는 읽는 것임을 안다. 3~4세에는 책을 볼 때 글자를 읽는 것임을 알고 그 목적도 알 수 있다. 4~5세에는 소리와 글자 간의 일대일 대응을 할 수 있다. 그래서 주위에서 아는 글자를 읽어 보려고 하고, 친구의 이름과 친구를 보며 알아보려 한다. 5~6세에는 주변에서 자주 볼 수 있는 글자를 읽는다. 그래서 가족과 친구들의 이름을 읽는다.

쓰기란 자신의 생각이나 감정, 경험 등을 글로 표현하는 과정이다. 그래서 진정한 의미의 쓰기는 자신의 목적을 위해 새로운 의미를 만들어 내는 역동적인 과정이다(박상희, 1997). 유아들의 쓰기 행동은 긁적거리기, 의도적 자형 쓰기, 자음·모음의 방향이 틀린 글자 쓰기, 단어 쓰기, 문장 쓰기 등으로 나타난다. 일반적으로 2~3세에는 '쓴 것'과 '그린 것'을 구별한다. 또한, 연필과 볼펜, 사인펜, 매직펜 등의 필기도구를 사용한다. 3~4세에는 자기 이름이 있는 글자를 배우고, 간혹 어떤 글자를 써 달라고 요구하기도 한다. 4~5세에는 자기 이름을 쓸 줄 알며, 자발적으로 쓰려고도 하고 모르는 글자를 묻기도 한다. 5~6세에는 여러 가지 쓰기 도구를 사용하여 쓰며, 간단한 글씨를 써 보려고 한다.

3) 인지·언어 발달에 도움이 필요한 유아

말을 더듬는 유아는 말을 정확하게 발음하지 못하는 조음의 문제나 발달속도가 일반 영유아에 비해 지체되는 것처럼 보이며, 언어를 통해 자기표현과 주변 환경의 통제를 충분히 할 수 없는 등의 문제행동이 표출되기도 한다. 특히 또래관계가 형성되는 유아기에 자신이 친구들과 다르다는 것을 인식하고 자신에 대한 자아개념이 낮아져서 사회성 발달에도 부정적인 영향을 미칠 수 도 있게 된다. 일반 영유아들과 긍정적인 상호작용이 이루어질 수 있도록 교사는 적절한 중재를 해야 한다.

(1) 서로 주고받는 대화 격려하기

유아는 불안할 때 말을 더듬을 수 있다. 말하는 것을 힘들어하거나 어려워할 때 교사는 부드럽게 격려하면서 유아가 불안하지 않도록 도움을 줄 수 있다. 계속 지적한다면 유아는 더욱 말을 더듬는 것을 의식하게 되어 자신감이 감소하게 될 것이다. 따라서, 천천히 기다리고 말할 수 있도록 도움을 주어야 한다.

(2) 적절한 속도로 말하고 유아 주도 따르기

어떤 유아들은 빠른 속도로 하는 말을 알아듣는데 어려움을 보인다. 따라서, 말을 빨리하는 경우 조금 천천히 말하여 조급하지 않게 듣고 말할 수 있도록 한다. 또한, 유아가 흥미 있어 하는 것에 대해 이야기하고 정교한 언어로 표현해 주면서 유아가 스스로 말할 수 있도록 도움을 준다.

3. 사회·정서 발달

유아기는 영아기에 비해 대인관계의 폭이 넓어지면서 사회적 발달이 이루어지는데 이때 유아들은 자신과 타인의 감정을 이해하고, 자신의 감정을 다양한 방법으로 표현하며, 때로는 자신의 감정을 조절하면서 정서 발달이 이루어진다. 따라서, 사회·정서 발달이 이루어지는 이 시기에 유아에게 영향을 줄 수 있는 다양한 측면을 살펴보아야 한다. 그로 인해 유아가 사회적 기술과 역할을 습득하는 데 도움을 줄 수 있다.

1) 사회성 발달

(1) 자아

유아기를 지나는 동안 표상 능력이 보다 발달되어 가면서 자아발달, 즉 자기 자신의 특성에 대한 신념을 발달시키기 시작한다. 유아의 자아개념은 매우 구체적이어서 실제 관찰 가능한 특성들로 언급되며, 특정한 물건에 대한 자신의 권리를 주장하기도 한다. 이렇게 자아가 강한 아동은 사물에 대한 소유욕이 강하여 다른 유아의 물건을 서로 가지려고 기를 쓴다. 어른들은 유아가 좋은 또래관계를 갖도록 도와주고자 할 때 이러한 특성들을 모두 고려하는 것이 좋다.

자아존중감이란 자기 자신에 대한 가치에 대해 가지는 판단이다. 어른처럼 명확한 것은 아니나, 유아도 다른 사람이 자신을 얼마나 많이 좋아하는지와 자신이 어떤 일을 얼마나 잘하는지를 구별할 수 있다. 유아에게 높은 자아존중감을 가지게 하기 위해서는 주도성을 기르도록 하여야 한다. 유아가 스스로 자신의 능력에 대해 갖게 되는 신념은 어른들의 각별한 인내심과 격려에 의해 지지될 수도 있다.

(2) 또래관계

유아에게 친구란 '좋아하는' 사람이며, '함께 놀고 싶은 사람'이다. 우정 관계에 대한 초기 개념도 자아 개념의 형성 초기와 매우 비슷하다. 4~7세 유아는 우정 관계를 유쾌한 놀이와 장난감을 함께 가지고 노는 것으로 생각한다. 이 시기의 유아는 서로 잘 지낼 때는 "가장 친한 친구"라고 말하다가도, 서로 싸운 다음에는 "내 친구가 아니야"라고 반대의 말을 하는 것처럼 상호신뢰를 바탕으로 한 장기적이고 지속적인 특성을 갖지는 않는다. 또한, 이 시기, 공격적인 성격을 가진 유아는 원만한 우정관계를 형성하는데 어려움을 겪는다.

또래관계는 사회적 발달측면에서 여러 교육적 가치가 있다(이영 외, 2010). 첫째, 타인 조망, 공평함, 상호성, 협력이라는 개념을 학습하는 주요 맥락이 된다. 둘째, 문화적 규범과 가치를 학습한다. 셋째, 또래를 통해 효율적 상호작용 기술을 배우면서 사회적 유능감이 발달될 수 있다. 넷째, 학업 성취 및 집단생활 적응을 돕는다. 따라서, 부모 및 교사는 유아가 또래관계를 잘 형성하도록 기회를 제공해야 한다.

유아는 연령이 높아질수록 갈등상황 시 타인의 욕구를 고려하여 자신의 욕구를 주장함으로써, 결국 서로의 욕구를 모두 충족하는 방향으로 문제해결을 도모한다. 5~7세 아동은 우호적인 설득과 타협 혹은 대안적 전략을 생각하고, 성인의 개입 없이 스스로 불일치나 갈등을 해결하고자 한다(Berk, 2008).

(3) 공격성

공격성은 의도적으로 다른 사람에게 피해를 주고자 한 경우를 말한다. 유아의 공격성을 크게 도구적 공격성과 적대적 공격성으로 나눌 수 있으며, 연령이 높아질수록 도구적 공격성보다는 적대적 공격성을 많이 나타낸다. 도구적 공격성은 장난감을 갖고 싶어서 다른 아이를 위협하거나 때리는 것처럼 자신이 갖고 싶은 것을 얻고자 할 때 나타나는 공격성으로 상대를 해칠 의도가 포함되어 있지 않지만, 적대적 공격성은 타인에 대한 보복이나 지배권을 차지하기 위해 신체적이거나 언어적으로 타인에게 해를 가하기 위해 표출되는 공격성이다.

공격성이 증가되는 원인 중 하나는 새롭고 분명한 자아의식이 발생하기 시작하는 만 2세가 되면서 아동이 소유권에 대해 관심을 갖기 시작한다는 점과 관련된다. 3~6세에는 물건을 소유하기 위한 신체적 싸움은 감소하는 반면, 약올리기, 모욕하기와 같은 언어적 공격성이 점차 증가한다. 6~7세 되면 유아의 공격성도 타인의 입장에서 사고해 보는 능력이 생기면서 감소한다. 유아기에 형성된 공격성 행동은 학령기에도 계속 나타날 수 있으므로(이경혜, 2009) 유아의 공격성을 경감시키기기 위해 다양한 방안들을 마련하여 제공할 필요가 있다.

(4) 친사회적 행동

만 2세가 되기도 전에 유아는 다른 사람을 돕고 자기 물건이나 음식을 나누어 갖기도 하며 남을 달래주기도 한다. 이러한 친사회적 행동은 이타성이 표출된 행동으로 이타적 행동은 유아가 가상놀이를 할 수 있게 되는 시점에서 나타난다. 이러한 점은 유아가 다른 사람이 어떻게 느끼는가를 알 수 있고 다른 사람에 대한 책임감을 발달시킬 수 있다는 것을 의미한다.

조형숙, 박은주, 강현경, 김태인, 배정호(2015)는 친사회적 행동요소로 관심 갖기, 감정이입하기, 나누기, 돕기, 위로하기, 보살피기, 협조하기 등이 있다고 제시했다. 관심 갖는 것은 상대에게 자신의 생각과 마음을 집중하는 것이고, 감정이입은 상대의 생각과 감정에 공감하면서 반응을 보이는 것이며, 나누기는 상대의 필요와 요구를 알고 자신이 가진 것을 주는 것이고, 돕기는 상대에게 필요한 도움을 알고 자신의 능력을 활용해 도와주는 것이며, 위로하기는 상대의 어렵고 힘든 상황을 이해하고 격려해주는 것이고, 보살피기는 상대의 필요를 알고 정성을 다해 상대를 돌봐주는 것이며, 협조하기는 어떤 목표를 위해 서로 마음과 힘을 하나로 모으는 것이라고 말했다.

특히 유아의 이타성을 격려하는 중요한 방법은 유아를 진심으로 사랑하고 존중하는 것이다. 영아기 때 안정적으로 애착이 형성된 유아는 불안정적으로 애착된 유아에 비해 타인의 고통에 보다 더 반응한다. 그러므로 친사회적 행동증진을 위해서 유아에게 긍정적인 태도를 보일 필요가 있다.

(5) 성역할 발달

성역할은 한 개인이 그가 속해 있는 사회에서 규정하는 성에 적합한 행동, 태도 및 가치를 학습함으로써 얻어진다. 즉, 한 사회에서 남녀에게 적합하다고 생각하는 특성과 행동을 말한다. 성역할 고정관념이란 특정 행위나 활동이 남성 또는 여성에게 배타적으로 적용되어 판단하는 사고를 말한다(송명자, 2001). 성 고정관념 발달은 유아가 자신의 성을 구분하는 시기부터 발달하기 시작하는데, 3세 정도가 되면 더욱 성 고정화된 방법으

표 4-2 **성 개념 발달 단계**

발달 단계	연령	설명
성 정체감	0~3세경	자신이 남성이거나 여성임을 인식하는 성 정체감의 시기이다. 그러나 아직 성이 고정된 것이 아니라 경우에 따라 바뀔 수 있다고 생각한다.
성 안정성 성 항상성	4~5세경	성은 변할 수 없다는 것을 아는 성 안정성의 시기이다. 즉, 유아는 크면 남자아이는 남자 어른이 되고 여자아이는 여자 어른이 된다는 것을 안다.
성 일관성	6~7세경	성인과 다름없는 성 개념을 갖게 된다. 즉 시간과 상황이 아무리 변해도 성은 안정된 속성이라는 것을 알게 된다. 이 시기의 유아들은 단지 외모만으로 성을 구별하지 않는다. 예를 들어 남자아이가 치마를 입어도 여자가 아니라는 것을 안다.

로 놀이를 하게 된다. 따라서, 유아기에 성역할 고정관념이 생길 수 있기에 양성평등교육 등 성역할 고정관념을 감소할 수 있는 교육을 할 수 있다. 그러므로 교사나 부모는 유아의 놀이나 매체를 활용한 교육 시에 성역할 고정관념이 반영되어 있는지를 확인하고 제시해야 한다.

(6) 도덕성 발달

도덕성은 사회가 정해놓은 사회적 제도, 관습, 규칙 등의 외적인 규범을 내면화하여 형성된 것이나 개인이 갖는 비판력, 판단력 등의 사고력이라고 볼 수 있다. 유경훈(1996)은 유아는 연령이 증가할수록 도덕성이 발달하며, 영아가 남아보다 높은 경향을 보인다고 했고, 출생순위에 있어서 첫째가 막내나 외동보다 발달 수준이 높고, 어머니의 학력이 높고 직업을 지닌 경우에 유아의 도덕성 발달 수준이 높다고 했다.

피아제는 공기놀이 게임을 관찰함으로써 도덕 발달을 연구했는데, 도덕적 이해력에 관한 연구에서 도덕성 발달 단계를 크게 타율적 도덕성 단계와 자율적 도덕성 단계로 제시했다. 타율적 도덕의 단계로서 도덕적 실재론이라고도 한다. 이 단계는 옳고 그름이 외적인 준거와 행위의 결과에 의해 판단된다. 예를 들어 어머니를 도우려다 15개의 컵을 깬 아이가 찬장 속의 꿀을 꺼내 먹으려다 1개의 컵을 깬 아이보다 더 나쁘다고 판단한다. 도덕적 자율단계로서 도덕적 상대론이라고도 한다. 결과가 덜 심각하더라도 의도가 나쁠 때는 그 행위가 더욱 비도덕적인 것으로 판단하게 된다.

또한, 콜버그는 도덕성 발달 단계를 6단계로 제시했는데, 전 인습적 수준에서의 1단계는 복종과 처벌 지향의 단계로서 복종해야 하는 권위자의 고정 불변의 규율을 지키고자 하는 단계이다. 2단계는 상대적 쾌락주의 단계로서 행위가 욕구를 만족시키고 보상이 있어야 규칙을 준수한다. 인습적 수준에서의 3단계는 착한 소년, 소녀 지향 단계로서 옳은 행동은 타인을 기쁘게 하고, 도움을 주고, 타인으로부터 인정을 받는 것이다. 4단계는 사회 질서 및 권위의 유지 단계로서 권위, 고정된 규칙, 사회적 질서를 지향한다. 후 인습적 수준에서의 5단계는 사회계약 정신 지향 단계로서 개인의 권리를 존중하고 사회 전체가 인정하는 기준을 준수하는 것이 옳은 행동이라고 느끼는 것이며, 6단계는 보편적 원리의 단계로서 모든 사람에 대한 정당성과 인간의 존엄성을 포함하며 옳은 행동은 자신이 선택한 윤리적 원리와 일치하는 양심에 의해 결정된다고 했다.

(7) 마음이론 발달

마음이론(theory of mind)은 타인의 생각, 믿음, 바람, 의도 등과 같은 마음 상태를 추론하고 이해하는 인지 능력이다. 유아는 타인의 생각과 의도 및 정서를 추론하고 이해하면서 타인의 행동도 예측할 수 있게 된다. 2~3세 유아는 타인이 무엇을 원하는지 감정이 어떤지 구별할 수 있다. 그러나 2~3세경의 유아는 사람들이 어떤 감정을 가지고 있다는 것을 알지만 신념이 행동에 어떠한 영향을 주는지는 이해하지 못한다(이영 외, 2010). 4~5세 유아는 마음이 사물이나 사건을 정확하게 표상할 수도 있고 때로는 부정확하게 표상할 수도 있다는 것을 이해하기 시작한다. 즉, 잘못된 신념에 대한 사고능력이 나타난다. 사람이 생각한 내용이 실제로 보고 말하고 만지며 아는 것과 다를 수 있다는 것을 이해하게 되는 것이다(Wellman et al., 2001). 이렇듯 유아는 틀린 믿음(second-order belief)을 이해할 수 있게 되면서 다른 사람의 생각에 대해 잘못 알고 있는 사람의 틀린 믿음을 생각할 수 있게 된다. 그래서 7세 이후 유아는 풍자나 선의의 거짓말과 같은 말의 숨은 뜻을 알아낼 수 있다.

2) 정서 발달

유아기의 정서 표현은 언어 능력의 발달에 따라 정서를 언어에 의존해서 표현하며, 주변 사람들과의 접촉을 통해 자신의 감정을 타인의 감정에 대처하게 된다. 유아기는 영아기에 비해 대인관계의 폭이 넓어지고 다양해지는데, 어떤 방법으로 표현할 것인가에 따라 사회화의 중요한 목표가 설정된다. 1차 정서인 공포는 영아기에 겪게 되는 분리불안, 낯가림 속에서 수없이 경험하게 된다. 이는 과거의 경험과 직결되는 것이 많은데, 유아기는 상상력이 발달하여 자신이 직접 경험하지 않았어도 공포를 느낄 수 있다. 분노는 떼쓰기, 고집부리기, 말 안 듣기, 폭발행동 등으로 표출된다. 이러한 분노는 또래와 형제간의 관계에서 자주 나타나는데, 생활의 중심이 놀이집단으로 옮겨감에 따라 또래들과의 충돌하게 된다. 분노는 만 2세 이후 사라지지 않으면 공격성으로 발달하게 된다. 또한, 유아기는 호기심의 정서가 가장 강하게 나타나기도 한다. 이 시기에는 주변사람이나 사물 등에 호기심이 가장 왕성함으로 '왜'라는 질문을 끊임없이 하며 자신의 성기에 호기심이 많으며 인형놀이를 통해 극화하는 경향이 있다.

3) 사회 · 정서 발달에 도움이 필요한 유아

사회 · 정서 발달이 원활하게 이루어지지 않은 몇 가지 사례를 통해 도움이 필요한 유아를 도울 수 있는 방안을 제시한다.

(1) 놀이에 참여하지 않는 유아

부끄러움을 잘 타는 유아는 놀이 활동에 참여하는 것을 어려워한다. 특히 유아교육기관의 경험이 새롭기 때문이라면 이런 망설임은 일과에 익숙하게 되고 교사와의 관계가 진전됨에 따라 사라진다. 그러나 활동에 참여하지 않으려는 행동은 교사에 의해 계획된 놀이 활동이건 자기 스스로 선택한 놀이 활동이건 유아가 유아교육기관 놀이 활동에 건설적으로, 그리고 적극적으로 참여하지 않는 모든 사례를 포함한다. 놀이 활동에 참여하지 않는 행동은 놀이 활동에 참여하도록 요청받았을 때 거부하는 것, 주위에서 가만히 서 있는 것, 놀이 자료들을 다루지 않는 것 등을 모두 포함한다.

놀이 활동에 참여하도록 연속적 접근법으로 강화한다.

유아가 지켜보고 있는 놀이 활동이 진행되고 있는 곳에서 가까운 거리에 유아가 있을 경우에만 강화해 주고, 관찰을 넘어서 유아가 놀이 활동에 약간의 참여를 하도록 격려한다. 이것은 반드시 완전한 참여를 의미하지는 않는다. 이후에 놀이 활동에 완전한 참여를 요구해보고 유아가 놀이 활동에 참여할 때마다 강화를 준다. 일단 유아가 완전히 참여하면 강화를 점차적으로 줄여간다. 매일 조금씩 칭찬의 양을 줄이면서 놀이 활동에 참여하도록 할 수 있다.

놀이에 참여하지 않음을 무시한다.

유아의 행동이 교사의 기대를 충족시켜 주지 못한다 할지라도 유아에게 말하거나, 미소 짓거나, 응답하거나, 직접 그를 똑바로 보거나 하지 말고, 너무 가까이 머물러 있지도 않는다. 언제 강화를 해 줄 것인지 파악하기 위해 유아를 지켜보되, 그 유아가 교사의 흥미와 관심의 대상이 된다는 것을 인식하지 못하도록 해야 한다.

(2) 공격성을 보이는 유아

유아의 공격적 행동은 타인의 감정을 고려하지 않고 이루어지며 피해자가 생길 수 있기에 세심히 지도해야 한다. 유아의 공격적인 행동은 발생한 후에 지도하는 것보다 사전에 예방하는 것이 효과적이다. 공격적인 행동을 보이는 유아는 강압적인 지도 방법보다는 근본적인 원인에 기초한 긍정적인 방법을 통한 지도가 필요하기 때문이다. 유아의 공격적인 행동을 줄일 수 있는 교사의 공격성 지도 원칙은 다음과 같다.

유아의 공격적인 행동에 대해 절대로 묵인하지 않고 지도한다.

공격적인 행동이 발생된 경우에는 어떤 상황에서도 용납될 수 없다는 것을 유아들에게 인식시키는 것이 중요하다. 유아가 흥분한 상태에서는 자신의 감정을 다스릴 수 있도록 교사는 기다려 주어야 한다. 유아가 자신의 감정을 적절히 해소하는 방법을 몰라서 공격성이 생기는 유아들은 사회적으로 인정된 해소 방법을 알려준다.

유아에게 더욱더 관심과 칭찬을 끊임없이 제공한다.

유아는 언어적인 표현이 미숙하기 때문에, 관심을 끌기 위한 수단으로 공격성을 보이는 경우가 있다. 공격적인 유아가 바람직한 행동을 했을 때에는 더 많은 관심과 칭찬을 제공하여 교사가 원하는 행동이 긍정적인 행동이어야 함을 알려주어야 하며 더불어, 유아의 공격적인 행동은 어떠한 보상도 받을 수 없음을 알려준다.

공격적인 행동의 부정적인 모델을 제거해 준다.

유아가 때로는 모방 행동으로 공격적인 행동을 하는 경우에는 공격 행동의 모델을 제거해 주어야 한다. TV나 미디어매체 등을 통해 공격성을 학습하지 않도록 하고, 성인의 모델에 의한 경우에는 부모 상담 등을 통해서 유아가 공격적인 행동을 모방하지 않게 협조를 요청한다.

기질적 또는 정신적 손상에 의한 경우, 전문가 상담 및 치료의 도움을 받도록 한다.

어린이집에서의 공격성 지도에서는 어떤 행동이 공격적인 행동인지, 공격적 행동은 왜 바람직하지 못한 행동인지를 인식시켜 주는 것이 필요하고, 누구나 인정할 수 있는 방법으로 감정을 표출하는 것을 알려주어야 한다. 이야기 나누기, 토의, 동화 등의 활동을 통해서 공격성에 대한 것을 인식하도록 교육할 수 있고, 점토놀이, 종이 찢기, 목공놀이 등의 활동을 통해서 감정 해소를 도와줄 수도 있다.

(3) 주의력이 주복하고 행동이 과다한 유아

과다 행동과 주의력 겹핍의 문제를 가진 ADHD 성향의 유아는 7세 이전에는 확실하게 알 수 없다. 충동성 성향으로 인한 정서조절이 어려운 유아에게는 제한적인 자기조절 능력과 책임감을 가질 수 있도록 약간의 부가적인 약속을 만들어 주는 것이 필요하다. 또한, 쉬운 과제에서 처음에는 시작하여 점차 어렵고 복잡한 과제를 진행하는 방법을 사용할 수 있다. 그로 인해 ADHD 유아에게 성취감과 자신감이 생기도록 해주는 것이 중요하다.

짧게 여러 번 수행할 수 있도록 과제를 제공한다.

ADHD 성향의 유아는 선생님의 지시하고 방법으로 진행되는 과제보다는 유아 스스로 조절하면서 진행되는 과제를 좀 더 쉽게 수행한다. 따라서, 과제는 짧게 나누어 여러 번 수행하는 것이 오랜 시간동안 수행하는 것보다 훨씬 좋은 효과를 나타낼 수 있다.

노력, 인내와 바람직한 행동에 대하여 보상으로 움직임의 기회를 제공한다.

수업시간에 안절부절못하는 유아에게 옆 반 방문하기, 연필 깎기, 다른 선생님에게 간단한 심부름하기, 물고기 밥 주기 등과 같은 간단한 움직임을 통한 기회를 제공하는 것이 효과적이다. 이를 위해서는 분명하고 확고하게 바람직한 행동을 정하고, 바람직한 행동을 할 수 있도록 도움을 주고, 이와 함께 엄하지 않은 훈계와 규칙적인 보상을 제공할 필요가 있다.

멈추라는 지시보다는 시작하라는 지시를 사용한다.

시작하라는 지시를 사용하여 유아에게 적절하게 시작점을 알려줄 수 있다. 그러나 유아는 멈추라는 지시를 구분하지 못하기 때문에 이를 구분할 수 있는지 여부를 관찰하고, 이를 적용할 수 있는지 파악하여 적용할 수 있는 유아와 아닌 유아를 구분하여 활용한다.

다음의 동영상을 보고, 사례별 발달적 문제와 발달 지원 방법을 작성하시오.

1. 유아독존 시우
　⊙ 발달적 문제 :

　⊙ 발달 지원 방법 :

2. 밥 안 먹어, 6살 규정이
　⊙ 발달적 문제 :

　⊙ 발달 지원 방법 :

3. 씻고 옷 입기 거부! 떼쟁이 4살 다윤이
　⊙ 발달적 문제 :

　⊙ 발달 지원 방법 :

자료: 우리 아이가 달라졌어요, EBS

CHAPTER 5

문제행동 지도 및 생활 지도 방법

1. 문제행동 지도

소아정신과 등 치료기관에서 스마트폰 중독 관련 치료를 받고 있는 유아들의 행동 특성을 살펴본 결과, 감정표현이 미숙하고 또래관계가 원만하지 못하며 의사소통의 어려움, 공격성이나 분노발작 등의 특성을 보이는 것으로 나타났다(이정림, 도남희, 오유정, 2014). 이러한 폭력적인 게임이나 가상현실에서의 지나친 몰입은 사람에게 부정적인 영향을 미친다. 비단 스마트폰 중독 관련 문제만 있는 것은 아니다. 다양한 사람들은 다양한 문제 속에서 살고 있다. 그래서 부모나 교사들은 유아들이 나타내는 많은 종류의 문제행동으로 고심하고 있다(한국행동과학연구소, 2015).

   문제행동은 사회문화에 의해서 혹은 개인의 가치 등 추구하는 신념과 가치에 의해서 바람직하지 않다고 여겨지는 행동이다. 문제행동을 판단하는 기준은 그 구성원이 속한 사회의 어른들이 주로 하는데, 이때 유아의 문제행동이 무엇인지를 두고 개인·문화·사회에 각각 커다란 차이를 두고 있다. 예를 들어 오늘날 아동의 스트레스가 높아지고 있는 요인 중에는 부모들의 높은 기대 수준이 경쟁 위주의 사회적 분위기와 맞물려서 자녀들이 과잉 사교육으로 내몰리는 데 있을 수도 있다(장미경, 이상의, 장민정, 손금옥, 조은혜 외, 2013). 따라서, 이러한 문제행동이란 용어는 성인의 관점에서 유아를 바라보게 되는 시선이 되기 때문에 결코 아이를 문젯거리로 판단해서는 안 되며, 잘못된 어른의 시선에 의해서 수많은 아이들이 문제아로 탄생해서는 안 될 것이다. 대신에 부적응행동이

표 5-1 아동행동 평가(CBCL) 체크리스트의 공통적인 증후

증상	아동행동	공통적인 증후
내면화 증상	위축 신체증상 불안/우울	혼자 있음, 수줍음, 위축 피곤, 몸 아픔, 두통, 배앓이 잘 움, 겁/불안, 슬픔/우울
혼합 증상	사회적 미성숙 사고의 문제 주의집중 문제	어린 행동, 놀림 받음, 아이들이 싫어함 헛것을 들음, 헛것을 봄, 이상한 생각 주의집중 문제, 안절부절함, 충동적
외현화 증상	비행 공격성	가책 없음, 나쁜 친구, 집에서 도벽 남을 괴롭힘, 남의 물건 파괴, 싸움

자료: 한국행동과학연구소(2015)

란 용어는 유아가 일상생활에서 적응행동을 원만히 하지 못할 때 발생하면 온전히 유아 자신의 생활상에서 일어나는 문제이기 때문에 문제행동이란 말보다 좀 더 유아 중심적인 용어에 가깝다. 따라서, 문제행동 대신에 부적응행동이라고 쓰고 있는 경우도 많다.

영유아의 부적응행동은 다양한 증상으로 나타나는데, 아켄바흐의 아동행동 평가 체크리스트(Child Behavior Checklist: CBCL; Achenbach, 1993)에 의하면 지의 증상으로 분류했다. 첫째, 외현화 차원은 종종 다른 사람으로 향하는 것으로 생각되는 행동들을 포함하고, 둘째, 내면화 차원은 보통 '자신의 내부로 향하는 것'으로 간주되는 감정이나 상태를 기술하며, 셋째, 혼합 차원은 둘 다 포함하고 하고 있다(Mash & Barkley, 2001).

〈표 5-1〉에서 살펴보았듯이 영유아의 부적응행동은 다양한 증상으로 나타나게 된다. 부적응행동이 심할 정도로 부각된다면 전문가에게 진단을 받는 것이 좋다. 물론 진단명이 내려지면 낙인효과로 인해 영유아의 인생에 잠재적인 악영향을 끼칠 수도 있다. 그러나 정확하고 적절한 진단은 영유아가 필요한 보호와 서비스를 지원받는 데 도움을 줄 수 있다.

반면, 영유아의 부적응행동을 지도하기 위해서는 다양한 점을 조사해야 한다. Success(2004)에서 어린이 행동 지도하기는 어린이 발달과 환경을 고려해야 한다고 했다. 이는 영유아가 개개인의 독특한 자아를 가진 개인이며, 영유아의 행동은 발달의 단계를 반영하기 때문이며, 가족 안에서 경험과 문화가 영유아의 행동 패턴에 영향을 주었다고 했다. 또한, 영유아를 둘러싸고 있는 물질적인 요소와 사회적인 요인의 환경을 고려하라고 했다. 즉, 장남감과 그 외 물건들이 성장 발달 단계상 적절해야 하고, 편안하게 놀이를 할 수 있는 공간이 있어야 하며, 영유아를 양육하고 지도하는 일에 종사하는 어른이 언어적, 신체적 의사소통 능력 등에서 행동의 모범이 되어야 한다고 했다. 이에 따른 지도 전략은 다음과 같다.

1) 지도 전략 : 예방

- 명확하고, 간단하게 그리고 일관성 있게 행동에 대한 한계를 설정한다.
- 행동의 제한에 대해 직접적으로 분명하게 설명한다.
- 행동의 제한을 부정적이기보다는 긍정적으로 말해준다.
- 부적절한 행동에 대해서 영유아의 존재보다 행동에 초점을 맞춘다.
- 영유아가 해야 할 행동에 대해서 질문으로 하지 말고 명확하게 언급한다.
- 선택의 여지를 제공한다.
- 영유아에게 기대에 반응할 시간을 준다.
- 말과 제스처로 올바른 행동을 강화한다.
- 사소한 일들은 무시한다.
- 영유아들이 부모를 자원으로 활용할 수 있도록 격려한다.
- 항상 방심하지 않도록 한다.
- 영유아들 근처에 있도록 한다.

2) 지도 전략 : 중재

- 영유아의 관심을 끌되, 영유아의 인격을 존중한다.
- 거리 간격과 신체적 접촉을 이용한다.
- 상기시키도록 한다.

- 행동에 제한을 두기 전에 영유아의 감정을 먼저 인정한다.
- 상황이 적절하면, 영유아의 관심이나 행동을 전환시킨다.
- 문제 해결의 본보기를 보여준다.
- 선택의 여지를 제공한다.
- 행동의 결과에 대한 당연한 결과와 논리적 결과를 이용한다.
- 놀이기구의 사용을 제한한다.
- 영유아가 잘못한 일을 스스로 수정할 수 있도록 기회를 제공한다.

3) 다루기 힘든 행동 : 중재

- 방향 전환하기
- 안아주기
- 혼자 시간 갖게 하기

2. 생활 지도

생활 지도란 주로 학교에서 사용되는 말로, 학생들의 정상적인 발달과 성장을 돕고 그들이 적응할 수 있도록 성격상의 문제를 지도 또는 상담하는 활동을 가리킨다. 학과 수업이 특히 지식 및 인지적 측면을 다루는 데 비해, 생활 지도는 행동·정서 및 생활에 초점을 맞추고 있다(한국행동과학연구소, 2015).

유아교육기관에서 생활 지도란 말을 쓰지 않는 것은 아니다. 오히려, 유아 교육에서는 지식보다도 유아의 생활 습관에 더 큰 비중을 두고 있기 때문에 유아 교육 자체가 생활 지도라고 보아도 무방할 정도이다. 이와 같이 유아교육기관의 교사에게는 학습 지도와 생활 지도의 구분이 명확히 안 되는 면이 있다. 이는 유아의 습관, 행동, 발달 등의 생활

전반을 포함하는 것이 아니라 주로 유아의 행동, 정서, 발달면의 '문제'를 다루려 하기 때문이다

그런데 영유아는 개인마다 개성을 갖고 있어서 각자 성격과 욕구에서 차이를 지니고 있다. 그리고 각자가 성장 배경, 가정 분위기, 부모의 양육 방식을 달리하고 있다. 이런 점에서 볼 때 생활 지도의 구체적 목표는 유아마다 달라야 할 것이다. 그럼에도 불구하고 생활 지도의 일반적인 목표는 있을 수 있다. 예를 들어 영유아들의 현재 성장 과정 중에서 발달을 지원할 수 있는 생활 지도는 정할 수 있다. 우선 유아 각 개인의 자율적 성장을 도울 수 있도록 자율적으로 살아갈 수 있는 능력을 배양해 나가는 것을 목표로 설정할 수 있다. 그래서 영유아 각 개인이 자기 자신을 이해하고 수시로 부딪히는 문제를 자기 힘으로 해결할 수 있도록 도와줌으로써 궁극적으로는 스스로 성장할 수 있도록 한다. 또한, 영유아 각 개인이 지닌 성장 가능성을 최대한으로 개발하는 것이다. 영유아의 잠재 가능성을 충분히 실현할 수 있도록 영유아 주변의 방해 요인들을 제거하거나 영유아 및 가족 스스로 그것들을 극복하도록 도와줌으로써 영유아의 자아실현을 지원할 수 있다.

더불어 영유아의 신체, 언어, 인지, 사회정서 등 전인적인 측면에서 잘 조화되고 통합

표 5-2 발달적 관점의 주요 아동기 문제

연령	정상적 성취	일반적 행동문제	임상적 장애
0~2세	먹기, 잠자기, 애착	고집, 화, 대소변 문제 애착문제	정신지체 급식 및 섭식장애 자폐스펙트럼장애 말, 언어 장애 학대와 방임문제 불안장애 ADHD, 학습장애 등교거부, 품행장애
2~5세	언어, 배변 훈련 자기보호기술 자기통제, 또래관계	고집, 반항, 주의 끌기 과잉 행동, 두려움 취침시간 거부	
6~11세	학습 기술과 규칙 규칙있는 게임 낮은 책임감	논쟁 주의집중 문제 자의식, 자기과시	
12~20세	이성과의 관계 개인 정체감 가족과의 분리 증가된 책임감	논쟁, 허풍	거식증, 폭식증 비행, 자살시도 약물과 알코올 남용 정신분열, 우울

된 성장을 이룰 수 있도록 목표를 설정할 수 있다. 특히 영유아 생활 지도에서는 영유아의 발달 특징을 고려하여 미숙하거나 개인적인 독특한 특징들을 지니고 있는 면도 고려되어야 할 것이다. 그래서 생활 지도의 목표는 한 마디로 개인의 성장과 적응을 돕는 것이라고 말할 수 있다. 이러한 활동은 특수한 문제를 지닌 영유아뿐만 아니라 정상적인 발달을 하고 있는 영유아도 해당된다.

영유아의 생활 지도를 하기 위해서는 발달적 관점에서 아동기 문제를 살펴보고 접근할 필요가 있다. 영유아의 연령에 따른 주요 발달적 성취와 함께 정상 발달 과정에서 나타날 수 있는 문제행동을 보여준다. 그 문제행동을 살펴보고, 원인을 이해할 필요가 있는데, 원인을 이해하기 위해서는 영유아의 개인 내적 요인, 외적 요인, 요인들 간의 상호작용 방식 등 다중적 환경요인을 이해해야 한다(문혁준, 김정민, 김태은, 양성은, 이진숙, 이희선, 2014). 다음은 연령에 따른 문제들이다.

3. 사례별 문제행동과 생활 지도의 발달 지원

1) 교사에게 고자질을 잘하는 영유아

유아는 놀이 상황에서 다른 유아가 어려움에 처했을 때 도움을 주기 위해서 교사에게 알리는 경우도 있으나 이러한 경우를 제외하고 주로 고자질을 잘하는 유아의 행동 특성을 살펴보고자 한다. 그들은 놀이 상황에서 또래 친구들의 행동을 보고 이상하다고 생각하거나 친구들에 의해 놀이에서 배척 당한 경우, 혹은 여러 친구들과 함께 잘 어울리지 못하는 경우에 주로 교사에게 고자질을 하는 경우가 많다. 그러한 행동의 원인은 옳고 그른 것에 대한 엄격한 부모의 양육 태도에서 영향을 받아서 자신이 친구들에게 부당하게 배척 당했다고 여기거나 친구들이 자신을 질투해서 놀이에서 박탈되어졌다고 여겨 그 행동을 인정할 수 없다고 교사에게 고자질하여 보상받으려고 하는 것이다. 또한,

성인인 교사에게 또래 친구의 잘못을 말하므로 인정받고 다르게 돋보이고 싶어 하며 자신만을 사랑해주길 원하는 경우에 고자질하기도 한다.

지도 방법

교사는 고자질을 하는 유아의 말에 동조하거나 다른 유아의 잘못된 점을 들을 때 무조건적으로 수용하거나 크게 반응하여 야단치려고 해서는 안 된다. 그런 대처 방법은 결국 고자질하는 유아의 행동을 강화하게 되는 기폭제가 되는 것이므로 평상시처럼 무덤덤한 태도를 보여 고자질하는 행위가 '선생님에게는 중요하지 않아.'라고 인식되게 해야 할 것이다. 그러나 무덤덤한 태도는 유아를 무시하는 하라는 것은 아니므로 유아를 상처주지는 말아야 한다. 이는 유아가 교사에게 사랑과 관심을 받고 싶다는 무언의 메시지로서 어린 마음에 상처를 주어서는 안 될 것이다. 따라서, 고자질하는 유아의 속마음을 알아보고 온정적인 태도로 따뜻하지만 무덤덤한 태도로 대처해야 할 것이다.

2) 친구와 물건을 함께 나눠 쓸 줄 모르는 영유아

친구와 물건을 함께 나눠 쓸 줄 모르는 영유아의 행동은 물건을 혼자 독점해서 사용하려하기 때문에 친구를 밀기도 하고 싸우기도 한다. 그러나 이러한 행동의 원인은 욕심 때문에 물건을 독점하려고 하지만 금방 싫증 내버리고 마는 자기중심적 유아인 경우이다. 이러한 유아는 부모가 다양한 장난감을 쉽게 사주고 또 유아가 원하기만 하면 바로 물건을 사다주어서 훨씬 더 이러한 행동이 심해지기도 해진다. 또한, 그들은 유아교육기관에서 모든 장난감을 자신의 것을 독점하고 나서 또래 친구들에게 나름의 뿌듯함을 느끼고 우월감을 과시하면서 쾌감과 만족감을 느끼려고 한다. 종종 그들은 바쁜 부모를 대신해서 장난감과 놀이를 하곤 하는데 상처받고 헛헛한 마음을 장난감을 모으고 수집하면서 대신 채우려고 한다.

지도 방법

단순한 욕심쟁이 유아일 때는 교사가 놀이 상황이나 수업시간에 물건을 나누어 가지거나 참는 마음을 길러줌으로써 고칠 수가 있다. 그러나 교사가 직접 개입하여 나눠 쓰는 것을 강요하기보다는 나누어 쓸 때 무엇이 이루어진, 왜 행복한지, 우리 교실에서 나눠 쓸 수 있는 것들에 대한 내용을 알아보고 함께 이야기를 나누면서 유아들과 고민할 수 있는 기회를 마련하는 것이 중요하다. 교실은 교사 혼자 만드는 것이 아니라 함께 만든 것이라는 사실을 알아가고 나누어 쓸 때의 즐거움, 행복, 기쁨을 유아 스스로 발견하도록 도움을 주어야 한다. 그러나 부모의 빈자리를 메우려고 애써 장난감에 욕심을 부리고 있는 유아라면 친구와 나누어 쓰고 행복을 가져보는 지도 방법은 역효과가 날 수 있다. 이 경우라면 무엇에 대한 그리움인지 근본적인 원인을 찾아보고 그 대상과 연관된 내용을 이야기하며 교사와 마음을 나누는 일이 먼저 진행되어야 할 것이다. 유아는 교사와 함께 슬프고 공허한 마음도 나누면서 그 후에는 또래 친구들과 물건을 나눠 쓰는 기쁨을 알게 될 것이다.

3) 친구에게 싸움을 거는 영유아

싸움을 하는 영유아의 행동을 보면 또래친구들이 지나가다가 부딪혀도 작은 싸움을 걸고 규칙을 지키지 않고 끼어드는 행동을 보인다. 때로는 유아 자신은 양보하지 않으면서 또래 친구가 자신에게 양보하지 않으면 싸움을 걸거나 친구가 만든 작품을 회손 시키곤 한다. 또한, 자신이 만든 작품이나 그림이 실패했다고 생각이 들면 다른 친구 탓으로 돌리면서 싸우게 된다. 특히 주로 공격받는 대상자는 약하고 힘없는 친구를 건드려서 싸움을 하는 등 타협적인 놀이가 잘 진행되지 않는다. 이 행동의 원인은 열등감에서 기인하고 있다. 또 다른 원인은 부모의 엄격한 부정적 태도인데, 부모가 유아를 대할 때 비웃거나 무시하거나 이유 없이 금지하는 등의 거부적 태도를 보이므로 유아를 불안하게 하고 정서적으로 힘들게 하여 유아가 마음의 상처를 받게 되었고 그로 인해 이를 해소하기 위해 또래친구를 방해하고 공격적인 태도를 가져오게 되는 것이다. 그리고 질투로 인한 공격적 행위를 보이고는 하는데 이는 성인이 자신에게는 보이는 않는 태도를 다른 이에는 보여주는 모습을 보고 공격적인 행동을 나타내면서 불공평한 취급을 당한 것에 대한 화풀이를 하고자 한다. 이렇듯 싸움을 자주 하는 유아의 근본적인 원인을 찾아보면 성인의 감정적인 말과 행동에 민감하게 반응하며 상처를 받고 이를 받아들이기 어려워서 표출하는 또 다른 행동이었음을 알 수 있다. 따라서, 싸움이 잦은 유아를 지도할 때 교사는 '상처 받은 어린아이'라는 점을 분명하게 인식하고 재판관인척 권위적인 태도를 취하지 말고, 여유 있는 태도로 상처받은 유아를 대해야 한다.

지도 방법

관찰과 면담을 통해 유아가 열등감이나 부모의 양육 태도로 인해 싸움을 자주 발생하게 한다고 판단되면 근본적인 원인을 바로잡고 잘못을 바로잡을 기회를 제공할 필요가 있다. 특히 유아 스스로 해결하기보다는 부모와 함께 노력하여 가정과의 연계를 도모할 때 훨씬 더 큰 효과를 볼 수 있다. 유아 자신도 또래 친구와 싸우고 나면 속상하고 이러한 행동을 조절하지 못한 자신을 더욱 싫어하게 될지도 모른다. 더불어 부모에게 자신의 바람직하지 않은 행동일 알려져서 더욱 크게 혼나게 되는 모습에 주눅 들고 악화되는 상황이 될 수도 있다. 따라서, 교사는 여유 있는 태도를 가지고 유아가 싸우게 된 원인에 대해 유아와 조용히 이야기하면서 유아 스스로 잘못된 점을 인정할 기회를 주면 된다. 결코 재판관처럼 "○○이가 잘못했잖아."라고 주눅 들게 혼내는 태도는 옳지 않다. 더불어 유아의 말을 중간에 끊어버리면서 공격받은 친구에게만 관심을 주주면서는 편파적인 행동을 보이지 말해야 한다. 교사는 양쪽의 유아에게 따뜻하고 애정 있는 시선을 주면서 특히, 싸움을 자주 하는 유아의 표면적 행동보다는 내면의 상처에 주목할 필요가 있다. 그러할 때 싸움이라는 행동에 즉각 반응하여 야단치기 보다는 우리 교실에서 이루어진 현재의 이 상황을 사용하여 유아들 모두에게 어떤 방법으로 '싸움'이 결코 바람직하지 않은 행동이라는 것을 이해시킬지에 대해 교수학습방법에 대한 고민을 하게 될 것이다. 때때로 동극이나 인형극을 사용하여 이야기를 들려줄 수도 있고, 한 가지 주제를 가지고 이야기 나누거나 토론을 진행하는 방법도 있다.

4) 친구와 쉽게 어울리지 못하는 영유아

또래들과 어울리지 못하는 영유아의 행동특징은 또래 친구들 주변을 맴돌면서 함께 놀고 싶은지 계속 눈길은 주지만 쉽게 다가가지는 못하는 행동을 보인다. 그래서 계속 그 주위를 배회하고 있으며, 또래 친구들이 노는 모습을 가만히 지켜보다가 불쑥 끼어들기도 한다. 그러나 또래 친구들은 끼어드는 친구를 밀어내며 함께 놀기를 거부하는 모습을 보인다. 또래 친구들이 함께 놀이에 참여하지 못하고 주변을 맴도는 이유는 여러 가지가 있을 수 있다.

첫째, 유아교육기관에 처음 와서 낯선 친구들과 어울리지 못한 경우에는 지켜보는 행동을 하면서 놀이에 어울리지 못하는 경우가 종종 있을 수 있다. 둘째, 6살 여아의 경우에 종종 서로를 경계하고 질투하기도 한다. 예를 들어, 친하게 지내는 친구가 자신과 '안 놀았다'고 화를 내기도 하고, 그 친구와 놀았던 다른 친구에게 가서 화풀이를 하기도 한다. 그 후에 자기가 가지고 있는 놀잇감을 교사 몰래 가지고 와서 '다시 친하게 지내자.'고 하면서 거래를 하는 모습을 보이기도 한다. 셋째, 또래 친구에게 욕을 하거나 때리면서 친구를 괴롭히기 때문에 놀이에서 배척 당하기도 한다. 넷째, 놀이 상황은 어떤 식으로든 유아들에게 있어서 다양한 카타르시스를 표현하는 표출구이다. 그런데 어떤 놀이 친구는 함께 재미있게 놀다가 갑자기 자기 뜻대로 안 되면 교사에게 고자질을 해서 자신을 당황하게 했다면 다음 번 놀이에서 제외하고 싶어질 것이다. 또한, 유아교육기관에서 자유선택활동은 제한되어 있고, 그 시간에 이루어지는 놀이는 주로 함께 하는 놀이가 많다. 그런데 유아들이 생각할 때 그 친구와 함께 할 경우에 설명을 하고 가르치면서 시간이 촉박해질 수 있다고 판단할 수 있다. 그래서 지능이나 연령의 차이로 역할 분담이 안 되어서 놀이가 잘 안 이루어질 수 있다고 판단될 경우에는 친구를 배제하는 경우도 있다. 혹은 늘 짜증을 내거나 불평과 불만이 많은 친구하고도 함께 놀이를 하고 싶지 않기 때문에 그들은 소외 당하기도 한다.

지도 방법
또래친구들과 어울리지 못하는 본질적인 원인을 파악할 필요가 있는데, 이는 여러 가지 관찰을 통하거나 주변 또래 친구들에게 질문하여 어떤 반응이 나오는지에 따라 적절하게 이루어져야 한다. 때때로 일화 관찰, 시간표집법 등 다양한 관찰 방법을 사용하여 영유아를 관찰하여 원인을 파악하고 주변 또래 친구들의 도움을 받을 필요가 있다. 그로 인해 아직 사회적인 기술이 미숙하여 또래 친구들과 함께 노는 능력이 부족하다면 친구들 주변에서 구경하면서 좀 더 지켜볼 필요가 있다. 사회적 기술이 미숙한 유아에게 너무 놀이를 강요하면서 또래 친구들 틈으로 밀어 넣으면 오히려 주눅 들게 되어 역효과가 날 뿐이다. 따라서, 혼자 놀기 단계에서 주변 친구들을 구경하도록 기다려야 할 것이다. 그러나 무관심해서는 결코 안 된다. 적절한 때에 구경하는 유아 곁에 와서 "친구들이 하는 놀이 참 재미있지?" "선생님 하고 함께 구경하자." 등의 언어적 표현을 함께 놀이의 구체적 장면을 함께 말해보도록 격려할 수 있다. 예를 들어 "지금 ○○이가 만드는 것은 뭘까?", "긴 블록하고 작은 블록을 합체하니까 무슨 모양 같니?" "만약에 ○○이가 만든다면 뭘 만들고 싶어?"라고 물어보면서 관심 갖고 있는 놀잇감에 접근할 수 있다.

또한, 놀이를 하면서 다양한 상황을 접하게 되는데 여러 상황별로 우리교실에서 일어났던 크고 작은 일들을 소개하고 이야기 나누기 시간에 소개하면서 어떻게 해결하면 좋을지 친구가 어떤 행동을 했을 때 어떤 마음일지에 대해서 토론을 해보도록 한다. 예를 들어, 친한 친구가 함께 놀아 주지 않아서 화가 난 경우에 어떻게 하면 좋을지에 대해서 이야기 나누고 '내가 할 수 있는 일'과 '친구의 마음'에 대해 이야기 나누어 보는 시간을 가져보는 것이다. 이런 이야기 나누기 시간을 통해 친구들은 친구들의 마음에 대해 알아보고 어떤 생각을 하고 있는지 어떤 행동을 해야 하고 어떤 말을 해야 하는지 알 수 있게 된다. 더불어 친구에게 욕을 하고 때리는 친구에게는 나쁜 말을 하면 다시 자신에게 되돌아간다는 동화를 들려주거나, 친구들은 놀이하는 친구를 정말 좋아하기 때문에 자신을 괴롭히거나 때리지만 않는다면 정말 재미있게 놀 거라고 격려해 줄 수 있다. 그 밖에도 발달이 지체되었거나 연령이 낮아서 놀이에 끼어주지 않는 유아의 경우에는 직접 교사가 놀이 상황에 개입하여 소외당하고 있는 유아와 함께 놀이에 참여하여 적절한 조언이나 도움을 줄 수 있고, 소외되는 유아가 있음을 또래 친구들에게 인식 시켜서 함께 놀이할 수 있도록 상황을 재통합시켜서 변화시켜 줄 수 있다.

토 론 주 제

1. 어린이집 현장 견학 후 관찰한 내용을 토대로 문제행동 지도와 생활 지도 방법에 대한 사례
   보고서를 작성하시오.

관찰 아동 :　　　　　　　연령 :　　　　　　　　성별 :

대상 기관 :　　　　　　　관찰자 :

관찰 일시 :　　　　　　　관찰 시간 :

관찰 상황

① 관찰 장소 :

② 구역 설명 :

③ 관찰 장면 :

사례보고서

PART 3

특수아동 이해와 교육하기

CHAPTER 6

특수아동 관련법과 통합교육

1. 특수아동의 개념

특수아동은 특정영역에서 대부분의 아동들과는 다른 특성을 보이는 아동을 의미하는 것으로 일반적으로 사회의 기준이나 정상성에서 벗어나는 것을 의미한다. 특수교육의 대상자를 지칭하는 또 다른 용어로 장애 아동이 사용되고 있다. 장애 아동은 재능이나 우수성 등이 다른 아동들보다 뛰어난 능력을 지닌 특수아동들을 포함하지 않기 때문에 특수아동보다는 좁은 의미의 용어라고 할 수 있다(조윤경, 김수진, 2014).

「장애인 등에 대한 특수교육법」에서는 특수교육대상자로 특수아동을 규정하고 있는데, 제15조 특수교육대상자의 선정(2016) 제1항에서 "다음의 어느 하나에 해당하는 사람 중 특수교육을 필요로 하는 사람으로 진단·평가된 사람을 특수교육대상자로 선정한다. ① 시각장애 ② 청각장애 ③ 정신지체 ④ 지체장애 ⑤ 정서·행동장애 ⑥ 자폐성장애 ⑦ 의사소통장애 ⑧ 학습장애 ⑨ 건강장애 ⑩ 발달지체 ⑪ 그 밖에 대통령령으로 정하는 장애"로 규정하고 있다. 반면,「장애인복지법」(2016)에서는 지체장애인, 시각장애인, 청각장애인, 언어장애인, 지적장애인, 자폐성장애인 등으로 구분하고 있다.

1) 시각장애

「장애인 등을 위한 특수교육법」(2016)에 의하면 시각계의 손상이 심하여 시각기능을 전혀 이용하지 못하거나 보조공학기기의 지원을 받아야 시각적 과제를 수행할 수 있는 사람으로서 기각에 의한 학습이 곤란하여 특정의 광학기구·학습매체 등을 통하여 학습하거나 촉각 또는 청각을 학습의 주요 수단으로 사용하는 사람으로 정의하고 있다. 또한, 「장애인복지법」(2016)에 의하면 첫째, 나쁜 눈의 시력이 0.02 이하인 사람, 둘째, 좋은 눈의 시력이 0.2 이하인 사람, 셋째, 두 눈의 시야가 각각 주 시점에서 10도 이하로 남은 사람, 넷째, 두 눈의 시야의 2분의 1 이상을 잃은 사람으로 정의한다. 용어에 관하여 살펴보면, 맹인은 빛을 지각할 수 있거나 완전히 시각을 상실한 사람을 말한다. 따라서, 교육적으로 볼 때, 맹 아동은 시각이 아닌 촉각이나 다른 감각을 사용하여 학습하게 된다. 반면 저시력이란 용어는 심각한 시각장애가 있으나 광학기구, 비광학기구 등을 통하여 학습할 수 있는 사람이다.

2) 청각장애

「장애인 등을 위한 특수교육법」(2016)에 의하면 청력손실이 심하여 보청기를 착용해도 청각을 통한 의사소통이 불가능 또는 곤란한 상태이거나, 청력이 남아 있어도 보청기를 착용해야 청각을 통한 의사소통이 가능하여 청각이 의한 교육적 성취가 어려운 사람이라고 정의하고 있다. 또한, 「장애인복지법」(2016)에 의하면 첫째, 두 귀의 청력손실이 각각 60dB 이상인 사람, 둘째, 한 귀의 청력손실이 80dB 이상, 다른 귀의 청력손실이 40dB 이상인 사람, 셋째, 두 귀에 들리는 보통 말소리의 명료도가 50퍼센트 이하인 사람, 넷째, 평형기능에 상당한 장애가 있는 사람이라고 정의한다. 용어에 관하여 살펴보면, 청력손실이 심해서 보청기를 사용했을 때에도 언어적 정보를 인지하지 못하는 경우에는 농이라고 하고, 인지하면 난청이라고 구별한다. 청력손실의 정도는 대개 90dB를 기준으로 그 이상을 농, 그 이하를 난청으로 구분하고 있다. 특히 청력손실은 언어 발달에 미치는 영향이 절대적이기 때문에 청각장애가 언제 발생했는지가 중요하다. 언어 형성

이전인 1~2세 때인지, 어느 정도 언어 발달이 이루어진 10세경인지에 따라 언어 전 농, 언어 후 농 등으로 분류되기도 한다.

3) 정신지체

「장애인 등을 위한 특수교육법」(2016)에 의하면 정신지체는 발달 기간인 18세 이전에 평균 이하인 지적기능과 적응행동상의 장애가 동시에 나타나는 것이다. 평균 이하인 지적기능이란 주로 IQ검사에 의해 실시되며 표준화된 지능검사에서 IQ 70 이하(표준편차 2 이하)를 정신지체로 규정하고 있다. 때때로 지능만이 정신지체를 규정하는 요소로 IQ를 사용하진 않기 때문에 IQ검사 점수 기준을 70에서 75 사이로 규정하기도 한다. 흔히 사용하는 검사도구는 웩슬러 지능검사와 카우프만 아동용 평가도구이다. 또한, 적응행동이란 아동이 일상생활에서의 적응능력으로 의사소통, 자기관리, 사회성 기술 등을 포함하고 있다.

장애 정도에 따른 분류 기준은 IQ 검사 결과에 따라서 경도, 중등도, 중도, 최중도로 분류하고 있다. 경도 정신지체는 IQ 55~70이며 도움을 받아야 할 때도 있으나 완전한 자조기능을 할 수 있다. 중등도 정신지체는 IQ 40~55이며 어느 정도 감독을 받아서 독립적으로 행동할 수 있고, 기능적인 학업기술을 배울 수 있다. 중도 정신지체는 IQ 25~40이며 몸치장이나 위생의 복잡한 행위를 할 때 도움이 필요하다. 그러나 부분적으로 자조기술을 가질 수 있다. 최중도 정신지체는 IQ 25 이하이며 항상 많은 감독이 요구되며 이해능력이 말하는 능력보다 앞서며 말을 거의 하지 못하거나 전혀 못할 수 있다. 다소 자조기술을 가질 수는 있다. 또한, 정신지체를 지도할 시 모든 아동들에게 똑같이 적용되는 것은 아니다. 이는 그들 간에는 개인차가 크고 장애 정도나 여러 특성들을 고려해야 하기 때문이다. 그러나 정도의 차이는 있지만 정신지체 아동들은 주의력과 기억력의 한계를 가지고 있기에 반복학습을 통한 기억력 향상 활동을 계획해 보는 것이 필요하다. 일반적으로 정신지체 아동들은 기억을 더디게 하는 경향이 있기 때문에 흥미를 유발할 수 있는 의미있고 구체적인 교수매체를 활용하여 좀 더 효과적인 반복학습으로 지도해볼 수 있다.

4) 지체장애

「장애인 등을 위한 특수교육법」(2016)에 의하면 기능·형태상 장애를 가지고 있거나 몸통을 지탱하거나 팔다리의 움직임 등에 어려움을 겪는 신체적 조건이나 상태로 인해 교육적 성취에 어려움이 있는 사람이라고 정의하고 있다. 또한, 「장애인복지법」에 의하면 첫째, 한 팔, 한 다리 또는 몸통의 기능에 영속적인 장애가 있는 사람, 둘째, 한 손의 엄지손가락을 지골관절 이상의 부위에서 잃은 사람 또는 한 손의 둘째, 손가락을 포함한 두 개 이상의 손가락을 모두 제1지골 관절 이상의 부위에서 잃은 사람, 셋째, 한 다리를 리스프랑 관절 이상의 부위에서 잃은 사람, 넷째, 두 발의 발가락을 모두 잃은 사람, 다섯째, 한 손의 엄지손가락 기능을 잃은 사람 또는 한 손의 둘째손가락을 포함한 손가락 두 개 이상의 기능을 잃은 사람, 여섯째, 왜소증으로 키가 심하게 작거나 척추에 현저한 변형 또는 기형이 있는 사람, 일곱째, 지체에 위 각 목의 어느 하나에 해당하는 장애 정도 이상의 장애가 있다고 인정되는 사람이라고 정의한다. 더불어 뇌병변장애는 뇌병변, 외상성 뇌손상, 뇌졸중 등 뇌의 기질적 병변에 기인한 신체적 장애로 보행 또는 신체적 장애로 보행 또는 일상생활의 동작 등에 상당한 제한을 받는 사람이라고 정의한다. 교육현장에서 흔히 접하게 되는 뇌병변 장애 아동은 뇌신경상의 손상으로 인해 마비가 일어나는 부위나 마비 정도에 따라 다양한 형태로 나타난다. 때로는 경직성으로 인해 잘 움직이지 못하는 경우도 있고 미약하지만 흔들거리며 움직이는 경우도 있다.

5) 정서·행동장애

「장애인 등을 위한 특수교육법」(2016)에 의하면 장기간에 걸쳐 특별한 교육적 조치가 필요한 사람으로 첫째, 지적·감각적·건강상의 이유로 설명할 수 없는 학습상의 어려움을 지닌 사람, 둘째, 또래나 교사와의 대인관계에 어려움이 있어 학습에 어려움을 겪는 사람, 셋째, 일반적인 상황에서 부적절한 행동이나 감정을 나타내어 학습에 어려움이 있는 사람, 넷째, 전반적인 불행감이나 우울증을 나타내어 학습에 어려움이 있는 사람, 다섯째, 학교나 개인 문제에 관련된 신체적인 통증이나 공포를 나타내어 학습에 어려움이 있는 사람이라고 정의하고 있다. 정서·행동장애아들이 보이는 특성들에는 과다행동, 산만함, 충동성이 있다. 과다 행동은 활동의 양이나 움직임의 양이 연령이나 과제에 비해서 지나치게 많은 것을 말한다. 산만함은 활동을 할 때 주변 환경으로부터 쉽게 방해를 받거나 특정 과제에 주의집중을 하지 못하는 것을 말한다. 충동성은 생각하지 않고 행동하거나 부적절한 행동이나 반응을 하는 것이다.

6) 자폐성장애

「장애인 등을 위한 특수교육법」(2016)에 의하면 사회적 상호작용과 의사소통에 결함이 있고, 제한적이고 반복적인 관심과 활동을 보임으로써 교육적 성취 및 일상생활 적응에 도움이 필요한 사람이라고 정의하고 있다. 또한, 「장애인복지법」(2016)에 의하면 소아기 자폐증, 비전형적 자폐증에 따른 언어·신체표현·자기조절·사회적응 기능 및 능력의 장애로 인하여 일상생활이나 사회생활에 상당한 제약을 받아 다른 사람의 도움이 필요한 사람이라고 정의하고 있다. 더불어 2013년 미국 정신의학협회(APA)에서는 DSM-V에서 자폐범주성장애를 진단하기 위한 지 규준을 제시했다. 첫째, 사회적 의사소통과 상호작용에서 임상적으로 명확하고 지속적인 경함-사회적 상호작용을 위한 비언어적·언어적 의사소통의 뚜렷한 결함, 주고받기와 같은 상호성의 부족, 발달 수준에 적합한 또래관계 형성과 유지의 실패, 둘째, 행동과 흥미 활동에서의 제한적이고 반복적인 형태-틀에 박힌 신체움직임이나 언어행동 또는 독특한 감각행동, 규칙적인 일상에 대한 지나친 집착과 일(적인 행동 패턴, 제한적이며 고착된 관심, 셋째, 증상은 유아기에 나타난다(제한된 능력을 넘는 사회적 요구가 있을 때까지 드러나지 않을 수 있다).

7) 의사소통장애

「장애인 등을 위한 특수교육법」(2016)에 의하면 첫째, 언어의 수용 및 표현 능력이 인지능력에 비해 현저하게 부족한 사람, 둘째, 조음능력이 현저히 부족하여 의사소통이 어려운 사람, 셋째, 말 유창성이 현저히 부족하여 의사소통이 어려운 사람, 넷째, 기능적 음성장애가 있어 의사소통이 어려운 사람이라고 정의하고 있다. 조음장애는 생략, 첨가, 왜곡, 대칭 등의 음운산출상의 실수에서 이루어지는데, 이를 고려한 전문가의 체계적인 진단을 받게 해주어야 한다. 일반적으로 학령기 아동 중 말장애를 지닌 아동들의 절반 이상이 조음장애를 가지고 있다. 유창성장애는 너무 빠르거나 문장을 잘못 쉬기 때문에 조기진단을 통해 정확한 문제를 알고 대처해야 한다. 발성장애는 비정상적인 목소리 산출을 의미한다. 목소리의 질이나 높낮이, 억양 등 다양하지만 주로 청각장애와 관련이 있다.

8) 학습장애

「장애인 등을 위한 특수교육법」(2016)에 의하면 개인의 내적 요인으로 인하여 듣기, 말하기, 주의집중, 지각, 기억, 문제해결 등의 학습기능이나 읽기, 쓰기, 수학 등 학업성취 영역에서 현저하게 어려움이 있는 사람이라고 정의하고 있다. 학습장애 아동은 대부분 학업성취, 사회·정서 발달, 신체·운동적 발달, 행동조절에서 도움과 지원이 필요하다. 특히 학업성취에서 도움과 지원이 필요한데, 통합된 학습장애 아동을 가르칠 때 교정교육적 접근법과 보상교육적 접근법으로 사용하고 있다. 먼저 교정교육적 접근법에서는 아동에게 필요한 영역의 기술을 가르친다. 이는 초등학교 저학년을 대상으로 적절한 방법이다. 보상교육적 접근법은 교과과목을 가르치면서 기초교과 영역의 학습기술의 결함을 보완하여 시험을 보는 것이다. 이는 초등학교 고학년이나 중·고등 학생을 대상으로 한다.

9) 건강장애

「장애인 등을 위한 특수교육법」(2016)에 의하면 만성질환으로 인하여 3개월 이상의 장기입원 또는 통원치료 등 계속적인 의료적 지원이 필요하여 학교생활 및 학업수행에 어려움이 있는 사람이라고 정의하고 있다. 「장애인복지법」(2016)의 분류에는 크게 심장장애, 신장장애, 일반 건강장애로 분류된다. 심장장애는 심장의 기능부전에 따른 호흡곤란 등의 장애로 장기간의 입원 및 치료 등 계속적인 의료적 지원을 받아야 하므로, 학습활동이나 일상활동이나 특별한 지원을 지속적으로 요구하는 자이다. 신장장애는 신장의 기능부전으로 혈액투석이나 복막투석을 지속적으로 받아야 하거나 신장의 기능에 영속적인 장애가 있어 계속적인 의료적 지원을 받아야 하므로, 학습활동이나 일상생활에서 특별한 지원을 지속적으로 요구하는 자이다. 일반 건강장애는 중증천식, 악성빈혈, 간질, 혈우병, 백혈병, 폐질환, 소아 당뇨병, 만성감염 등의 만성질병으로 인해 입원 및 치료 등 계속적인 의료적 지원을 받아야 하므로, 학습활동이나 일상생활에서 특별한 지원을 지속적으로 요구하는 자이다. 이처럼 건강장애는 다양한 질병이나 상태에 따라서, 다른 특성을 보이기 때문에 영유아의 상태에 대한 정확한 지식을 가지도 지도하며 과잉보호하지 않으며 의학적 관심을 가지고 특별한 관심이 필요하다.

10) 발달지체

「장애인 등을 위한 특수교육법」(2016)에 의하면 신체, 인지, 의사소통, 사회·정서, 적응행동 중 하나 이상의 발달이 또래에 비해 현저하게 지체되어 특별한 교육적 조치가 필요한 영아 및 9세 미만의 아동이라고 정의한다. 그래서 한국에서도 장애아 무상보육료 지원 대상에 '장애 영유아' 뿐만 아니라 2010년 7월 1일부터 만5세 이상 '발달지체 영유아'도 포함하고 있다. 이는 발달지체 의심아동을 조기에 선별하여 적절한 치료 보육 및 교육과 연계하여 건전한 사회구성원으로 자랄 수 있도록 하기 위함이다. 이를 신청하기 위해서는 영유아가 살고 있는 지역교육청(특수교육센터)에서 진단 및 평가 등을 통해 발급하는 '특수교육대상자 진단. 평가 결과통지서'를 읍. 면. 동 주민센터에 제출하고 장애아 무상보육을 받을 수 있다.

11) 그 밖에 대통령령으로 정하는 장애

「장애인복지법(2016)」에서 대통령령으로 정하는 장애의 종류 및 기준에 해당하는 자를 말하며, 장애인은 장애의 정도의 따라 등급을 구분하되 그 등급은 보건복지부령으로 정한다. 장애인의 종류는 지체장애인, 뇌변장애인, 시각장애인, 청각장애인, 언어장애인, 지적장애인, 자폐성장애인, 정신장애인, 신장장애인, 심장장애인, 호흡기장애인, 간장애인, 장루·요루장애인, 뇌전증장애인이다.

2. 특수아동 관련법

우리나라의 특수교육과 관련된 법안은 「장애인 등에 대한 특수교육법(2016)」과 장애인복지법」(2016)이다. 이러한 법률이 제정되고 시행되기 까지는 수많은 소송과 분쟁들이 있었으며 지금 이순간도 변화의 흐름 속에서 우리는 함께 하고 있다. 그러하기에 어떤 과정을 통해 현재의 특수교육이 발전되었고 어떠한 변화가 있어야 할 것이지 살펴보고자 한다.

1) 특수교육에 영향을 준 미국의 주요 관련법

미국에서는 20세기 후반부터 초등 및 중등교육법이 제정되면서부터 장애인에 대한 법적인 관심이 생겼고 관련 법률이 제정되었다. 이에 현재 아동낙오방지법이 나타났다. 또한, 전장애아교육법은 3~5세 장애유아들을 위한 서비스가 규정된 법으로, 나중에 장애인교육법으로 명칭이 변경되었으나 이때부터 법의 적용대상자를 영유아에게 두게 되었고 박차를 가하게 되었다. 1991년에 개정된 장애인교육법에서는 3~5세의 장애유아의 적격성을 판정하는 진단으로 발달지체를 사용하게 되었으며 조기개입 서비스와 자연적인 환경을 중요시 하게 되었다. 1997년에 개정된 장애인교육법에서는 발달지체의 개념을 3세부터 9세까지 확장하고 부모참여를 확장하며 개별화교육프로그램으로 작성하여 부모와 전문가 간에 의견을 조율하여 팀을 이룰 수 있도록 했다. 2004년에는 장애인교육개선법으로 질 높은 교원을 정의하고 아동낙오방지법과 연계한 평가를 살펴보며 대부분의 학생들을 위한 단기 목표 요구를 삭제하여 보다 많은 아이들이 최소제한환경에서 즐겁고 재미있게 참여할 수 있도록 재구조화하고자 했다.

- 초등 및 중등교육법(1965)
- 전장애아교육법(1975) – 현재 장애인교육법으로 변경됨
- 장애인교육법(1997)
- 장애인교육개선법(2004)

2) 장애인 등과 관련된 한국의 특수교육법

장애 영유아 관련 주요 법안인 「장애인 등에 대한 특수교육법(2016)」 제2조 제1항에서 "특수교육이란 함은 특수교육대상자의 교육적 요구를 충족시키기 위하여 특성에 적합한 교육과정 및 관련서비스 제공을 통하여 이루어지는 교육활동을 말한다."고 특수아동에 대한 교육의 정의를 내리고 있다. 특수교육 관련서비스는 동법 제2조 제2항에 의하면, "특수교육대상자의 교육을 효율적으로 실시하기 위하여 필요한 인적·물적 자원을 제공하는 서비스로서 상담지원·가족지원·치료지원·보조인력지원·보조공학기기지원·학습보조기기지원·통합지원 및 정보접근지원 등을 말한다."고 규정되고 있다. 또한, 특수교육교원이란 제2조4항에 의하면 "「초·중등교육법」 제2조제4호에 따른 특수 학교 교원자격증을 가진 자로서 특수교육대상자의 교육을 담당하는 교원을 말한다."고 했다. 그리고 제2조 6항에 의하면 '통합교육이란 특수교육대상자가 일반 학교에서 장애유형, 장애 정도에 따라 차별을 받지 아니하고 또래와 함께 개개인의 요구에 적합한 교육을 받는 것을 말한다.'고 규정하고 있다. 더불어 '특수 학급이란 특수교육대상자의 통합교육을 식시하기

위하여 일반 학교에 설치된 학급을 말한다.'고 규정한다.

3) 장애인 차별 금지 및 의무교육 등에 관한 법률

첫째, 「장애인 등에 대한 특수교육법(2016)」 제3조1항에 의하면 '특수교육대상자에 대하여는 「교육기본법」 제8조에도 불구하고 유치원·초등학교·중학교 및 고등학교 과정의 교육은 의무교육으로 하고, 제24조에 따른 전공과와 만 3세미만의 장애영아교육은 무상으로 한다'고 규정하고 있다. 또한, 제3조 2항에 의하면 '만 3세부터 만 17세까지의 특수교육대상자는 제1항에 따른 의무교육을 받을 권리를 가진다. 다만, 출석일수의 부족 등으로 인하여 진급 또는 졸업을 하지 못하거나, 제19조제3항에 따라 취학의무를 유예하거나 면제받은 자가 다시 취학할 때의 그 학년이 취학의무를 면제 또는 유예받지 아니하고 계속 취학했을 때의 학년과 차이가 있는 경우에는 그 해당 연수(年數)를 더한 연령까지 의무교육을 받을 권리를 가진다'고 의무교육에 대해 규정하고 있다. 더불어 제4조 1항에 보면 차별의 금지조항이 언급되어 있는데, '각급 학교의 장 또는 대학(「고등교육법」 제2조에 따른 학교를 말한다. 이하 같다)의 장은 특수교육대상자가 그 학교에 입학하고자 하는 경우에는 그가 지닌 장애를 이유로 입학의 지원을 거부하거나 입학전형 합격자의 입학을 거부하는 등 교육기회에 있어서 차별을 하여서는 아니 된다'고 규정하고 있다.

둘째, 영유아보육법에 따른 어린이집과 유아교육법에 따른 유치원은 「장애인 차별금지 및 권리구제 등에 관한 법률」 제13조1항에 의해 장애인의 입학지원 및 입학을 거부할 수 없고, 전학을 강요할 수 없으며, 특정 수업이나 실험, 실습, 현장견학, 수학여행 등 학습을 포함한 모든 교내외 활동에서 장애를 이유로 장애인의 참여를 제한, 배제, 거부해서는 안 된다고 규정한다(제13조 4항). 또한, 교육책임자와 교직원은 장애인 관련 업무 담당자를 모욕하거나 비하하여서는 아니 되며(제13조 6항), 장애인만을 대상으로 한 별도의 면접이나 신체검사, 추가시험 등을 요구해서는 안 된다(제13조 7항).

오히려, 제14조1항에 의해 장애인의 교육활동에 불이익이 없도록 적극적으로 강구하고 정당한 편의제공을 제공해야 한다. 우선 장애인의 통학 및 교육기관 내에서의 이동 및 접근에 불이익이 없도록 각종 이동용 보장구의 대여 및 수리(제14조 1항)가 필요하며, 필요에 따라서는 교육보조인력을 배치하고(제14조 2항), 학습 참여의 불이익을 해소하기 위해서 확대 독서기, 보청기기, 높낮이 조절용 책상, 각종 보완, 대체 의사소통 도구 등의 대처 및 보조견의 배치나 휠체어의 접근을 위한 여유 공간을 확보(제14조 3항)해야 한다. 또한, 시·청각 장애인의 교육에 필요한 한국수어 통역, 문자통역(속기), 점자자료, 점자·음성변환용코드가 삽입된 자료, 자막, 큰 문자자료, 화면낭독·확대프로그램, 보청기기, 무지점자단말기, 인쇄물음성변환 출력기를 포함한 각종 장애인보조기구 등 의사소통 수단(제14조 4항)을 준비할 수 있고, 교육과정을 적용함에 있어서 학습 진단을 통한 적절한 교육 및 평가방법을 제공(제 14조 5항)할 수 있다.

장애인차별금지 및 권리구제 등에 관한 법률 (약칭: 장애인차별금지법)

장애인차별금지 및 권리구제 등에 관한 법률 (약칭: 장애인차별금지법)
[시행 2016.8.4.] [법률 제13978호, 2016.2.3., 타법개정]

- 입학 거부 불가 : 어떤 학생도 입학을 거부해서는 안 된다는 규정, 6~17세에 해당되는 모든 특수아동들은 장애 종류나 정도에 상관없이 무상의 적절한 공교육을 맡을 권리가 있음
- 최소 제한 환경 : 특수아동은 비장애 아동과 함께 최소한 제한적인 환경에서 교육을 받아야 한다는 규정

4) 특수교육대상자의 진단·평가와 지원

특수교육대상자의 선정 및 학교배치 등에 대하여는 「장애인 등에 대한 특수교육법(2016)」제14조1항에서 '교육장 또는 교육감은 영유아의 장애 및 장애 가능성을 조기에 발견하기 위하여 지역주민과 관련 기관을 대상으로 홍보를 실시하고, 해당 지역 내 보건소와 병원 또는 의원(醫院)에서 선별검사를 무상으로 실시해야 한다'고 규정하고 있다. 또한, 각급 학교의 장은 진단·평가를 의뢰하는 경우에는 보호자의 사전 동의를 받아서 제14조4항에 따라 '진단·평가를 의뢰받은 경우 즉시 특수교육지원센터에 회부하여 진단·평가를 실시하고, 그 진단·평가의 결과를 해당 영유아 및 학생의 보호자에게 통보해야 한다'고 규정하고 있다.

관련서비스 중에 가장 요구가 높은 치료지원을 교육과학기술부에서는 「장애인 등에 대한 특수교육법(2016)」 제28조 제2항 및 동법 시행령 제24조 제1항에 따라 치료지원의 영역에 물리치료, 작업치료 등을 포함하고 있다. 보건복지부는 장애 아동복지지원법(2016)이 시행됨에 따라, '발달재활서비스'라는 용어로 법적 근거 하에 동법 시행규칙(2016)에서 발달재활서비스의 내용을 "언어·청능, 미술·음악, 행동·놀이·심리, 감각·운동 등 장애 아동의 재활 및 발달에 도움을 주는 서비스"로 규정하고 있다.

3. 통합교육

통합교육은 다양한 교육적인 필요와 능력을 지닌 아동들이 함께 교육받는 프로그램으로서 그 특징은 특수아동과 일반 아동이 사회적 활동이나 교수활동에서 의미있는 상호작용을 하는 것이다(조윤경 외, 2014). 「장애인 등에 대한 특수교육법(2007)」 제2조 제6호에서는 통합교육을 "특수교육대상자가 일반 학교에서 장애유형, 장애 정도에 따라 차별받지 않고 또래와 함께 개개인의 교육적 요구에 적합한 교육을 받는 것을 말한다."고 정의하고 있다.

정대영(2013)이 밝힌 통합교육에서 용어의 도입배경을 보면, 1960년대 분리교육 중심의 사회에서 1990년대에 일반교육으로 접근하던 통합 접근방식을 벗어나 출발부터 함께 교육시키는 접근을 강조하는 새로운 서비스 방식으로 포함교육 또는 융합교육이 나타내게 된다. 용어의 시대적 변화는 다음 표와 같다.

Kauffman 등(1975)의 정의에 의하면, 통합은 단순히 사회성 증진을 위해서 특수아동을 일반 학급에 물리적으로 통합하는 시간적 통합 외에도 학문적으로 하는 교수활동적 통합과 사회적으로 통합하는 것도 포함하고 있다. 여기서 시간적 통합이란 일정시간 동안 일반 또래들과 동일한 교육환경에 배치하는 것을 의미하며, 교수활동적 통합이란 일반 학급의 학업활동에 의미있게 참여하는 것을 뜻한다. 그리고 사회적 통합이란 통합되

표 6-2 **통합교육 용어의 변천과정**

분리교육	통합교육		포함교육, 융합교육
1960 정상화 normalization	1970 메인스트림 제한적 환경의 최소화	1980 UN 세계장애인의 해 미국: 일반교육 우선 정책 REI	1990 UN: 살라만카 선언 (포함교육 도입) 1994: 특수교육진흥법 통합교육 규정

자료: 정대영(2013), p.49

는 학습의 교사와 또래들로부터 학급 구성원으로 수용되는 것을 의미한다. 진정한 의미에서 통합이 이루어지기 위해서는 사회적 통합까지 이루어져야 하는데, 실제로 장애가 심한 아동의 경우에도 학급구성원으로서 완전히 수용되는 단계의 통합까지도 가능한 것으로 보고되고 있다(이소현, 박은혜, 1998).

특수아동의 통합교육은 법적, 사회윤리적, 교육성과적인 측면에서 그 당위성을 제시할 수 있다(조윤경 외, 2014). 먼저 법적인 측면은 미국의 장애인교육법에서 의무화하고 있는 최소제한환경 개념을 통해서 통합교육의 당위성을 찾아볼 수 있다. 우리나라의 경우 「장애인 등에 대한 특수교육법(2007) 제1조(목적)에서 "교육기본법 제18조에 따라 국가 및 지방자치단체가 장애인 및 특별한 교육적 요구가 있는 사람에게 최대한의 통합된 교육환경을 제공하고, 생애주기에 따라 장애유형·장애 정도의 특성을 고려한 교육을 실시하여 이들의 자아실현과 사회통합을 이룩하는 데 기여함을 목적으로 한다." 고 최대한의 통합된 환경을 법의 가장 먼저 목적 면에서 명시하고 있다. 두 번째로는 사회윤리적 측면에서의 통합교육의 당위성은 다음의 세 가지 견해로 요약될 수 있다. 통합교육을 통해서 특수아동에 대한 사회적 태도를 긍정적으로 변화시킬 수 있다는 것, 분리교육이 특수아동에게 미칠 수 있는 부정적인 영향을 막을 수 있다는 것, 통합교육은 기존의 교육시설을 이용할 수 있다는 것이다. 세 번째는 교육성과적인 측면에서 많은 연구결과들이 특수아동의 통합교육을 뒷받침하고 있다는 점이다. 예를 들면, 관찰학습을 통해서 나이에 맞는 바람직한 행동을 배울 수 있으며, 정상적인 발달을 보이는 일반 아동들과 함께 성장하는 진보된 교육환경을 통해서 인지 및 언어 발달이 촉진될 수 있다.

통합교육은 영유아의 정서 및 사회성 발달에 영향을 미치며 부모, 지역사회에도 영향

표 6-3 **장애아 통합교육이 유아 및 부모, 지역사회에 영향**

구분	내용
장애아	<ul><li>분리교육으로 인한 부정적인 영향(표찰의 부정적인 영향, 접촉 부족으로 인한 부정적인 태도 형성)을 방지한다.</li><li>또래들을 통해서 새로운 적응기술을 배우고 모방을 통해서 배울 수 있다.</li><li>능력 있는 또래들을 통해서 상호작용하고 새로운 사회적 기술과 의사소통 기술을 학습한다.</li><li>실제적인 생활경험을 통해서 지역사회에서의 삶을 준비한다.</li><li>전형적인 발달을 보이는 또래들과 우정을 형성할 기회를 갖는다.</li></ul>
비장애아	<ul><li>장애인에 대한 좀 더 사실적이고 정확한 견해를 학습할 수 있는 기회를 갖는다.</li><li>자신과 다른 사람들에 대한 긍정적인 태도를 개발한다.</li><li>이타적인 행동을 학습하고 그러한 행동을 언제 어떻게 사용해야 하는지를 배운다.</li><li>어려움에도 불구하고 성공적으로 성취하는 사람들에 대한 모델을 제공받는다.</li></ul>
장애아 부모	<ul><li>전형적인 발달에 대해서 알 수 있다.</li><li>사회로부터 소외감을 줄일 수 있다.</li><li>전형적인 발달을 보이는 유아들의 가족들과 관계를 형성하고 의미있는 지원을 제공 받을 수 있다.</li></ul>
비장애아 부모	<ul><li>장애아 가족들과 커뮤니티를 형성하고 함께 지역사회에 기여할 수 있다.</li><li>자녀에게 개별적인 차이와 차이를 수용하는 것에 대해서 가르칠 수 있다.</li></ul>
지역사회	<ul><li>조기교육 지원 특수교육 프로그램에서만 이루어지는 방지한다.</li><li>교육적 자원을 보존할 수 있으며, 교육비용 절감의 경제적인 혜택을 가져온다.</li></ul>

자료: 이소현(2003), p.510

을 주기도 하는데, 이러한 통합교육의 효과는 다음과 같다.

Bronfenbrenner(1992)는 인간은 성장하는 인간개체와 그 개체가 살아가고 있는 지속적으로 변화하는 환경 사이에서 일생동안 공식적·비공식적인 사회적 내부환경과 환경들 사이에서 얻어지는 관계에 의해서 영향을 받는다고 했다. 통합도 생태학적 환경에서 이루어질 수 있는데 이러한 통합교육을 위한 다양한 프로그램을 소개하면 다음과 같다.

표 6-4 통합교육을 위한 장애이해 프로그램

전략	방법	내용
활동 중심 태도 개선전략	장애인과의 접촉 경험 제공	장애학생과의 단순한 접촉이나 물리적 접촉은 물론 구조화된 긍정적인 상호작용을 유도하는 기회
	모의 장애 체험	일반학생들에게 장애를 가졌을 때의 느낌을 생각해 볼 수 있는 기회 제공 ◦ 점심시간 동안 눈 가리고 있기 ◦ 솜으로 양 귀를 막고 수업하기 ◦ 쉬는 시간 동안 말하지 않고 친구들과 의사소통하기
이해 중심 태도 개선 전략	장애인들의 능력에 대한 소개	유명하거나 성공한 사람 중에서 다양한 장애를 가진 사람들의 성공 사례 소개 ◦ 루즈벨트 대통령, 헬렌켈러, 윈스턴 처칠, 강영우 박사 등
	집단토의	장애인과 관련된 사항에 관한 토론 예: 지적장애 소년의 여러 가지 상황이 담긴 짧은 비디오를 보여 주고 교사는 다음의 여러 질문으로 소집단 토의 유도 ◦ 소년이 왜 지적장애인가? ◦ 소년의 기분이 어떨 것이라고 생각하는가? ◦ 학급 친구들은 소년을 어떻게 대해 줄 것으로 생각하는가? ◦ 학급에 소년과 같은 학생이 있다면 어떻게 할 것인가?
	장애인에 관한 영화와 책	장애인에 관한 영화나 책을 본 후 담론 나누기 ◦ 포레스트 검프, 나의 왼발, 레인맨, 아이엠 샘, 제8요일 등
	장애에 관한 올바른 정보 제공	장애인에 대한 정확한 정보를 제공해 주어 편견과 오해를 없애도록 도와주기
	필요한 장치에 대한 지도	일반학생들에게 장애학생들이 사용하는 여러 가지 장치나 보조기구에 대한 소개 및 설명 ◦ 음성교과서, 보청기, 음성합성기, 휠체어, 점자 등
	초청 강사	장애인을 직접 접하게 하여 태도를 개선시킬 수 있는 방법으로 장애인을 강사로 초청한 특강 마련
	사례의 제시	장애를 지닌 친구를 도와주기 위해 장애학생이 학급에서 겪게 되는 문제를 나타내는 가설적인 사례를 제시하고 해결책 모색 ◦ 수업시간 중 수업 내용을 공책에 적어야 하는데, 친구 중에 필기하는 것이 어려운 친구가 있다면 어떻게 해야 할까?

자료: 김미숙, 김향지(2014), p.116

토 론 주 제

1. 일반 아동과 장애 아동의 통합교육 시 문제점에 대해 토론하시오.

   ◦ 장애 아동에 대한 수용태도 문제

   ◦ 물리적 환경의 문제

   ◦ 교사의 역량 문제

   ◦ 법과 제도상의 문제

   ◦ 기타

2. 일반 아동과 장애 아동의 통합교육 시 해결방안에 대해 토론하시오.
   예: 장애 아동에 대한 수용태도 개선, 통합교육에 대한 부모교육의 실시 등

CHAPTER 7

장애유형별 특수아동

1. 영아기 발달장애

1) 청각장애

청각장애란 청력손상으로 인해 보청기를 사용해도 청력을 통해 의사소통하는데 어려움이 있는 상태이다. 선천적이거나 후천적으로 청각기관의 발달 결함 및 상해로 인한 청력손실의 발생으로 듣기 기능에 어려움이 있기 때문에 음성언어를 이용한 의사소통기능에 장애를 동반한다. 교육적으로 청각장애는 보청기를 사용했을 때 말소리를 인지할 정도로 충분한 잔존청력을 가진 난청과 보청기를 사용해서 말소리를 인지하기 어려운 농으로 구분한다. 고도난청인 경우에도 인공와우 수술을 통해 잔존청력을 최대한 활용할 수 있다.

청각장애의 원인은 유전적 원인과 후천적 원인이 있는데 유전적 원인은 Waardenberg 증후군, Ushers 증후군 등이 있고, 후천적 원인으로는 태아기의 모체 풍진감염, 모자 혈액 부적합, 미숙아, 출생 시에 뇌 손상, 난산으로 인한 산소결핍, 출생 후 성홍열, 인플루엔자, 뇌막염 등의 질병과 사고에 의해 생긴다.

---

* Waardenburg 증후군은 청각장애와 피부와 머리카락, 눈의 색소 변화 등을 특징으로 하는 유전질환이다. 1947년 D. Klein에 의해 처음 보고되었으며, 1951년 독일의 안과의사 P. J. Waardenburg에 의해 양쪽 눈의 색깔이 다르고 청각장애가 동반된 환자들이 소개되면서 알려졌다(자료: 위키피디아).

김경화, 이주연(2014)은 정상 청력 아기와 유아의 반응에 대해 개월 수별로 기술했다. 우선, 신생아는 일반적으로 갑작스러운 큰 소리에 놀라게 되면 소리가 난 방향으로 머리를 돌리며, 생후 2개월에는 영아의 청력이 발달되어 다양한 크기와 강도 및 톤의 소리를 들을 수 있다. 생후 3~4개월에는 부모의 목소리를 듣고 자음 및 몇 개의 모음의 소리를 낼 수 있다. 생후 5~6개월의 여아의 경우에는 감정을 나타낼 수 있어서 단어에 가까운 소리를 낸다고 했다. 생후 8~9개월에는 단어와 몸짓 간의 관계를 이해하기 시작하며, 생후 11~12개월에는 간단한 단어를 이해하기 시작하고 '엄마', '안녕'과 같은 단어들을 말할 수도 있다고 했다.

(1) 청각장애 진단방법

청각장애를 진단하기 위해서는 말을 이해하는 능력에 대한 평가가 가장 중요함으로 청각검사는 어음청력검사를 사용한다. 어음청취역치는 개인이 어느 단계에서 말을 이해할 수 있는지를 나타내는 소리세기 단계인데, 양쪽 귀를 따로 검사 할 때는 두 음절 단어의 목록을 들려준다. 그러나 이 검사는 검사를 받는 사람이 무엇을 해야 할지 이해하고 있어야 한다. 그러므로 검사하기 어려운 영유아들을 위한 검사는 다른 검사를 하게 된다. 예를 들면, 유아의 흥미를 끌도록 만들어진 조건화 놀이 청력검사를 사용하기도 한다.

표 7-1 **청력의 손실정도**

범위	청력 손실 정도	증상
0~20db	정상	-
20~45db	경도 난청	대화 시 작은 소리에 어느 정도 어려움을 느끼긴 하나 상대방의 말소리가 분명하고 주변상황이 조용한 곳이라면 대화하는데 큰 문제가 없음
45~60db	중도 난청	일상적인 대화가 어려우며, TV와 라디오 볼륨을 높게 올려야 청취가 가능함
60~75db	중고도 난청	큰소리만 들을 수 있고, 군중 속이나 교실에서는 대화가 어려움
75~90db	고도 난청	정상적인 대화가 어려우며, 매우 큰소리에만 반응함
90db	심도 난청	말소리를 거의 듣지 못하며, 보청기로 도움을 받을 수 있는 부분이 제한적임

표 7-2 청각장애 등급표

등급	장애기준
2급	두 귀의 청력 손실이 각각 90dB 이상인 사람 (두 귀가 완전히 들리지 않는 사람)
3급	두 귀의 청력 손실이 각각 80dB 이상인 사람 (귀에 입을 대고 큰소리로 말을 하여도 듣지 못하는 사람)
4급	1호: 두 귀의 청력 손실이 각각 70dB 이상인 사람 (귀에 대고 말을 해야 들을 수 있는 사람)
	2호: 두 귀에 들리는 보통 말소리의 최대의 명료도가 50% 이하인 사람
5급	두 귀의 청력 손실이 각각 60dB 이상인 사람 (40cm 이상의 거리에서 발성된 말소리를 듣지 못하는 사람)
6급	한 귀의 청력 손실이 80dB 이상, 다른 귀의 청력 손실이 40dB 이상이 사람

자료: 장애인복지법 제2조 및 시행규칙 제2조 제2항, 2013년 1월 기준

표 7-3 난청을 알리는 9가지 신호

※ 아래의 질문에 적어도 2개 이상에 "예"라고 대답한다면, 난청이 의심되니 청력검사와 전문가의 상담을 받으세요.

순서	질문	check
1	여성과 아이들의 소리가 잘 들리지 않거나 이해하기 어려움이 있다.	
2	말하는 사람과 정면에서 대화하지 않으면 그 사람이 말하는 것을 이해하는데 어려움이 있다.	
3	사람들이 중얼거리거나 단어를 불명료하게 발음할 때 이해하기 어려움이 있다.	
4	사람들이 충분히 크게 이야기했다고 느꼈는데도 되묻는 경우가 자주 있다.	
5	주변 가족보다 TV나 라디오의 소리를 크게 듣는 편이다.	
6	여러 사람들과의 대화에서 동시에 대화하는 경우 말소리를 이해하는데 어려움을 느낀다.	
7	듣는 것에 어려움을 느끼는 장소인 그룹미팅, 사회행사, 공공 편의시설, 가족모임이 꺼려진다.	
8	멀리 떨어져 있는 곳(영화관, 콘서트장, 공공장소 등)에서의 소리를 듣는 것에 스트레스를 받는다.	
9	귀 또는 머리에서 소리(이명: 쉬쉬 소리, 윙윙 소리 등)가 들린다.	

소리를 들은 유아가 책을 집어 올리거나 장난감을 쥐는 행동을 하는 것이다. 또 다른 방법은 고실평가법과 뇌간유발 청력검사도 있다.

(2) 청각장애 지도 방법
교사는 스피커나 악기 등과 같은 소리 는 음원이 가까운 좌석에 청각장애아를 배치하여 귀의 상태를 고려하고, 흥미를 유발할 수 있는 환경을 활용하여 청능 훈련을 지속적

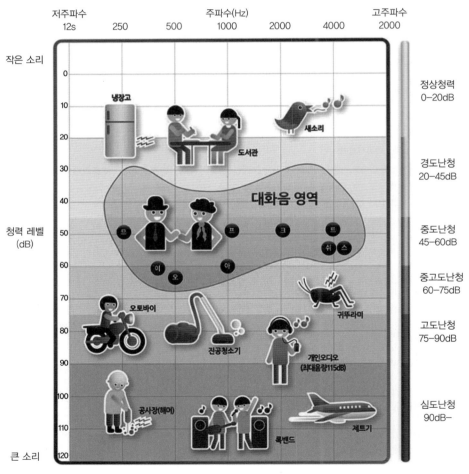

그림 7-1 **청력 레벨과 구분**

1. 주민센터		2. 이비인후과		3. 주민센터
동, 읍, 면사무소에서 장애진단의뢰서 발급		청력검사기가 있는 이비인후과에서 장애진단서 발급		동, 읍, 면사무소에 장애진단서 제출 후 복지카드 발급
준비서류: X 발급서류: 장애진단의뢰서		준비서류: 장애진단의뢰서 발급서류: 장애진단서 진료기록지, 검사결과지		준비서류: 장애진단서 발급서류: 복지카드 진료기록지, 검사결과지

청각장애평가를 위한 검사 절차
순응청력검사(PTA)-3회, 청성 뇌간반응검사(ABR)-1회

자료: www.doctorsintraining.com

그림 7-2 **청각장애 복지카드 발급 절차**

으로 하고 잔존청력 발달을 지원할 수 있다. 또한, 말하는 사람의 입 모양, 표정 등이 가려지지 않도록 빛을 등지고 서지 않고, 적절한 크기로 적절한 속도로 말해야 한다. 청각장애아의 주의를 끌기 위해서는 청각장애아의 이름을 활용함과 동시에 어깨를 살짝 두드리는 행동을 함으로 청각장애아가 쳐다본 다음에 이야기할 수 있다. 시간적·촉각적 단서를 활용하여 언어이해력을 높이는데 도움을 줄 수 있다. 보청기를 사용한다면 교사와 부모는 보청기와 관련된 연수를 받아서 조작하는 방법, 건전지 확인하는 방법, 청소하는 방법, 귀에 삽입하는 방법을 알아보는 것이 좋다. 이는 〈그림 7-3〉의 보청기 종류

완전귓속형 CIC	일반귓속형 ITC	귓속형 ITE	귀걸이형 BTE
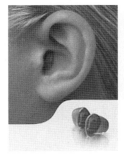	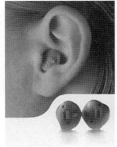	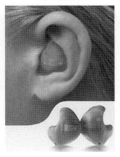	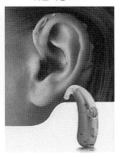

그림 7-3 **보청기 종류**

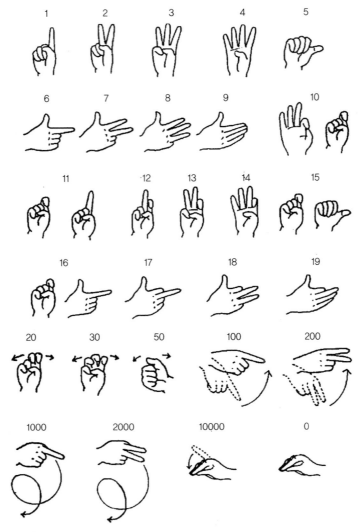

그림 7-4 지수화(숫자)

별로 다를 수 있다. 또한, 손상된 청력이 언어 발달에 미치는 부정적인 영향을 최소화하기 위해 구화 외에도 수화를 함께 사용하여 의사소통 능력을 향상시킬 필요가 있다.

2) 시각장애

시각은 시력과 시야에 의해 결정된다. 대부분의 경우 시야에는 문제가 없지만 시력이 낮아서 시각장애를 일으키는 경우가 많다. 법적 정의를 살펴보면, 미국에서는 맹과 저시력으로 나누어 구분한다. 법적 맹인은 시력교정 후 잘 보이는 눈의 시력이 20/200 이하이거나 시야가 20도 이하인 자로 규정한다. 이는 정상 시력인 사람이 200피트에서 볼 수 있는 것을 안경을 쓰고도 20피트의 거리에서 볼 수 있는 것을 의미한다. 시력이 20/200 이상이더라도 시야가 20도 이하이면 법적 맹인이다. 저시력은 눈의 시력이 20/200 이상이더라도 20/70 이하이면 법적 저시력이다.

교육적으로 볼 때, 맹 아동은 시각이 아닌 촉각이나 다른 감각을 사용하여 학습한다. 저시력 아동은 어느 정도의 사용가능한 시각능력이 있는 경우로서 광학기구, 비 광학기구, 환경적 변형기술 등을 통해 시각기능이 향상될 수 있는 사람이다. 시작장애아는 일반교육과정에 보행훈련, 점자훈련, 시기능 훈련, 듣기훈련, 사회적 기능훈련 등을 포함시켜 지도한다.

(1) 시각장애 진단
가까운 것을 잘 보는 것은 근시이고, 먼 곳을 잘 보는 것은 원시이며, 각막이나 눈의 표면이 고르지 못함으로 인해 왜곡되거나 흐리게 보는 상태는 난시이다. 수정체의 혼탁하면 백내장이고 안압이 높아져 생기는 질환은 녹내장이다. 눈이나 피부 머리카락에서 색소의 부족으로 시력이 감소하면 색소결핍증이고 색깔을 구별하기 어렵다면 색맹이고, 가장 흔한 유전적 질병으로 망막의 점진적인 변성을 야기하는 것은 망막색소변성이다. 눈의 운동이 무의식적으로 빠르게 앞뒤로 움직이며 물체에 초점을 맞추는 것이 어렵다면 안구진탕이다.

표 7-4 시각 장애 등급기준

등급	기준
1급	좋은 눈의 시력이 0.02 이하인 사람
2급	좋은 눈의 시력이 0.04 이하의 사람
3급	좋은 눈의 시력이 0.08 이하인 사람 두 눈의 시야가 각각 주시점에서 5도 이하로 남는 사람
4급	좋은 눈의 시력이 0.01 이하인 사람 두 눈의 시야가 각각 주시점에서 10도 이하로 남는 사람
5급	좋은 눈의 시력이 0.2 이하인 사람 두 눈에 의한 시야를 2분의 1 이상 잃은 사람
6급	나쁜 눈의 시력이 0.02 이하인 사람

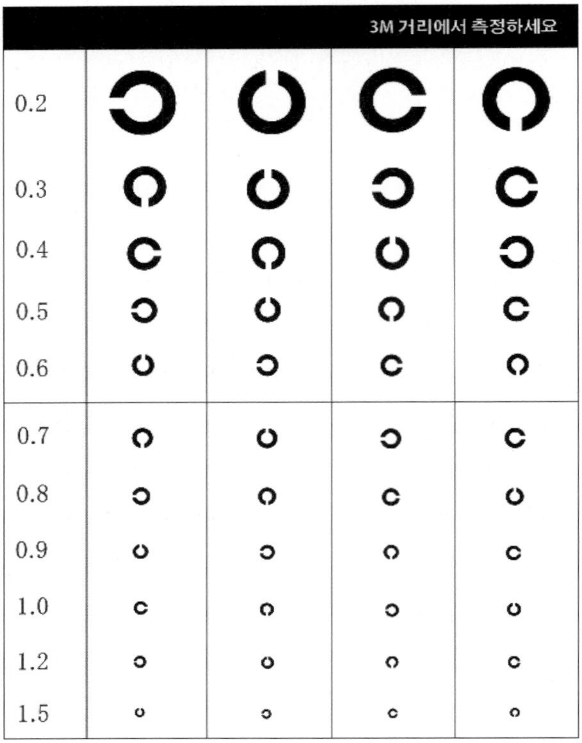

그림 7-5 **시력검사표**

그림 7-6 흰지팡이

그림 7-7 한국시각장애인연합회 로고

(2) 시각장애 지도 방법

시각장애 아동은 생활반경의 물건을 일정한 장소에 두어야 한다. 시각적 방향을 나타낼 때는 모호한 단어보다는 정확한 방향감을 포함하는 단어를 사용함으로 시각장애 아동들이 감각적인 통로나 운동 활동을 통해 학습이 이루어지도록 도울 수 있다. 잔존시력을 사용할 수 있도록 조명을 환하게 하고 간단하고 구체적인 언어적 단서를 사용한다. 일반적으로 가장 많이 사용하는 감각단서는 청각단서와 촉각단서 및 운동단서이다. 청각단서는 소리 나는 장난감을 비치하여 학습의 보조 자료로 활용할 수 있다. 후각단서는 냄새나 향기로 정보를 습득하도록 하는 것이다. 운동단서는 혼자서 접근할 수 있도록 환경을 구성하여 이동할 수 있는 이동성을 통해 감각을 사용하는 능력을 향상시킬 수 있다. 특히, 시각장애 아동은 독립보행의 상징인 흰지팡이와 점자를 통해 독립적 자립을 이루도록 지도한다.

한글 점자 일람표

자음	초성													
		ㄱ	ㄴ	ㄷ	ㄹ	ㅁ	ㅂ	ㅅ	ㅈ	ㅊ	ㅋ	ㅌ	ㅍ	ㅎ	된소리
	종성													
		ㄱ	ㄴ	ㄷ	ㄹ	ㅁ	ㅂ	ㅅ	ㅇ	ㅈ	ㅊ	ㅋ	ㅌ	ㅍ	ㅎ

모음									
ㅏ	ㅑ	ㅓ	ㅕ	ㅗ	ㅛ	ㅜ	ㅠ	ㅡ	ㅣ
ㅐ	ㅔ	ㅚ	ㅘ	ㅝ	ㅢ	ㅖ	ㅟ	ㅒ	ㅙ	ㅞ

숫자 점자 일람표

숫자 / 연산	수표	1	2	3	4	5	6	7	8	9	0	.	,
	+	−	×	÷		=							

그림 7-8 **점자 일람표**

3) 정신지체

정신지체는 지적 기능과 적응행동상의 어려움이 함께 존재하여 교육적 성취에 어려움이 있는 사람이다. 지적장애라는 용어는 2007년 개정된 장애인 복지법이 시행됨에 따라 '지적장애'라는 새로운 법적 명칭이 사용되고 있으나 「장애인 등에 대한 특수교육법」에서는 정신지체라는 명칭을 사용하고 있다. 그러나 외국 의학계에서는 요즘에 'mental retardation'이라는 용어를 배제하려고 하는데, retard나 retarded가 일상생활에서 비속어로 흔하게 쓰이기 때문에 대체 용어로 지적장애(intellectual disability)나 발달장애(developmental disablilty)를 쓰도록 권장하는 추세이다.

표 7-5 **정신지체 장애 구분**

구분	경도	중등도	고도	최고도
IQ	50~69	35~49	20~34	20 이하
비율	70~85%	10~20%	3~4%	1~2%
별칭	교육가능급	훈련가능급	완전보호급	
장애등급	3급	2급	1급	
정신연령	9~12세	6~9세	3~6세	3세 미만
독립	원조만 필요 비숙련 직업 가능	높은 수준 감독 보호환경 하 작업	완전한 감독 옷, 식사, 배설 가능	기본생활, 신변에 지속적 간호 필요

(1) 정신지체 진단

DSM-IV의 분류에 따르면, 정신지체는 가벼운 정도, 중간정도, 심한 정도, 아주 심한 정도로 구분된다. 또한, 정신지체를 규정하는 정의는 평균 이하인 지적기능과 적응행동상의 장애가 동시에 존재한 것과 이 두 가지가 발달 기간인 18세 이전에 일어난 경우에 정신지체라고 한다. 1973년부터 표준화된 지능검사에서 IQ 70 이하를 정신지체로 규정했다. 적응기술이란 개인이 생활환경에 적응하는 데 필요한 기술로서 의사소통, 자기관리, 사회성 기술 등이 포함되며 지적능력과 함께 정신지체를 판별한다.

(2) 정신지체 지도 방법

교사는 학습에서 이루어지는 활동의 속도를 늦추어서 정보를 습득하기 어려움을 보이는 지적장애아에를 배려할 수 있다. 또한, 좀 더 쉬운 과제를 작은 단계로 제공하여 성취감을 느끼도록 한다. 또한, 단순한 학습을 반복하여 활동하도록 한다.

표 7-6 정신지체 지도 방법 구분

구분	경도	중등도	고도	최고도
학령 전기 (0~5세)	○ 사회적 의사소통 기술을 개발시킬 수 있음	○ 의사소통을 하거나 배울 수 있음 ○ 자조훈련 가능 ○ 사회적 인식 부족	○ 운동 발달의 불량 ○ 언어소통의 기술이 거의 없음 ○ 자조훈련이 어려움	○ 전반적인 지체 ○ 감각운동 영역에서의 최소한의 기능만 함 ○ 간호와 개호가 요함
학령기 (6~20세)	○ 10대 후반이 되어서 약 6학년 수준까지의 학습이 가능함 ○ 사회적 적응으로의 지도가 가능함	○ 사회적 및 직업적 훈련 가능 ○ 학습과제에서는 초등학교 2학년 이상의 진보는 어려움	○ 의사소통을 하거나 배울 수 없음 ○ 직업훈련에는 적합하지 않음 ○ 기초적인 건강습관 훈련 ○ 체계적인 습관훈련	○ 제한된 운동 발달 ○ 최소한 또는 제한된 수준의 자조훈련
성인기 (21세 이상)	○ 최소한의 자기유지를 위한 사회적 및 직업적 기술 획득 ○ 익숙치 않은 사회적, 경제적 스트레스 하에서는 감독과 지원이 필요	○ 보호 환경 하에서 미숙하거나 반숙련된 작업을 할 수 있음 ○ 사회적, 경제적 스트레스 하에서 감독과 지도를 요함	○ 완전한 감독 하에서 부분적으로 자기유지 가능 ○ 조절된 환경 하에서 최소한의 자기 방어 기술을 개발시킬 수 있음	○ 제한된 언어, 운동 발달 ○ 매우 제한된 자조 기술의 획득 ○ 간호와 개호가 요함

4) 자폐성장애

자폐성장애는 사회적 상호작용과 의사소통에 결함이 있고, 제한적이고 반복적인 관심과 활동을 보임으로써 교육적 성취 및 일상생활 적응에 도움이 필요한 사람이다. DSM-V에 의한 자폐범주성장애의 권고된 기준에 의하면 자폐성장애는 상호작용의 극도의 사회적 결함, 종종 정형화된 움직임, 변화의 제한, 그리고 감각경험에 대한 비전형적인 반응이 나타나며 보통 3세 이전에 명백하게 나타난다고 했다. 이외 아스퍼거 증후군은 경미한 자폐와 같으나 인지와 언어에 중요한 결함을 갖고 있으며, 아동기 붕괴성 장애는 적어도 2세부터 10세까지 정상적인 발달을 하다가 중요한 기능의 결함들이 나타나며 일반적으로 남성에게 나타난다. 또한, 비전형적 전반적 발달장애(PDD-NOS)는 3세 이후에 나

표 7-7 자폐성 장애 종류와 특징

구분	자폐증	아동기 붕괴성 장애	레트장애	아스퍼거 장애
특징	전형적 자폐장애	늦은 발병, 증상 심함	아동기 중기 자폐증	고기능 자폐
정신지체 동반	극심~정상	극심	극심	약간~정상
발견 연령	0~3세	2세 이후	6개월~2세 반	보통 2세 이후
가족력	드뭄	없음	없음	높음
남녀 비율	남>여	남>여	여자만	남>여
성인기 예후	안정적	나빠짐	나빠짐	안정적

타나며 전형적인 자폐의 행동에서 약간 벗어나 있다고 했다.

(1) 자폐성장애 진단

자폐성장애는 다른 발달적, 정신의학적, 의학적 상황과 동시에 나타난다. 그들의 관계성의 본질이 정확하게 규명하여 한다. 일반적으로 인지적 및 적응능력에서의 낮은 수행력, 경련장애, 약체 X증후군, 결절성 경화증 등이 있다. 또한, 다양한 형태의 행동장애, 과다행동, 강박적인 증상, 자해, 전형성, 틱, 정서적인 증상 등을 동반한다. 흔히, 자폐성장애는 전형적 자폐증과 아동기 붕괴성 장애, 레트장애, 아스퍼거 장애가 있다. 이들의 특징을 알아보면 다음과 같다.

(2) 자폐성 장애 지도 방법

조윤경, 김수진(2014)는 자폐성 장애유아의 지도 방법을 다음과 같이 제시했다.

첫째, 유아가 선호하는 것에 대한 체크리스트 작성하기

둘째, 유아를 불안이나 발작적인 부적응행동으로부터 누그러뜨리려 할 때는 가벼운 터치보다는 확실한 압력을 느끼도록 하기

셋째, 또래들에게 자폐성 장애 유아 이해시키기

넷째, 또래와 상호작용 방법 가르치기

다섯째, 시각적 의사소통기제 사용하기

여섯째, 상황에 적절한 의사표현 돕기

2. 유아기 발달장애

1) 배변장애

배변장애는 유분증과 유뇨증이 있는데, 유분증은 적절치 않은 곳에 반복적으로 대변을 보는 것이다. 때로는 수줍음이 많은 성향의 영유아가 그렇다면 난처한 상황으로 인해 어려움을 겪게 되기도 한다. 특히 배변을 가릴 시기가 되었음에도 불구하고 대변을 못 가린다면 부모와 유아에게 중요한 문제로 다가올 수 있는데, 이는 유아의 신체적 발달뿐만 아니라 또래관계에서도 위축이 될 수 있는 문제이기 때문에 문제인식을 가져야 한다. 따라서, 해당 영유아의 부모님께서 '그저 언젠가는 해결되겠지'라고 인식한다면 이를 먼저 개선해야 한다. 그러므로 먼저 부모님이 유아가 가지고 있는 배변장애를 극복하려는 자세가 필요하며 치료 및 지도가 이루어져야 할 것이다.

(1) 배변장애 진단

DSM-IV의 유분증의 진단기준은 적절치 않은 곳에 불수의적이든 의도적이든 반복적으로 대변을 하는 것을 이른다. 이러한 사건이 적어도 3개월 동안 최소한 매달 1회 발생하고, 영유아의 생활연령이 최소한 4세인 경우, 행동이 전적으로 물질이나 일반적인 의학적 상태의 직접적인 생리적 효과로 인한 것이 아닌 경우에 유분증으로 진단되어진다.

유뇨증은 밤이나 낮 동안 적절치 않은 곳에 반복적으로 소변을 보는 것이다. DSM-IV의 유뇨증의 진단기준은 침구에 불수의적이든 고의적이든 반복적으로 소변을 보고, 이 행동이 적어도 연속 3개월 동안 주 2회의 빈도로 일어나고, 사회적·학업적 또는 다른 중요한 기능영역에서 임상적으로 심각한 고통을 일으키고, 생활연령이 적어도 5세인 경우, 이런 행동이 전적으로 물질이나 일반적인 의학적 상태의 직접적인 생리적 효과가 아닐 때 유뇨증으로 진단할 수 있다.

(2) 배변장애 지도 방법

의학적 문제는 전문가와 함께 도움을 받을 수 있으며, 일반적으로 가정에서는 배변장애를 가진 영유아가 얼마나 자주 실수를 하는지, 영유가 실수를 했을 때 주로 어떻게 대처하시는지 등 부모님의 훈육방법을 알아야 한다. 이때 주눅 들게 하여 영유아가 불편함을 느껴서 위축되었다거나 불안감이 잠재되었다면 이는 분명 잘못된 지도 방법임이 분명하기 때문에 바로잡아야 할 것이다. 또한, 분명한 의사표현을 할 수 있는 나이라면, 배변 실수를 했을 때 다그치는 것이 아니라 "실수한 것을 이야기해주어서 고맙구나. 선생님께서 도와줄게", "다음에 이런 일이 있으면 오늘처럼 이야기해주면 참 좋겠구나."라며 따뜻하게 안심시켜 주는 방법으로 교사와 부모가 신뢰감을 주어야 한다. 그로 인해 영유아가 점차 안정되면 차츰 자신의 문제를 대화로 이야기하게 된다면 이 문제를 해결될 수 있게 된다.

그러나 배변장애는 영유아 스스로가 문제로 인식하지 않는다면 해결되기 어렵다. 보다 긴 시간을 갖고 배변 실수의 횟수 줄이기, 배변 실수 시 의사표현하기, 배변 실수를 하기 전에 의사 표현하기로 서서히 나아갈 수 있도록 인내심을 갖고 지도해야 한다.

2) 의사소통 장애

의사소통장애에는 말장애와 언어장애가 포함되며 말장애는 말소리를 산출하거나(조음), 말의 흐름을 유지하거나(유창성), 목소리를 조절(발성)하는데 있어서 어려움을 보이는 장애이다. 조음장애는 발음상의 실수를 보이는 것으로 첨가, 생략, 왜곡, 대치 등의 음운 산출상의 실수가 나타난다. 유창성장애는 부적절한 속도나 리듬으로 말하는 것을 의미한다. 발성장애는 목소리의 질, 높낮이, 크기에 있어서 결함을 나타내는 비정상적인 목소리 산출이다.

언어장애는 언어의 구성요소에 따라서, 음운론, 형태론, 구문론, 의미론, 화용론의 다섯 가지 요소들에 있어서 장애로 분류하기도 하고, 정상적인 언어 발달과 비교함으로써 언어장애를 분류하기도 한다.

(1) 의사소통장애 진단

뚜렷한 뇌손상에 의해 발생하는 실어증과 뇌손상 없이 언어사용능력을 상실하는 발달기 실어증이 있는데, 이 결함은 감각기관이나 운동기관의 손상, 뇌기능의 장애로 결정된다. 정상언어 발달 단계에서 기대된 시기에 언어 발달이 이루어지지 않고 언어의 이해와 표현이 어렵다면 언어 발달지체라고 한다.

(2) 의사소통장애 지도 방법

어휘와 개념 발달을 위해서는 유아가 흥미 있어 하는 것에 대해 이야기하고 정교한 언어로 표현해 주고, 적절한 속도로 말하며, 서로 주고받는 대화를 격려하고, 사물과 행동에 적합한 단어를 사용한다. 또한, 반복하여 단어를 사용하고 발달적 수준이 높은 유아에게는 개방형으로 질문하지만 발달적 수준이 낮은 유아라면 폐쇄형 질문을 사용하며 대화한다.

문장구조를 발달하기 위해서는 유아가 말한 것에 대해 확장하여 시범을 보이고, 복잡한 문장구조로 시범을 보여서 다양한 문장구조가 있다는 것을 이해하게 도울 수 있다.

3) 정서·행동장애

정서·행동장애는 부적절한 형태의 행동이나 감정을 보이거나 개인적인 문제나 주변문제와 관련해서 신체적인 증상이나 두려움을 보이는 것과 같은 특성으로 인해 학습에 불리한 영향을 받는 것이다. 정서행동장애의 원인은 생물학적 장애와 질병, 병리학적 가족관계, 바람직하지 않은 경험 등이 있으나 어떠한 요인도 직접적인 원인이라고 결론지을 수는 없다. 다만 기여요인의 개념으로 직접적인 단일원인은 아니라는 의미이다(Kauffman, 2001).

정서행동장애의 특성은 낮은 학업 성적으로 이들은 읽기를 잘 못하고 산수 문제를 푸는데 문제를 보이면서 학습에 문제를 나타낸다. 또한, 기본적인 자조기술도 갖추지 못할 수도 있다. 또한, 품행장애로 놀리기, 때리기, 울기, 물건 부수기, 빼앗기, 싸우기, 소리 지르기 등의 행동을 보인다. 더불어 가장 보편적인 행동으로 과다행동, 산만함, 충동성을 보인다. 과다행동은 활동의 양이 지나치게 과도하게 나타나는 것이고, 산만함은 과제에 대한 주의집중과 관련된 용어로 다른 방해요인으로 주의를 자주 빼앗기는 것이다. 충동성은 주의 깊은 생각이나 목적 없이 발생하는 행동이다. 과다행동, 산만함, 충동성이 한 아동에게 함께 나타난다면 과잉행동주의력결핍장애(ADHD)로 불린다.

(1) 정서행동장애 진단과 치료

ADHD를 진단하는 검사 도구 중 한국어판 ADHD 평정척도 (Korean ADHD Rating Scale : K–ARS)에서 부모가 작성한 경우 19점 이상, 교사가 작성한 경우 17점 이상인 경우에는 고위험군으로 판별할 수 있다. 이러한 과다행동을 최소한 6개월 이상 지속하는 경우에는 일단 정상적인 상태에서 벗어난 것으로 간주하도록 한다. 이러한 경우에는 아동의 직접적인 행동변화를 관찰하여 책임의식을 가지도록 도와야 하는데, 어려운 경우에는 의학적인 약물치료를 받아서 도움을 받아야 한다.

(2) 정서행동 장애 지도 방법

모든 영유아들이 어느 정도는 부적절한 행동을 보인다는 사실을 먼저 인식하고 부적응행동이 영유아의 발달, 성취, 사람과의 관계, 활동 진행을 심각하게 방해하는지를 고려해야 한다.

첫째, 주로 어떤 상황이나 특정한 행동에서 부적응행동을 보이는지 구체적인 기록을 한다. 혹은 부모와의 면담을 통해 부적응문제의 원인을 파악해 볼 수 있다. 둘째, 과제의 난이도나 활동의 길이, 공간의 넓이, 교재의 수 등을 살펴보고 환경을 변화시킬 수 있다. 셋째, 교사나 또래로부터 충분한 관심을 받지 못한 경우 관심을 끌기 위한 부적응행동일 수 있기 때문에 적절한 경우라면 칭찬을 하고, 관심을 가질 수 있는 기회를 제공한다. 넷째, 적절한 방법으로 감정을 표현할 수 있도록 자기 표현방법을 기를 수 있는 방법을 고안한다. 다섯째, 또래나 다른 사람과의 관계를 통해 상호작용을 촉진할 수 있는 매체나

표 7-8 ADHD 평정척도(Korean ADHD Rating Scale : K-ARS)   (교사 또는 부모 평정용)

번호	내용	전혀 그렇지 않다	때때로 그렇다	자주 그렇다	매우 자주 그렇다
1	세부적인 면에 대해 꼼꼼하게 주의를 기울이지 못하거나 학업에서 부주의한 실수를 한다.	⓪	①	②	③
2	손발을 가만히 두지 못하거나 의자에 앉아서도 몸을 꼼지락거린다.	⓪	①	②	③
3	일을 하거나 놀이를 할 때 지속적으로 주의를 집중하는데 어려움이 있다.	⓪	①	②	③
4	자리에 앉아 있어야 하는 교실이나 다른 상황에서 앉아있지 못한다.	⓪	①	②	③
5	다른 사람이 마주보고 이야기 할 때 경청하지 않는 것처럼 보인다.	⓪	①	②	③
6	그렇게 하면 안 되는 상황에서 지나치게 뛰어다니거나 기어오른다.	⓪	①	②	③
7	지시를 따르지 않고, 일을 끝내지 못한다.	⓪	①	②	③
8	여가활동이나 재미있는 일에 조용히 참여하기가 어렵다.	⓪	①	②	③
9	과제와 일을 체계적으로 하지 못한다.	⓪	①	②	③
10	끊임없이 무엇인가를 하거나 마치 모터가 돌아가듯 움직인다.	⓪	①	②	③
11	지속적인 노력이 요구되는 과제(학교공부나 숙제)를 하지 않으려 한다.	⓪	①	②	③
12	지나치게 말을 많이 한다.	⓪	①	②	③
13	과제나 일을 하는데 필요한 물건들을 잃어버린다.	⓪	①	②	③
14	질문이 채 끝나기도 전에 성급하게 대답한다.	⓪	①	②	③
15	쉽게 산만해진다.	⓪	①	②	③
16	차례를 기다리는데 어려움이 있다.	⓪	①	②	③
17	일상적으로 하는 일을 잊어버린다.	⓪	①	②	③
18	다른 사람을 방해하거나 간섭한다.	⓪	①	②	③

놀잇감을 배치하여 상호작용을 촉진한다. 여섯째, 다양한 상황에서 적절한 선택의 기회를 제공하여 자신이 적절한 방법으로 주변 환경을 통제할 수 있다는 것을 알게 한다.

토 론 주 제

1. 각 발달장애의 발달 특성을 적어 보시오.

◦ 청각장애

◦ 시각장애

◦ 정신지체

◦ 자폐성장애

◦ 배변장애

◦ 의사소통장애

◦ 정서행동장애

2. 동영상을 시청 후 행동관찰법을 작성하시오.

3. 발달장애의 유형 중 1가지를 선택하여 해당 장애 아동 보육계획안을 작성하시오.

(만 세) 일일보육계획안		년 월 일	담임	원장
주간주제				
목표				
기본생활습관				
시간 및 활동명	활동 내용 및 방법	준비물 및 유의점		
활동 평가 **7:30~9:00** **등원 및** **통합보육**				
9:00~9:30 **오전 간식**	● 간식시간임을 알리고 손을 씻은 후 자리에 앉아서 간식을 먹도록 지도하기 ● 영유아가 스스로 먹을 수 있도록 기회 제공하기			
9:30~10:40 **자유놀이**	[언어] [감각 · 탐색] [창의 · 표현] [역할 · 쌓기] [신체 · 움직임]			
10:40~11:00 **정리정돈 및** **청결 지도**				

시간	활동 내용		
11:00~11:40 실외활동	[실외활동]		
11:40~12:00 청결 지도			
12:00~13:30 점심 식사, 청결 지도, 이 닦기 자유 놀이	● 골고루 음식 먹고 스스로 자리 정리할 기회 제공하기 ● 이 닦기 ● 원하는 영역에서 자유롭게 선택 활동하기		
13:30~15:30 낮잠 준비 및 정리	● 편안한 분위기 느낄 수 있도록 낮잠 준비 ● 편하게 낮잠 자기 ● 개인 이불 함께 정리하기		
15:30~16:00 청결 지도, 오후 간식	● 화장실에 다녀오기 ● 스스로 손 씻을 수 있도록 안내하기 ● 스스로 먹을 수 있는 기회 제공하기		
16:00~17:30 자유 놀이, 실외활동			
17:30~19:30 통합보육 및 귀가 지도			
전체 평가			

CHAPTER 8

특수아동을 위한 교육과정과 환경

1. 특수아동을 위한 교육과정

21세기 특수교육의 과제는 장애의 정도에 따라 참여와 기회를 제한하는 의미는 아니다. 또래가 있는 환경을 제공하고 그 안에서 즐거운 활동을 할 수 있는 기회를 주는 것과 함께 가족과 지역사회에서 발생하는 자연스런 학습 환경에 대한 가치를 재확인하고 어떻게 이러한 환경과 유아의 흥미를 조화하여 유아의 능력을 촉진하고 강화하느냐 하는 것이다(조윤경, 김수진, 2014).

이에 미국의 Odom 등이 주관한 통합교육 조기교육 연구소에서 진행된 통합관련

자료: Sandall, S., Schwartz, I., Joshep, G.(2002)

그림 8-1 Building Blocks Model

연구에서 현장에서 적용하기 적절한 '성공적인 교육과정 모형'을 개발했다(조윤경 외, 2014). 'Blocks Model'에서 구성된 것은 성공적인 특수아동의 학습을 지원하기 위해 필요한 것으로 순서적인 연계성보다는 서로의 전체적인 요소로 역할하고 있다. 〈그림 8-1〉의 'Building Blocks Model'에서는 질 높은 유아교육 프로그램을 전제로 하여 영유아의 개별적인 목표와 활동을 연결시키고 교수적 전략을 계획하여 삽입하며 직접 교수하는 단계에 이르게 된다.

특수아동은 교실에서 진행되는 모든 활동과 일과들을 개별적인 특성에 맞게 조정하고 수정해야 하는데 이로써 특수아동은 보다 독립적인 행동을 통한 참여가 증진된다. 물론 개별적인 상황에 따라 필요한 특별하게 고안된 교수와 일상에서 접하는 모든 면에 특수교육적인 서비스가 모두 다 달라야 하는 것은 아니지만 이러한 조정과 수정 없이 물리적 통합만 이뤄진 상황이라면 오히려 참여를 제한받고 학습을 방해하는 요소가 된다. 따라서, 조정과 수정은 활동을 통해 구체적으로 준비해 특수아동을 위해 최대의 참여를 도모해야 한다. 예를 들어, 물리적 환경의 수정으로 자리의 배치, 행동반경을 조정하기도 하고, 신체적인 도움 제공으로 이동보조, 활동개시나 유지보조 등을 할 수도 있다. 특히 영유아교육기관에서 할 수 있는 방법으로 교육과정의 조정이 있는데, 이는 언어로 행동을 촉진하고, 일반또래와 다른 반응수준을 보이고, 차시를 조정하는 등의 방법을 보일 수 있다.

특수아동의 참여를 증진하기 위해서 수정과 조정이 필요하므로 어떤 지원과 자원이 필요한지 유형을 정해야 한다. 다양한 지원방법은 다음 〈표 8-1〉과 같다.

앞서 제시한 〈그림 8-1〉의 'Building Blocks Model'에서 언급했듯이 질 높은 유아교육 프로그램이 보장되고 개별적인 조정과 수정이 되었다면 개별화교육에 명시된 목표들을 달성하기 위해 의미있는 학습의 목표설정을 하여 학습의 기회를 삽입해야 한다. 삽입된 학습기회(Embedded Learning Opportunity : ELO)의 단계는 학습목표를 설정하고 평가기준을 마련하고, 영유아의 현행 수준에 대한 정보를 다양하게 수집하고, 삽입할 활동이나 영역 및 일과를 계획표에 작성한 후 교수적 상호작용을 어떻게 할지 계획한다. 그 후에 삽입된 기회에 교수를 시도하고 때로는 새로운 기회를 제공하면서 기간을 두고 유아의 현행수준을 평가해야 한다. 이처럼 교사는 장애 영유아의 개별적인 목표를 계획하여 실행하고 평가할 수 있다.

표 8-1 **교육과정 수정유형**

수정유형	정의	방법
환경적 지원	물리적·사회적·시각적 환경을 바꾸어 참여를 촉진시킴	물리적 환경 변화시키기 사회적 환경 변화시키기 시간의 구성 및 환경 변화시키기
	청각장애아의 자리를 입 모양이 잘 보일 수 있는 앞쪽 중앙으로 배치하기 ADHD 유아를 위해 30분 단위의 이야기 나누기 수업을 10분 단위로 나누어 진행 활동자리에 사진 또는 그 외의 시각적 단서로 표시해 주기	
자료수정	자료의 수정을 통하여 가능한 한 최대로 독립적 참여를 가능하게 함	자료를 크게 만들거나 밝게 만들기 자료 고정시키기
	약시유아에게 제시되는 문자과제를 두세 배 확대해서 제시해 주기 색칠하기가 아직 어려운 유아에게 쉽게 그릴 수 있는 도구 제공	
활동의 단순화	단계의 순서를 줄이거나 과제단위를 작은 단위로 나누어, 간단하게 과제를 수행할 수 있도록 함	난이도를 낮추기 과제별 단계의 수를 낮추거나 바꾸기
	여름 과일 접기 10단계 색종이 접기를 장애유아는 5단계로 줄여 제시 작은 그림 오려서 풀로 붙이는 작업에서 대신 스티커 제시하기	
아동의 선호도 이용	과제수행이 어려울 경우 아동의 선호도를 파악하여 과제와 함께 제시	좋아하는 장난감 갖기 좋아하는 활동 이용 좋아하는 사람 이용
	색칠하기 활동 시 아동이 선호하는 만화의 캐릭터를 활용하여 색칠하기 지도 색 변별활동 지도 시 아동이 좋아하는 신체활동을 이용하여 지도(색깔 유니바 또는 블록, 훌라후프, 색 모래주머니 이용 게임)	
특수한 장비	참여를 증가시키거나 참여의 수준을 높이기 위해 특수장비나 수정된 장비 고안	특수장비로 접근성과 참여 증진
	뇌성마비 아동에게 특수의자 지원 식사 시 옆으로 접을 수 있는 특수 숟가락 제시	
성인의 지원	참여나 학습에 성인의 개입을 지원함	모델링 역할하기 함께 놀이에 참여하기 강화해 주기
	화장실 사용 시 "바지 내려야지."(언어적 촉진), 함께 내려주는 것(신체적 촉진)	

(계속)

수정유형	정의	방법
성인의 지원	참여나 학습에 성인의 개입을 지원함	모델링 역할하기 함께 놀이에 참여하기 강화해 주기
	화장실 사용 시 "바지 내려야지."(언어적 촉진), 함께 내려주는 것(신체적 촉진)	
또래지원	또래의 도움을 이용하여 목표 도달하기	시범 보이기 도우미 역할하기 강화해 주기
	도우미로 또래가 도움을 주거나 잘했다고 친구를 격려해 주는 행동	
보이지 않는 지원	계획된(의도적) 자료 배치 및 배열과 진행되는 활동 참여를 자연스럽게 하기	순서 바꾸기 교육과정 영역 내에서 활동순서 정하기(일과 구성)
	선호교구를 눈에 보이나 닿지 않는 곳에 두어 요구하게 함 동적인 활동과 정적인 활동의 균형을 이루어 일과 구성	

자료: 조윤경, 김수진(2014), pp.237~238 재인용

교수적인 촉진은 효과적이기 않다면 변경해야 하는데 교수적 촉진은 행동이 발생하기 전에 적용해서 반응을 할 수 있게 도와주는 것이다. 교수적 촉진의 유형에는 언어적 촉진, 시범 보이기, 신체적 촉진, 공간적 촉진, 시각적 촉진이 있다. 언어적 촉진은 영유아가 과제를 수행할 수 있도록 말로 설명하면서 지원하는 것이고, 시범 보이기는 교사가 직접 시범을 보이는 것이고, 신체적 촉진은 완전히 도와주는 완전한 촉진과 살짝만 도와주는 부분적 촉진이 있다. 공간적 촉진은 사물의 위치를 변경하여 촉진하는 것이고, 시각적 촉진은 그림이나 사진을 단서로 하여 도움을 주는 것이다.

다음 〈표 8-2〉의 학습기회 계획서는 다양한 촉진방법과 지원방법을 적어볼 수 있다.

표 8-2 삽입된 학습기회 계획서

학습기회 계획서

날짜:

팀 구성원:

활동명:

학습목표:

교사가 할 일

교사가 할 수 있는 말

교사-영유아 간의 의사소통

필요한 자료

기회 제공

월	화	수	목	금

2. 특수아동을 위한 물리적 교수환경

특수아동을 위한 교육환경의 구성은 일반 아동의 환경과 크게 다를 바가 없지만 특수아동의 활동을 활성화하기 위해 일반 아동보다 더 세심한 배려가 필요하다. 보편적인 환경의 기능과 구성요건 들 위해 특수아동이 경험하는 교수환경은 다음과 같은 교육적 기능을 할 수 있도록 특별히 계획되어야 한다(조윤경 외, 2014).

첫째, 조용한 공간을 포함해야 한다. 특수아동 중에는 시끄러운 환경을 힘들어하는 경우가 있으므로 아동이 혼자 있고 싶을 때 안전하고 편안한 공간을 마련해 주어야 한다.

둘째, 너무 큰 열린 공간은 피한다. 정돈되지 않고 혼돈된 형태의 환경 보다는 카펫이나 테이프, 천장 표시, 가구배치 등으로 활동영역들의 경계를 분명하게 구분한다.

셋째, 방음을 고려해야 한다. 시끄러운 환경은 특수아동들에게 스트레스를 줄뿐만 아니라 주의 집중하는데 방해가 되기도 한다. 따라서, 조용한 영역과 분리하여 배치해야 한다.

넷째, 교재의 전시는 시각적으로 단순해야 한다. 교재와 장난감을 항상 정해진 자리에 배치하고 정돈하는 것이 중요하다. 시각장애가 있는 경우에는 물건을 인식하는데 어려움을 줄 수 있다.

「장애인·노인·임산부 등의 편의증진보장에 관한 법률」 제4조(접근법)에 명시된 바로는 "장애인 등은 인간으로서의 존엄과 가치 및 행복을 추구할 권리를 보장받기 위하여 장애인 등이 아닌 사람들이 이용하는 시설과 설비를 동등하게 이용하고 정보에 자유롭게 접근할 수 있는 권리를 가진다."라고 했다. 따라서, 시설·설비 및 정보에 대한 접근권을 증진시켜야 한다. 이로서 장애가 불이익이 되지 않도록 주의 깊게 환경을 수정·보완함으로 환경의 접근가능성을 보장해야 한다. 특수아동에게 환경의 접근가능성은 아동의 독립성과 자신감을 촉진하고, 환경의 적극적인 탐구를 조장하는 기능을 한다. 특수아동이 접근 가능해야 하는 환경은 실내 환경과 실외환경을 모두 포함하고 실내 환경의 경우에는 자유롭게 돌아다니고 교실 내의 모든 학습자료, 공간, 활동에 접근할 수 있어야 한다. 예로써, 교실 내에 바닥의 높이를 달리하는 공간이 있다면 지체장애 아동이나 휠체어를 타는 아동이 접근할 수 있도록 수정해야 한다.

특히, 장애아전담시설, 장애아통합시설에서는 장애 아동들이 감각들을 잘 수용하고 적응시켜 일상생활, 학습, 놀이에서 즐거움을 찾고 사회적응력을 길러주기 위해 다양한 환경을 설치·설비하고 있다. 특히, 장애아전담 어린이집의 경우에는 물리치료실, 놀이치료실 등 좀 더 작업치료를 할 수 있는 공간이 마련되어 있다. 그러나 장애아전담 어린이집과 통합어린이집의 교실은 어린이집 교실과 다를 바 없이 구성된다. 다음 그림은 교실을 흥미 영역으로 구성해 놓은 것이다.

1) 교실 흥미 영역

장애 아동이 있는 공간에서도 충분히 학습을 고려한 흥미 영역의 교수활동을 준비해 수업이 이루어지도록 계획할 수 있다. 월간, 주간, 일일계획안에 의해 각각의 새로운 주제의 수업이 이루어지도록 환경을 마련하여 영유아의 흥미와 지적 호기심을 증진한다. 다만, 장애 아동이 있는 교실에서는 개별 장애 아동의 특성을 고려하여 환경을 정비할 수 있는데, 예를 들어 시각장애 아동의 경우에는 환경배치를 하고 교구의 자리를 변화시키지 않고 유지하여 아동이 스스로 교구를 찾아서 활용할 수 있도록 환경을 구성할 수 있다. 또한, 지체장애 아동의 경우에는 동선이 복잡하고 얽히지 않도록 넓은 공간에서 흥미 영역을 구성할 수 있다.

그림 8-1 **과학 영역**

그림 8-2 **음률 영역**

그림 8-3 쌓기 영역

그림 8-4 역할 영역

그림 8-5 미술 영역

그림 8-6 수조작 영역

2) 실내·외 놀이터

장애 아동도 바깥활동으로 휴식을 취하거나, 활발한 신체활동을 계획할 수 있는데, 이때 실외 놀이터와 실내 놀이터에서 할 수 있는 신체운동을 각각의 장애 아동별로 계획하여 적절한 활동이 이루어지도록 할 수 있다. 또한, 때때로 교실의 흥미 영역에서도 신체활동을 계획할 수도 있는데, 여건에 따라서, 교실에서도 교구장을 양옆으로 배치하여 주기적으로 신체활동이 이루어지도록 계획할 수 있다.

그림 8-7 **실외 놀이터**

그림 8-8 **실내 놀이터**

3) 계단

장애 아동이 있는 유아교육기관에서는 1층과 2층 사이를 오갈 수 있는 계단과 엘리베이터가 있기 마련인데, 계단에는 양쪽 모두 잡고 올라갈 수 있는 손잡이가 마련되어 있으며, 손잡이 부분에는 점자로 방향표시가 되어 있기도 하다. 또한, 1층에서 활동을 하는 어린 영아나 장애 아동이 계단에서 낙상할 수 있기 때문에 교사의 안내와 보호 없이는 올라가지 않도록 계단에는 작은 문이 비치되어 있다.

또한, 상시 계단을 오르내리거나 이동할 때는 교사의 안내와 보호가 함께 하는 중요한 공간이기도 하다.

4) 화장실

지체장애 아동의 경우 화장실 사용이 불편할 수 있기 때문에 장애 아동을 위한 화장실을 따로 마련하여 휠체어가 갈 수 있도록 문턱이 없고, 화장실 안에서도 이동이 편하도록 넓은 공간이 마련된 화장실이 구비되어 있다. 교사나 부모의 도움이 필요한 경우에는 함께 기다릴 수 있도록 화장실 내부는 넓게 마련되어 있으며, 세면대는 낮게 구성되어 스스로 기본생활습관 중 하나인 손 씻기를 원활히 실행할 수 있도록 환경이 마련되었다. 때로는 세면대가 교실에 함께 있기도 하는데, 이는 교실 안에서 발생할 수 있는 다양한 상황에서 손쉽고, 빠르게 문제를 해결할 수 있도록 돕는 공간으로 사용되고 있다.

그림 8-9 **언어치료실**

그림 8-10 **수중재활운동실**

5) 치료실

치료실은 발달장애 아동을 과학적으로 조기에 발견하거나 진단하여 장애 아동 각각의 능력에 맞는 체계적인 임상적 접근 방법을 실시할 수 있도록 도울 수 있다. 물론, 모든 장애전담어린이집이나 통합어린이집에서 위의 그림에 나오는 다양한 치료실이 있는 것은 아니다. 다만, 각각의 발달장애 아동에 대한 다각적인 기초 연구와 그에 적합한 훈련 및 교육이 이루어질 수 있도록 마련된 곳이다. 추후에 좀 더 다각도로 개발된 치료 교육용 교재 개발이나 발달장애 전문기관 전문가에 대한 임상적 훈련 및 교육이 이루어지거나, 부모교육과 일반인을 위한 공개강좌 등을 실시할 수 있도록 돕는 사회복지의 측면으로 작용할 수 있는 곳이기도 하다.

치료실에서의 치료·교육 내용은 언어치료, 물리치료, 작업치료, 수중재활 등으로 구성되어 있고, 각 아동의 필요에 따라 다학문적 접근방법에 입각한 치료·교육을 실시하며 상호간에 긴밀한 협조 체제를 유지한다.

1. 장애어린이집의 현장 견학에 대한 특징과 느낀 점을 간단하게 작성하시오.

2. 장애어린이집 배치도

CHAPTER 9

개별화교육프로그램

1. 개별화교육프로그램의 특성

개별화교육프로그램이란 각 아동들이 지니는 개인차와 장애로 인한 발달상의 개인차로 인해 단일 교육과정으로는 대상아동의 필요를 충족시킬 수 없는 것을 감안하여 아동의 발달에 적절한 프로그램을 계획하고 시행하는 것을 말한다. 여기서 개별화란 교사와 아동이 일대일로 교육하는 것이 아닌 교육 프로그램을 각 아동에게 맞추어서 작성하는 것을 의미한다(한국장애 영유아통합실천연구회, 2004).

장애 영유아에 대한 전반적인 프로그램을 구성하는 조기 중재의 개별화가족서비스 지원계획((Individualized Family Service Plan: IFSP)과 개별화교육프로그램 (Individualized Education Plan: IEP)의 각 접근법 구성요소에서 차이가 나타난다 (Dunst, Trivette, Deal, 1988).

개별화가족서비스 지원계획(IFSP-Individualized Family Service Plan)은 아동의 성장과 발달을 돕기 위해 가족의 관심과 우선순위와 자원을 포함해야 한다. 서비스 중재자와 다른 팀 구성원들은 가족이 우선적으로 무엇을 필요로 하는지 그리고 아동에게 가장 중요하고 시급한 것이 무엇인지를 확인하고 도와주어야 한다. 즉, 팀 구성원은 가족의 관심, 우선순위, 자원을 발견하고 가족과 아동을 위해 가족과 함께 계획함으로써 가장 적절한 조기 중재 프로그램을 만들 수 있다. 가족 지원 프로그램의 목적은 부모에게 직접적인 서비스를 제공하는 것이 아니라, 가족과 그들의 아동을 돕기 위해 가족들에게 능력을 주고 부모에게 힘을 실어주는 것이다.

IFSP는 첫째, 가족의 자원, 우선순위, 관심에 대한 고려, 둘째, 장애 영유아와 가족의 욕구에 근거한 서비스 목표 설정, 셋째, 다양한 영유아에 대한 서비스들을 총괄하는 사례대표자, 넷째, 가정에서 유치원과 같은 기관교육으로 전이 시 6개월 이전의 계획과 점진적 시행, 다섯째, 자연적 환경인 통합 상황에서의 참여 정도 등을 그 특성으로 한다.

개별화교육프로그램(IEP)은 첫째, 연간 목표인 장기 목적과 4~9주의 목표인 단기 목표의 서술, 둘째, 일반교육 참여도 및 교육적 배치, 셋째, 목표에 대한 평가절차 계획 등을 그 주요 내용으로 한다.

장애 영유아에 대한 교육의 시작이 되는 평가는 아동에 대한 정보를 수집하는 과정으로 아동의 현재발달 수준을 평가하는 목적뿐만 아니라 아동에게 맞는 교육 프로그램을 제공하기 위한 성격을 가지고 있다. 진단 평가로는 영유아의 일과 내 행동을 관찰

표 9-1 **IFSP와 IEP의 구성요소**

개별화가족서비스 지원계획(IFSP)	개별화교육프로그램(IEP)
① 수용할 만한 객관적인 기준을 토대로 한 영유아의 현재 신체·인지·의사소통·사회정서적 발달과 적응기술에 대한 서술 ② 가족이 장애 영유아의 발달을 향상시키기 위해 관련된 가족자원, 우선순위, 관심에 대한 서술 ③ 영유아와 가족을 위해서 성취되어야 할 기대되는 성과, 기준, 절차, 진보의 정보를 결정하고, 필요한 서비스나 목표가 수정되는 시기에 대한 서술 ④ 영유아와 가족의 독특한 욕구에 대처하기 위해 필요한 빈도, 강도, 서비스 전달방법 등을 포함한 조기 중재 서비스에 대한 서술 ⑤ 서비스 시작시기와 지속시기에 대한 예상날짜 ⑥ 계획 실행과 다른 기관 및 사람들과의 협조를 담당하는 사례대표자에 대한 서술 ⑦ 영유아에게 서비스가 적절할 때까지의 전이단계의 지원 ⑧ 자연환경에서 서비스가 제공되는 정도에 대한 서술	① 아동의 학습적인 성취, 사회적 적응, 직업 전 및 직업 기술, 심리운동기술, 자조기술을 포함한 교육수행에 대한 아동의 현 수준 서술 ② 아동의 개별화된 교육 프로그램에 따라 아동이 교육 후에 성취해야 하는 교육적인 수행에 대하 장기 목표 서술 ③ 교육적 수행과 장기 목표 간 측정되는 중간단계인 단기 교수목표에 대한 서술 ④ 아동에게 필요한 교육적 서비스에 대한 서술 • 아동의 독특한 요구에 맞는 모든 특수교과 관련 서비스 및 아동이 참여하는 물리적 교육 프로그램에 대한 형태 포함 • 필요한 특수교육적 매체와 자료 ⑤ 서비스 지속시기와 지속기간에 대한 날짜 ⑥ 아동이 일반교육에 참여하는 정도에 대한 서술 ⑦ 아동의 교육적 배치형태에 대한 명시 ⑧ 개별화프로그램 실행에 책임이 있는 요원들의 이름 ⑨ 객관적인 기준, 평가절차, 장기목적에 따라 결정된 스케줄의 결정, 단기 교수목표의 달성 여부

자료: 조윤경 외(2014)

하고, 일과 적응도를 평가하며, 담임교사와 부모 면담을 통해 가족 관련 정보 수집(가정 방문)을 하여 영유아의 현행 수준에 근거한 장단기 교육 우선 순위를 결정한다. 이러한 교육목표는 가족의 요구와 자원을 반영해야 한다. 그 후에 유아의 개별적인 목표의 일과 내 필요한 교수활동을 선정하게 된다. 예를 들어, 신변처리, 인지, 언어, 대·소근육 기술, 정서 및 사회적 행동의 발달 지원을 할 수 있는 방법을 고려한 후 통합 상황인 경우에는 유아교육과정 수정과 동시에 시행하면 된다. 평가는 영유아의 진보 평가, 영유아에게 적합한 자원 조정, 목표 수정이 이루어진다.

2. 영유아 진단과 평가

평가는 다양한 전략을 사용하는 계속적이고 지속적인 과정이다. 서비스가 제공되기 전 또는 제공되는 동안의 평가는 조기 판별, 종합 평가, 프로그램 계획 및 실시, 프로그램 평가 등의 4단계로 나누어진다.

1) 1단계 : 조기 판별

조기 중재는 최대의 효과를 얻기 위해 서비스가 필요한 영유아를 판별하고 최대한 빨리 적절한 서비스를 제공해야 한다. 조기 판별은 장애 적격성 검사가 필요한지를 알아보는 절차이다. 이러한 절차는 관찰, 가정 방문, 부모 면담, 관련 서류를 통하여 장애아의 행동 특성을 파악하고 본 교재 3장의 영유아의 발달적 문제와 발달검사에서 나온 검사를 통해 판별하게 된다. 조기 판별은 IDEA에 의해 의무화되어 있으며 지정된 주요기관이나 공립학교의 관찰 하에서 이루어진다. 이 단계에서는 아동발견과 선별이 이루어진다. 영유아와 그들의 가족들이 접촉하는 많은 기관들과 연계하여 아동을 발견하고 비공식적

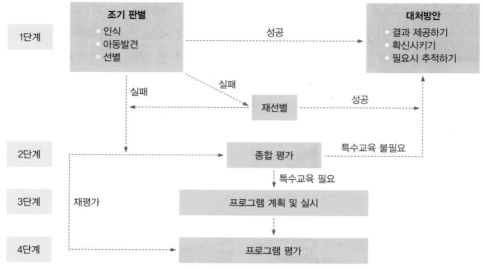

| 1단계 | **조기 판별**
 • 인식
 • 아동발견
 • 선별 | 성공 → | **대처방안**
 • 결과 제공하기
 • 확신시키기
 • 필요시 추적하기 |

재선별

종합 평가

프로그램 계획 및 실시

프로그램 평가

2단계 / 3단계 / 4단계

실패 / 실패 / 성공 / 특수교육 불필요 / 특수교육 필요 / 재평가

자료: Stephen. R. H., Warren Umansky(2011), p.460

그림 9-1 평가의 단계

또는 공식적인 선별과정을 하게 된다. 소아과 의사와 다른 주요 의료 서비스 제공자에게 의학적 진료를 할 수 있는 전문가의 참여는 장애아 조기 판별에 중요하지만, 부모역할은 전문가 참여보다 훨씬 더 중요하다. 조기 중재 과정에서도 가족의 능동적인 참여를 의무화하고 있을 정도이다. 부모는 유아의 주 관찰자로서 자녀의 종합적인 발달에 대한 경험적인 지식을 가지고 있다. 따라서, 부모는 전문가의 임상적 진단을 확인하거나 적어도 토론할 권리가 있다.

2) 2단계 : 종합 평가

종합 평가의 목적은 발달지연의 입증, 장애진단, 중재와 교육서비스의 적합성 판단을 위함이다. 이를 위해서는 발달 영역들을 모두 다룰 수 있는 팀 접근이 이루어져야 하고, 전문가들이 발달 영역 간의 상호관련성을 고려하여 종합 평가를 하게 된다. 또한, 많은 조기 중재 프로그램들은 특수교육 서비스 적합성을 문서화하고 개별화 교육계획(IEP)과 개별화 가족지원 서비스계획(IFSP)을 수립하기 위해서 발달 영역에서 정보를 요구하게 된다. 발달 영역으로는 5개의 중요한 발달 영역이 포함되는데, 이는 4장 사례별 발달 지원 방법에서 말한 바와 같이, 인지, 운동, 의사소통, 사회성 및 놀이, 자조 및 적응기술이 고려된다. 인지기술은 정신발달 및 지적발달과 관련 있는 읽고 쓰는 능력과 초기 수 능력과 같은 학업 전 능력이 포함된다. 운동기술은 근육, 관절, 팔다리의 사용과 관련 있는 대근육운동과 소근육운동능력이 있다. 의사소통기술은 정보를 주고받는 능력으로 수용언어와 표현언어 능력이다. 사회성 및 놀이기술은 영유아가 장난감을 이용하여 사회적 환경 속에서 구체적인 행동들을 서로 교환하는 능력이다. 자조 및 적응기술은 먹기, 옷 입기 등과 같은 일상생활의 필요를 충족하기 위해 독립적으로 수행하는 능력이다.

또한, 개별화 교육계획(IEP)과 개별화 가족지원 서비스계획(IFSP)을 수립하기 위해서는 의학적 정보와 가족정보도 포함된다. 의학적인 정보는 출산 전 검사와 신체검사를 통해서 진단의 정보와 예후정보를 제공받을 수 있다. 의학적 요소들은 영유아의 성장과 발달 과정 및 새로운 기술습득과정에 중요한 영향을 미친다. 그러므로 철저한 의학적 검사와 유전자 검사로 발달을 지원하는데 도움을 줄 수 있다. 이러한 전반적인 측면은 가족과 함께 협력관계를 구축함으로써 더 나은 이해를 얻을 수 있게 된다. 부모는 자신의 아이를 잘 알고 있기에 과거와 현재발달상태에 관한 중요한 세부정보를 잘 제공해 줄 수 있다.

3) 3단계 : 프로그램 계획과 실시

종합 평가는 프로그램 계획과 실시를 위한 토대와 필요조건이 된다. 영유아에 대한 이런 정보들은 교직원, 관련서비스 전문가, 조기 중재자와 가족이 실행계획을 세우는데 이용된다. 평가는 프로그램 계획의 첫 단계에서 고려되어야 하고 실현 가능한 중재 및 발달 과정에 따른 지속적인 과정이어야 한다.

4) 4단계 : 프로그램 평가

프로그램 평가는 영유아의 발달 상태, 중재 계획, 중재 프로그램을 측정하는 평가절차이다. 이 단계에서는 영유아의 편재 발달 수준을 재평가하고, 팀과 가족구성원이 설명한 IEP와 IFSP 목표와 관련한 성장을 점검하면서, 중재프로그램을 수정할 필요가 있는지를 결정하는 것이다. 영유아의 발달이 자신의 연령수준까지 잘 이루어졌다면 서비스를 종료하고, 프로그램의 교육내용을 영유아 발달 촉진을 위해 조정해야 한다면 프로그램을 수정한다.

3. 개별화 보육계획안

1) 장애 영유아에 대한 진단 평가

영유아의 발달에 적절한 다양한 평가도구를 사용해야 한다. 영유아에게 자연스러운 생활환경에서 영유아의 행동을 관찰하고, 부모나 기타 관련 있는 사람과의 상담 등을 통한 정보를 수집한다. 또한, 생태적 평가로서 수행 평가, 발달 및 교육과정 평가의 자연적인 상황에서 부모와의 협력 하에 시행한다. 예를 들어 면담, 일화기록, 가정방문, 일과적응 평가, 주변 환경 평가 등이 있다. 또한, 수행평가로서 영유아가 직접 수행한 과제를 보고 평가하기도 하는데, 영유아의 작품이나 사진, 과제물, 비디오 촬영자료 등을 보고 평가한다. 물론 영유아 발달과 교육과정을 평가하기 위해서는 발달검사가 시행되어서 영유아의 연령에 적합한 발달 수준을 가지고 있는지 평가할 수 있다.

2) 개별화보육계획안의 작성 과정

1단계: 평가를 통해 유아에게 필요한 기술과 활동을 결정한다

표준화 평가도구를 사용하는 대신에 IEP 과정에 참석하는 팀 구성원인 일반 교사, 특수 교사, 부모 등이 일과 중의 활동 및 일상생활과 같은 자연환경에서 평가를 시행한다. 이러한 평가를 통해서 부모를 포함한 팀 구성원은 영유아의 일과 안에서 가르쳐야 할 기능적 기술들을 결정한다. 영유아에게 필요한 여러 목표를 선정할 때는 다음의 IEP 목표 선정 기준에 따를 수 있다.

- 발달 수준에 적합하고 기능적인가?
- 영유아의 관심과 좋아하는 것이며 능력에 따른 목표인가?
- 통합된 환경에 참여를 지원할 수 있는가?
- 영유아의 장애에 대한 낙인을 최소화하는 목표인가?

2단계: 가르쳐야 할 기술이 결정되면 장기 목적을 기술한다

장기 목적은 영유아의 장단점을 고려한 1년간의 교육 방향을 의미한다. 연간 장기 목적을 설정할 때에는 영유아의 과거 성취 정도, 현행수준, 영유아의 선호도, 장기 목적의 실제적인 유용성, 영유아가 필요한 영역에 우선순위, 지도 시에 소요시간 등의 요인들을 고려한다. 장기 목적은 각 교과영역이나 발달 영역마다 포괄적인 문장으로 서술한다. 즉, 영유아의 장단점을 고려하여 1년간의 교육목표를 결정한다. 또한, 장기 목적 달성을 위해 작은 단위로 세분화되는 단기 목표는 구체적이고 측정 가능한 세부목표들로 나누어 작성한다. 즉, 중간단계들을 약 3개월 이내의 교육목표로 나누어 세분화하여 작성한다.

3단계: 장기 목적을 단기 교육목표로 구체화한다

목표행동의 서술에서 구체적인 동사의 선택과 함께, 어떤 조건 하에서 영유아가 그 행동을 수행하는지 구체적인 환경이나 촉진의 유형에서 얼마나 많은 도움을 받는지를 서술하면 된다. 예를 들어 측정 가능한 행동으로서 보거나 들을 수 있는 행동으로 교육목표를 구체화할 수 있다. 즉, 단기 목표행동은 관찰 가능하고 측정 가능한 행동이어야 한다.

그러므로 목표행동을 구체적으로 명시하는 것이 필요하다. 구체적으로 관찰을 기록해야 하는 이유는 영유아를 가르치는데 한 사람 뿐 아니라 여러 사람이 참여할 때 행동의 정확한 서술을 통해서 교수의 일관성을 도모할 수 있기 때문이다.

적절한 동사로는 대답한다, 색칠한다, 완수한다, 그린다, 자른다, 지시될 대로, 모방한다, 잡는다, 쳐다본다, 기록한다, 잡아 올린다, 명명한다, 지적한다, 함께 놓는다, 말한다, 사용한다, 나눈다 등이 있다. 부적절한 동사는 고려한다, 발달시킨다, 격려한다, 증진한다, 연습한다, 이해한다, 소개한다 등의 측정가능한 행동이 아닌 경우가 해당된다.

또한, 단기 목표 서술의 4가지 요소는 누가, 어떤 행동, 어느 수준, 어느 조건인지를 기록하면 된다. 물론 환경적 요소도 서술하면 도움이 된다. 이는 각 영유아의 발달 특성을 고려한 개별적인 발달(IEP) 목표를 성취하기 위해서이다. 따라서, 학급 교육과정의 일반 수정과 특정 수정을 시행 하는 작업과 함께 영유아의 IEP 목표를 일과 내에 삽입하여 반복, 연습시키는 교수 방법이 요구된다. 또한, 삽입교수의 시행은 학급의 교육 활동의 장애 아동 특성을 고려한 수정과 함께 고려되어야 한다.

3) 단기 목표의 학급 내 중재 계획 및 실시

장기목적과 단기 목표를 설정한 후에 일상적인 학급활동 내에서 어떻게 실행할지 구체적인 계획을 세워야 한다. 1단계에서 장애유아의 특성 및 발달(IEP) 목표를 먼저 판별하여 기록하고, 2단계에서는 일과 내에서 IEP 목표를 어디에 삽입하여 교수할 것인지를 수행도표로 작성하여 교수가 가능한 모든 활동을 결정한다. 3단계에서는 일과 내에 IEP 목표들을 학습할 수 있는 기회만 주어서는 목표를 성취하기 어려우므로 적절한 전략을 수립하는 것이 중요하다. 다음 표는 단계별 중재계획 및 실시에 따른 구체적인 예시이다.

(1) 1단계 장애유아의 특성 및 발달(IEP) 목표 판별

이름: A
생년월일: 1999년 12월 11일
검사일: 2005. 3. 20 / 8. 30(만 5세 개월 ● / 만 5세 8개월 ◆)

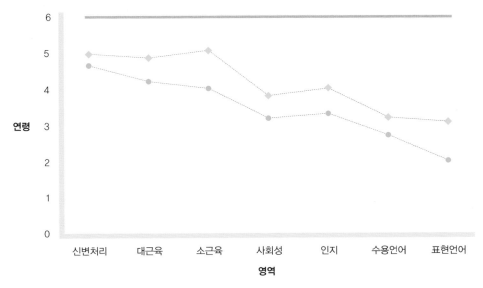

그림 9-2 **진단평가 그래프**

(2) 2단계 수행도표 작성

표 9-3 일과 내 유아 IEP 단기 목표의 예

유아A의 IEP 단기목표	학급활동									
	등원	이야기 나누기	간식	자유 선택 활동1 (수· 조작)	자유 선택 활동2 (언어)	소그룹 활동 (협동 작품)	정리 및 손씻기	점심 식사	대그룹 활동 (체육)	평가 및 귀가
1-1. 음식을 흘리지 않도록 숟가락을 바르게 사용할 수 있다.								∨		

(계속)

유아A의 IEP 단기목표	학급활동									
	등원	이야기 나누기	간식	자유 선택 활동1 (수·조작)	자유 선택 활동2 (언어)	소그룹 활동 (협동 작품)	정리 및 손씻기	점심 식사	대그룹 활동 (체육)	평가 및 귀가
1-2. 요구나 지시를 하였을 때 휴지로 닦을 수 있다.			V				V	V		
2-1. 벽을 잡고 혼자 서서 신발을 신고 벗을 수 있다.	V						V		V	V
2-2. 도움을 받아 목표물까지 뛸 수 있다.									V	
3-1. 시범을 보여주었을 때 가위를 바르게 잡고 선을 따라 오릴 수 있다.					V	V				
3-2. 언어적 도움을 받아 풀, 본드 등을 칠한 후 바르게 붙일 수 있다.					V	V				
3-3. 그림을 보고 따라서 그릴 수 있다.					V					
3-4. 도움을 받아 선 안에 색칠할 수 있다.					V					
4-1. 도움을 받아 또래와 함께하는 활동에 참여할 수 있다.		V	V	V		V	V		V	
4-2. 도움을 받아 상대방에게 자신의 요구를 표현할 수 있다.		V	V	V	V	V	V	V	V	V
5-1. 단서을 주었을 때 자신의 이름을 쓸 수 있다.				V	V	V				
5-2. 도움을 받아 간단한 글자를 쓸 수 있다.					V	V				

(계속)

유아A의 IEP 단기목표	학급활동									
	등원	이야기 나누기	간식	자유 선택 활동1 (수·조작)	자유 선택 활동2 (언어)	소그룹 활동 (협동 작품)	정리 및 손씻기	점심 식사	대그룹 활동 (체육)	평가 및 귀가
6-1. 질문이나 지시를 듣고 촉진을 받아 문장으로 끝까지 말할 수 있다.	V	V	V	V	V	V	V	V	V	V
6-2. 도움을 받아 자신의 경험을 말할 수 있다.	V			V		V	V	V		V

표 9-4 신변처리와 언어에 대한 현행 수준과 목표의 예

발달 영역	현행수준	장기 목표	단기목표	평가 방법	지도 상황	2학기 활동평가
신변 처리	● 혼자서 식사는 가능하나 입을 다물지 않고 음식물을 먹어서 음식물이 밖으로 나오거나 입 주변이 지저분해짐 ● 식사 시 음식물을 흘리고 옷으로 입 주변 음식물을 닦음.	1. 입을 다 물고 음식물을 씹는다. 2. 식사 시 물은 음식물을 휴지로 닦는다. 3. 양치질한 후 입 주변을 깨끗이한다.	1-1. 숟가락과 포크를 바르게 잡고 사용한다. 1-2. 음식물을 입에 넣을 때 스스로 입을 다물고 숟가락 및 포크를 뺀다. 1-3. 스스로 입울 다물고 음식물을 씹는다. 2-1. 입 주변 음식물을 휴지로 닦는다. 2-2. 흘린 음식물을 휴지로 깨끗이 닦는다. 3-1. 식사 후 양치질을 스스로 한다. 3-2. 양치질후 입을 닦는다.	○	식사 지도 시/ 식후 안 될 때만 언어적 촉진을 줌	

(계속)

발달영역	현행수준	장기목표	단기목표	평가방법	지도상황	2학기 활동평가
언어 (수용 및 표현)	● 상대방의 말을 끝까지 집중하여 듣지 못함 ● 간단한 답을 요구하는 지시에 대한 이해는 가능하나 상황에 적절한 말을 하는 데 어려움이 있음 ● '왜, 어떻게'라는 질문을 이해하는 데 어려움이 있음 ● 경험한 일을 말하거나 이야기하는 데 일관성이 없음 ● 요구 표현 문장으로 표현할 수 있음에도 단 단어로로 간단하게 표현함 (예: 화장실에 갈래요-화장실) ● 질문을 하려는 것이 아닌데도 말을 할 때 말끝을 올린다.	1. 지시를 끝까지 듣고 수행할 수 있다. 2. 상황에 적절한 말을 할 수 있다. 3. 경험한 일을 정확하게 말할 수 있다. 4. 스스로 문장으로 말할 수 있다. 5. 자연스럽게 말할 수 있다.	1-1. 한 번에 두 가지 지시를 듣고 수행할 수 있다. 1-2. 질문이나 지시를 끝까지 듣고 스스로 답을 말하거나 수행할 수 있다. 2-1. 책을 읽고 간단한 질문에 스스로 답을 말할 수 있다. 2-2. '어떻게', '왜'라는 질문에 단서를 주었을 때 답을 말할 수 있다. 3. 주말 지낸 이야기를 교사의 도움 없이 스스로 발표할 수 있다. 4. 요구 표현 시 자발적으로 문장으로 말할 수 있다(예: 화장실에 갈래요./화장실에 가고 싶어요.) 5. 질문을 말하거나 대답할 때 스스로 말끝을 자연스럽게 할 수 있다.	O	대그룹 활동이나 자유선택 활동 등 통합상황에서 교사의 질문이나 지시에 대한 수행 시 아동의 반응을 보고 언어적 촉진 및 모델링을 해줌	

O(Observation) 관찰
T(Test) 검사
DW(Drawing) 그리기/직접 수행

표 9-5 행동 특성과 현행 수준 및 IEP 단기 목표의 예

구분		내용
행동특성 및 현행수준		• 자존심이 강하여 수용적인 태도가 부족하고 고집을 부리는 경우가 많음(못 들은 척하거나 말을 하지 않음) • 식사 시 속도가 매우 느리고 입에 다 들어가지 않은 음식을 손으로 만져 얼굴이 지저분해짐. 바른 자세로 식사하기가 유지되지 않음 • 문장으로 의사 표현이 가능하나 목소리가 작고 발음이 불분명하며 말끝을 흐리는 경향이 있음. 질문이나 지시에 자신감 없는 반응을 나타내거나 표현하지 않으려고 함 • 성인에게 자발적인 반응을 보이나 또래에게는 소극적인 태도를 보임 • 두려움이 많고 균형감을 부족하여 계단 이용(하행) 시 불안정함. 서서 신발을 신고 벗는 것이 안 됨 • 목표물을 향해 끝까지 달리기가 안되고 손가락 힘이 약하여 활동 시 시간이 많이 소용됨 • 간단한 글자 읽기와 수세기가 가능하며 1~10까지의 수 개념을 갖고 있으나 쓰기에 대한 표현이 안되고 자신의 이름을 정확하게 쓰지 못함
수정이 필요한 유아의 특성		• 언어표현 시 정확한 표현이 어려움 • 타인의 말을 듣고 적절하게 반응을 보이는 태도가 부족함 • 그림표현 능력 부족하고, 소근육적인 활동의 정확성이 떨어짐 • 자신의 이름을 정확하게 쓰는 연습이 필요함 • 활동 참여 시 소극적인 태도를 보임
IEP 단기 목표	신변 처리	1-1. 음식을 흘리지 않도록 숟가락을 바르게 사용할 수 있다. 1-2. 요구나 지시를 하였을 때 휴지로 닦을 수 있다.
	대근육	2-1. 벽을 잡고 혼자 서서 신발을 신고 벗을 수 있다. 2-2. 도움을 받아 목표물까지 뛸 수 있다.
	소근육	3-1. 시범을 보여주었을 때 가위를 바르게 잡고 선을 따라 오릴 수 있다. 3-2. 언어적 도움을 받아 풀, 본드 등을 칠한 후 바르게 붙일 수 있다. 3-3. 그림을 보고 따라서 그릴 수 있다. 3-4. 도움을 받아 선 안에 색칠할 수 있다.
	사회성	4-1. 도움을 받아 또래와 함께하는 활동에 참여할 수 있다. 4-2. 도움을 받아 상대방에게 자신의 요구를 표현할 수 있다.
	인지	5-1. 단서를 주었을 때 자신의 이름을 쓸 수 있다. 5-2. 도움을 받아 간단한 글자를 쓸 수 있다.
	언어	6-1. 질문이나 지시를 듣고 족진을 받아 문장으로 끝까지 말할 수 있다. 6-2. 도움을 받아 자신의 경험을 말할 수 있다.

(3) 3단계 적절한 전략 수립

교육과정 내의 활동 수정을 고려한 상황에서 IEP 내의 단기 목표를 교수하기 위한 전략을 계획하여 시행한다. 〈그림 9-5〉는 일과 내 IEP 단기 목표 적용을 위한 수정전략 사용의 예이다.

표 9-6 일과 내 IEP 단기 목표 적용을 위한 수정전략 사용의 예

일과	IEP 목표	수정전략	교수방법	또래 훈련
7:30-9:30 등원	2-1 6-1 6-2	성인의 지원	○ 벽 잡고 서서 신발 벗는 모습 보여주기	인사하기
		보이지 않는 지원	○ 누구와 무엇을 타고 왔는지, 날씨가 어떤지 등에 대한 질문 의도적으로 하기	
9:30-10:00 이야기 나누기	4-2 6-1	보이지 않는 지원	○ 말 전달(옆 친구에게 '○○야 안녕')하기 방식으로 출석 및 인사하기 진행	또래 혼자 교구 영역에 놓으려 하기
	4-1 4-2	※ 도우미 짝에게 같이 하자고 요구하기(또래 지원)		
		또래 지원	○ 도우미 역할을 주어 짝과 함께 소개된 새 활동 교구를 영역에 갖다 놓기	
	6-1	※ 등원하여 자료보고 미리 이야기하는 기회 갖기(환경적 지원)		
		환경적 지원	○ 제시한 책에서 나온 개와 같은 그림 찾아 이름 말하도록 벽면에 화보 전시하기	
		활동의 단순화	○ 발음이 쉬운 개의 이름을 보고 말하기	
··· 중략 ···				
1:50-2:00 평가 및 귀가	2-1 4-2 6-1 6-2	※ 친구 이름 불러 수첩 나눠주는 역할주기(환경적 지원)		불러 주는 이름 못 들 은 척하기
		보이지 않는 지원 / 또래 지원	○ 또래의 말을 듣고 모방하여 말하도록 2~3명의 유아 다음에 기회주기 ○ 또래를 보고 따라서 손들기	
		또래 지원	○ 양 옆 친구 보고 인사하기("내일 만나자")	
		성인의 지원	○ 엄마에게 인사하도록 언어적 촉진하기("엄마 다녀오셨어요')	
		보이지 안는 지원	○ 어디에 가는지, 무엇을 타고 가는지, 집에 가서 무엇을 할 건지 등에 대한 질문하기	

4) 개별화가족서비스 지원계획(IFSP) 예시

(1) 1학기 개별화 가족서비스 계획

표 9-7

영역	현행 수준	장기 목표	평가
신체·건강	• 걷고 달릴 수 있으나 안정된 걸음걸이가 아님 • 균형 감각이 많이 부족하고 겁이 많음 • 밥이랑 반찬을 국에 말아 먹음	• 혼자서 난간을 잡고 계단을 올라갈 수 있음 • 도움을 받지 않고 식사도구를 사용하여 밥, 국, 반찬을 먹을 수 있음	
사회관계	• 시간 맞추어 빈 통을 대주면 소변을 볼 수 있고 힘 줄때 화장실에 데려가면 배변을 봄 • 인사는 잘하나 때와 장소, 대상에 맞게 하지 않음 • 그룹 활동 시 이탈함	• 정해진 시간에 화장실에서 혼자 옷을 내리고 소변을 볼 수 있음 • 그룹 활동 시 10분 이상 이탈하지 않고 활동에 참여할 수 있음	
예술 경험	• 알고 있는 동요가 나오면 알고 있는 소절을 따라 부를 수 있음 • 북, 피아노, 나팔 등의 악기놀이를 좋아함 • 미술활동(그리기, 색칠 등)은 어려워 함	• 미술활동에 즐거운 마음으로 참여할 수 있음 • 알고 있는 노래를 들었을 때 노래 속 율동을 1가지 이상 흉내낼 수 있음	
의사소통	• 간단한 지시 따르기가 가능함 • 자기 이름과 가족호칭을 알고 말할 수 있음 • 자신의 감정, 요구를 말할 수 있음	• 한 그림에 담긴 여러 가지 내용들을 종류에 관계없이 나열식으로 이야기할 수 있음	
자연 탐구	• 신체 부위를 알고 가리킬 수 있음 • 색 변별이나 높낮이 구분에 대한 두려움이 있고 공간 개념이 현저히 떨어짐	• 엄마 전화번호를 말할 수 있음 • 그림 속 사물의 위치의 위, 아래를 이해할 수 있음	

(2) 월별 개별화 가족서비스 계획

표 9-8

영역	교육 목표	교육 활동 내용	평가
신체·건강	밥과 반찬을 섞지 않고 밥은 숟가락으로 반찬은 포크로 먹을 수 있다.	◦ 작게 잘린 반찬을 포크로 찍어 건네주면 거부하지 않고 받아먹기 ◦ 교사의 언어적 촉진을 받아 숟가락으로 밥을 먹은 후 반찬이 찍힌 포크 집어 반찬 먹기	
사회관계	정해진 시간에 화장실에서 소변을 볼 수 있다.	◦ 정해진 시간에 간이 소변 통(음료수병)을 대 주면 통 안에 소변 보기 ◦ 정해진 시간에 "쉬하자."라고 말했을 때 화장실 앞으로 가기 ◦ 정해진 시간에 화장실 안에서 교사가 "쉬하자"라고 말하면 화장실 안 영아용 변기통 앞으로 와서 교사의 신체적 촉구 받아 소변 보기	
예술 경험	교사와 함께 자리를 이탈하지 않고 미술활동에 참여할 수 있다.	◦ 교사와 함께 전지 위에 크레파스로 긁적이기 ◦ 교사와 함께 바닥에 앉아 천사점토 주물러 보기 ◦ 교사와 함께 친구 옆에 앉아 신문지 찢기 ◦ 교사와 함께 쌀통 안에 파스텔 가루 넣고 흔들어 색깔 입히기	
의사소통	친구 이름을 부르며 인사할 수 있다.	◦ 친구 지적하기 ◦ 친구 이름을 말하면 친구 찾아 앞에 가기 ◦ 교사의 언어적 신체적 촉진을 받아 친구 이름 부르며 인사하기 ◦ "○○한테 인사할까?"라고 말하면 교사의 신체적 촉진을 받지 않고도 ○○한테 가서 "○○야, 안녕."이라고 말하기	
자연 탐구	건네주는 것을 신체 위(머리, 등, 배, 엉덩이 등)에 올려놓을 수 있다.	◦ 교사의 언어적 신체적 촉진을 받아 타인의 신체 위에 책 올리기 ◦ 교사의 언어적 촉진을 받아 타인의 신체 위에 책을 올리기 ◦ 교사의 지시를 들으면 도움 없이도 타인의 신체 위에 책을 올리기	

4. 효과적인 IEP 시행을 위한 가정연계활동

장애 영유아가 학급에서 진행될 주제에 대해 흥미와 관심을 갖기 위해서는 일반 유아를 대상으로 계획한 활동만으로는 어려움이 따른다. 그러므로 가정연계활동을 통해서 일반 교사와 특수교사 및 부모는 함께 한 주 동안의 활동과 흐름을 이야기하고 주제에 대한 장애 영유아의 관심과 흥미 유발을 위한 다양한 활동들에 대한 정보를 나누어야 한다. 새로운 활동을 소개하고 활동과 관련된 자료를 부모가 스스로 찾고 적용해 볼 수 있도록 관련 자료에 대한 정보도 함께 제시할 수 있다. 유아의 IEP 목표를 근거로 하여 학급 활동의 내용과 활동방법을 수정하여 가정에 보내어 가정에서 부모와 함께 미리 경험하게 하는 방법적 접근이 필요하다(조윤경, 홍은주, 2005). 조윤경 외(2014)에 의한 가정연계활동 작성 과정은 〈그림 9-6〉과 같다.

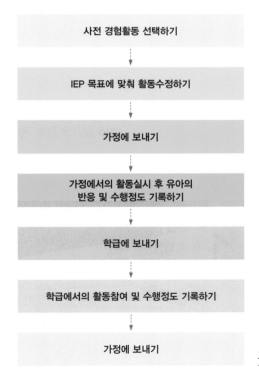

그림 9-6 가정연계활동 작성 과정

토 론 주 제

1. 한 아동을 선정해서 개별화교육프로그램의 각 단계를 시행해 보고 발표해 보시오.

    1단계 : 평가를 통해 아동에게 필요한 기술과 활동 결정하기

2단계 : 가르쳐야 할 기술이 결정되면 장기 목적을 기술하기

3단계 : 장기 목적을 단기 교육목표로 구체화하기

PART 4

영유아 발달을 돕는 상담과 전문가 협력하기

CHAPTER 10

아동 발달과 상담

1. 아동상담의 정의와 원인

상담(counselling)이란 용어는 라틴어(consulere)로 '고려하다, 반성하다, 숙고하다, 조언을 받는다'라는 의미다. 또한, 상담(相談)이란 한자로 문제를 해결하거나 궁금증을 풀기 위하여 서로 의논한다는 뜻을 가지고 있다. 이장호(2005)는 도움이 필요한 사람이 전문적 훈련을 받은 사람과의 관계에서 자기의 생활과정상의 문제를 해결하고 사고, 감정, 행동 측면의 인간적 성장을 위해 노력하는 과정이라고 했다. 이동렬과 박성희(2003)는 상담자와 내담자가 면대면의 전문적인 관계를 맺음으로써 내담자가 문제를 해결하거나 환경에 유능하게 대처할 수 있는 새로운 행동을 익히는 체계적인 활동이라고 했다. 또한, 김춘경(2012)은 도움을 필요로 하는 사람과 도움을 줄 수 있는 사람 사이의 개별적 관계를 통해 내담자의 문제해결과 성장 발달을 위한 새로운 학습이 이루어지는 과정이라고 했다. 문혁준 외(2014)는 도움을 필요로 하는 자와 도움을 제공하는 자의 관계에 기초하여 내담자의 문제해결 및 변화와 성장을 목적으로 하는 조력과정이라고 했다. 즉, 상담이란 상담자가 도움을 필요로 하는 사람에게 전문적 지식과 다양한 방법을 가지고 내담자 영유아 자신과 환경에 대한 이해를 도우며, 적절하고 현실적이며 효율적인 행동양식을 증진할 수 있도록 지원하는 활동이다.

특히, 아동상담이란 아동들이 경험하는 문제들은 주로 발달 과정상에 겪게 되는 과도기적 문제에 직면했을 때 적절한 정보를 적합한 방식으로 제공하는 것이다. 이러한 상담의 원리는 내담자의 모든 행동에 나름대로 이유와 목적 혹은 긍정적인 의도가 있다는 가정이 필요하다. 상담으로 인한 내담자의 반응은 즉각적인 반응이 있고, 지연된 반응도 있기에 내담자가 처음 제시한 피상적인 문제만을 성급하게 다루지 말고 그 이야기를 하는 의미와 상담 중에 나타나는 행동(거짓말, 침묵, 지향, 전이 등)의 의미 등도 함께 다루어야 한다는 것이다. 또한, 내담자와 상담자와의 관계는 인격 대 인격의 만남이며 동등한 관계이므로 지시, 충고나 질문 등 해결사나 권위자로서의 역할보다는 내담자를 인격체로서 문제해결의 능력이 있는 존재로 존중해야 하고, 행동 선택의 권리가 내담자에게 있다는 것을 명심해야 한다(Carkhuff, R. R. and Berenson, B. G. Beyond Counseling and Therapy. New York: Holt, Rinehart & Winston, 1967).

상담 또는 의사소통에 있어서 핵심이 되는 8가지 기법(Carkuff, 1967)이 있는데, 먼저 온정은 내담자에 대한 관심과 배려하는 마음을 전달하는 것이고, 공감은 내담자의 입장에서 그의 문제를 이해하는 것이며, 존중은 내담자의 인간적 능력, 선택을 존중하는 것이다. 또한, 구체적 반응은 내용의 핵심에 대해 구체적으로 반응하는 것이고, 진솔성은 상담자가 느낌과 생각을 진술하고 솔직한 태도로 나타내 보이는 것이고, 자기노출은 상담자로서 독특하고 구체적인 감정, 태도, 경험을 공개하는 것이며, 직면은 내담자가 이야기한 내용과 실제 행동 사이의 불일치, 내담자의 애매한 말 등을 솔직하게 지적하는 것이다. 또한, 관계의 즉시성은 지금 여기에서 두 사람 간에 일어나고 있는 일에 대해 민감하고 직접적으로 반응하는 것으로 상담이 이루어져야 한다.

오늘날 사회는 성적 위주의 학교교육과 가정해체의 위기 속에서 아동들의 정신건강이 크게 위협받고 있다. 최근 뉴스에서는 약물남용, 가출, 성매매, 자살, 교내폭력, 집단따돌림 등이 등장함으로써 아동문제의 심각성은 사회적 관심을 증폭 하고 있는 실정이다. 아동문제의 예방과 해결뿐만 아니라 이들의 건전한 성장과 발달을 도모하가 위해서는 조기에 적절한 상담을 통한 개입이 이루어져야 한다. 아동상담을 통해 소통할 기회를 얻게 된 아동들에게 올바른 이성과 감성으로 사회를 살아가는 인성 있는 아동으로 성장할 수 있도록 도울 수 있다.

이렇듯 상담은 인간의 병리적 측면보다는 건설적이고 건강한 면을 강조하며 관계형성과 의사소통을 통해 내담자의 힘을 북돋는 데 초점을 둔다(문혁준 외, 2014).

2. 아동상담의 유형

아동상담에는 크게 지시적 상담과 비지시적 상담이 있는데, 지시적 상담은 행동치료, 인지치료, 단기치료, 문제해결치료 등에서 사용하는 것으로 상담자가 강조된다. 즉, 상담자가 아동을 이끌어서 하는 상담방식이다. 아동의 협력을 구해 상담자가 아동의 문제를 발견하고 진단하며 치료하는 것으로 상담자가 주체가 된다. 비지시적 상담은 주로 불안, 우울, 위축 등 심리적 문제를 가진 아동상담으로 아동의 자아실현을 위한 동기나 능력을 강조하며 문제해결 및 자아성장을 향한 능력을 신뢰한다. 이러한 아동상담의 방법적 치료유형은 다음과 같다.

1) 놀이치료

놀이치료는 아동상담에서 언어를 통한 상담이 갖는 한계를 극복하는데 많은 기여를 했다. 놀이를 통해서 쉽게 마음의 문을 열어서 치료자와 관계를 맺을 수 있고, 아동이 크게 의식화하지 않아도 놀이 자체의 힘에 의해서 무의식에서 치유가 된다. 또한, 어떤 부정적인 감정도 안전하게 놀이를 통해 표현할 수 있다.

　이러한 놀이치료는 영유아들이 일반적으로 좋아하고 가지고 놀고 싶어하는 장난감, 게임, 꼭두각시 인형 및 기타의 놀이도구를 사용하는 것이 특징이다. 이처럼 놀이치료를 하면서 영유아들은 관계형성의 도구를 이해하고, 불안이나 방어가 감소되며, 특정한 감정이 노출된다. 놀이 치료는 정신분석학 이론과 인간 중심 사건에 발전을 가져왔다.

2) 미술치료

미술치료는 환자의 무의식 세계에 초점을 두어 치료한다. 놀이치료와 마찬가지로 미술치료도 아동에게 매력적이고 재미있는 치료적 분위기를 제공 한다. 영유아가 표현한 작품

속에서 무의식, 치환, 투사 등이 나타난다. 미술재료를 사용하여 영유아의 무의식이 점진적으로 드러나는데, 이로써 영유아의 자아를 북돋아주고 고양시킬 수 있다.

3) 음악치료

음악치료는 음악과 관련된 활동들을 사용하여 영유아의 행동을 긍정적으로 변화 시키는 것을 뜻한다. 음악치료활동에는 듣기, 부르기, 움직이기, 악기다루기, 창작하기가 있다. 일반적인 치료단계는 초기에 상담목표를 정하면서 친숙해지고, 중간에 악기를 사용하며, 종결 시에는 활동에 대한 이야기와 더불어 속에 담아놓았던 이야기를 할 수 있다.

4) 독서치료

독서치료의 교육적 목적은 영유아들이 사고를 표현하고 내면에 접근하여 자기인식을 가져오게 하는 것이다. 독자는 다른 사람의 문제로 자신 깨달음으로서 선택하게 된다. 재료활동으로서는 자서전, 생활선, 유언이나 편지쓰기, 일기쓰기 등이 있다.

5) 행동주의 상담치료

행동주의 상담치료는 1913년 존스홉킨스대학교의 왓슨(Watson)이 시작한 것으로, 영유아의 문제행동을 분석하고 도움을 줄 수 있는 전략을 세워서 체계적으로 조직하고 계획하며 아동의 특정행동목표를 알 수 있다는 특징이 있다. 일상생활에서의 영유아 행동을 기록하거나 실시하도록 강조한다.

6) 이완치료

이완치료는 영유아들이 느꼈을 일상 속 경험, 긴장, 압력을 일시에 제거하는 것이다. 장점으로는 자기 통제를 할 수 있고, 신체적·정신적 피로나 불안을 해소한다. 따라서, 상담자는 아동에게 상담과정 준비시키고 아동의 불안을 방어하며 저항을 줄일 수 있다.

3. 아동상담의 윤리와 법적조항

1) 아동상담의 윤리

모든 전문직은 전문지식과 훈련을 필요로 하고, 그 결과가 미치는 영향이 크기 때문에 직업윤리는 중요하다. 미국에서 상담자의 윤리적 문제는 상담협회, 심리협회, 사회사업가협회의 윤리기준에 기초하여 평가되며 관리된다. 우리나라도 상담관련 학회를 중심으로 윤리강령을 마련하고 있다. 그러나 윤리적 기준이 있다고 해서 모든 해결책이 되지는 않

표 10-1 **윤리강령의 구성요소**

ACA(미국상담협회)	APA(미국심리협회)	한국상담심리학회
상담관계 비밀노트 전문적 책임 다른 전문가들과의 관계 평가, 요구조사, 해석 교수, 훈련 그리고 감독 연구와 출판 윤리적 논제 결정	일반규범 감정, 평가 및 중재 광고 및 기타 공적 진술 치료 사생활과 비밀보호 교육, 훈련, 지도, 감독, 연구, 발표 법정 활동 윤리문제 해결	전문가의 태도 사회적 책임 인간 권리와 존엄성에 대한 존중 상담관계 정보의 비밀 상담연구 심리검사 윤리문제 해결

자료: 최원호(2008)

는다. 다양한 요소에 의해 영향을 받기에 정답이 없다. 윤리강령의 구성요소를 살펴보면 〈표 10-1〉과 같다.

심리상담 전문가 윤리강령으로 한국 상담심리치료학회(2015)에서 언급한 항목은 다음과 같다.

(1) 사회관계

- 상담자는 자기가 속한 기관의 목적 및 방침에 모순되지 않는 활동을 할 책임이 있다. 만일 그의 전문적 활동이 소속기관의 목적과 모순되고, 윤리적 행동기준에 관하여 직무수행 과정에서의 갈등을 해소할 수 없을 경우에는 그 소속 기관과의 관계를 종결해야 한다.
- 상담자는 사회윤리 및 자기가 속한 지역사회의 도덕적 기준을 존중하며, 사회공익과 자기가 종사하는 전문직의 올바른 이익을 위하여 최선을 다한다.
- 상담자는 자기가 실제로 갖추고 있는 자격 및 경험의 수준을 벗어나는 인상을 타인에게 주어서는 안 되며, 타인이 실제와 다른 인식을 가지고 있을 경우 이를 시정해줄 책임이 있다.

(2) 정보의 보호

- 상담자는 사생활과 비밀유지에 대한 내담자의 권리를 최대한 존중해야 할 의무가 있다.
- 상담자는 내담자에 대한 상담 기록 및 보관을 윤리 규준에 따라 시행한다. 또한, 상담자는 녹음 및 기록에 관해 내담자의 동의를 구해야 한다.
- 상담자는 아래와 같은 내담자 개인 및 사회에 임박한 위험이 있다고 판단될 때 매우 조심스러운 고려 후에, 내담자에 관한 정보를 적정한 전문인 혹은 사회 당국에 제공한다. 이런 경우 상담 시작 전에 이러한 비밀보호의 한계를 알려준다.
  ① 내담자의 생명이나 사회의 안전을 위협하는 경우
  ② 내담자가 감염성이 있는 치명적인 질병이 있다는 확실한 정보를 가졌을 경우
  ③ 법적으로 정보의 공개가 요구되는 경우
- 상담자는 내담자에 대한 정보를 동료상담자 혹은 슈퍼바이저에게 제공할 경우 사실적이고 객관적인 정보로 구성하며, 내담자의 구체적 신분에 대해 파악할 수 없도록 할

책임이 있다. 더 많은 사항을 밝히기 위해서는 사적인 정보의 공개에 앞서 내담자에게 알린다.

- 내담자에 관한 정보를 교육 및 연구의 목적으로 사용할 경우에는 내담자와 합의를 거쳐야 하며, 그의 신분이 전혀 노출되지 않도록 해야 한다.

(3) 내담자의 복지

- 상담자는 상담활동의 과정에서 소속 기관 및 비전문인과의 갈등이 있을 경우, 내담자의 복지를 우선적으로 고려하고 자신의 전문적 집단의 이익은 부차적인 것으로 간주한다.
- 내담자에게 적절한 전문적인 도움을 주는 것이 어렵다고 판단되면 상담자는 상담관계를 시작하지 말아야 하며, 이미 시작된 상담관계인 경우는 즉시 종결해야 한다. 이 경우 상담자는 내담자에게 적절한 다른 대안을 제시해 주어야 한다.
- 상담자는 상담의 목적에 위배되지 않는 경우에 한하여 검사를 실시하거나 내담자 이외의 관련 인물을 면접한다.

(4) 상담관계

- 상담자는 내담자와의 친밀한 관계를 인식하고, 내담자에 대한 존중감을 유지하며 내담자를 이용하여 상담자 개인의 필요를 충족하고자 하는 활동 및 행동을 해서는 안 된다.
- 상담자는 상담 전에 상담관계에 영향을 줄 수 있는 상담의 목표, 기술, 규칙, 한계 등에 관해서 내담자에게 알려주어야 한다.
- 상담자는 객관성과 전문적인 판단에 영향을 미칠 수 있는 이중 관계를 피해야 한다. 단, 내담자의 복지를 위해 상담자와 내담자가 사전 동의를 한 경우와 그에 대한 자문이나 감독이 병행될 때는 상담관계를 맺을 수도 있다.
- 상담자는 내담자와 어떤 형태의 성적 관계도 가져서는 안 된다. 상담자는 내담자와 성적 관계를 맺었거나 유지하는 경우 상담관계를 형성해서는 안 된다. 특히 상담관계가 종결된 이후에도 최소 2년 내에는 내담자와 성적 관계를 맺지 않는다.

(5) 상담연구

상담연구자는 연구의 결과가 상담의 이론과 실제에 바람직한 기여를 하도록 노력해야 하고, 연구로 인한 문제에 대해 책임을 져야 한다.

- 상담연구자는 피험자에게 연구의 필요성을 포함하여 연구에 관한 전반적인 사항에 대해 상세히 설명하여 동의를 얻어야 하며, 그들이 자발적으로 연구에 참여하도록 해야 한다.
- 연구결과를 발표할 때에는 그 결과와 관련된 모든 정보를 정확하게 서술해야 하며, 객관적이고 공정한 발표가 되게 하고, 연구결과가 다른 상담자의 연구를 위한 자료가 될 수 있도록 해야 한다.

(6) 심리검사

- 상담자는 내담자의 환경(사회적, 문화적, 상황적 특성 등)과 개별적 특성을 고려한 후, 내담자를 조력하기 위한 목적에 적합한 심리검사를 선택해야 한다.
- 심리검사를 실시할 때에는 자격이 있는 사람이 표준화된 절차에 따라 실시해야 하며, 그 과정을 경시해서는 안 된다.
- 상담자는 내담자에게 심리검사 결과를 수치만을 알리거나 제3자에게 알리는 등 검사결과가 잘못 통지되지 않도록 해야 한다.

(7) 타 전문직과의 관계

- 상담자는 상호 합의한 경우를 제외하고는 타 전문인으로부터 도움을 받고 있는 내담자를 대상으로 상담을 하지 않는다. 공동으로 도움을 줄 경우에는 타 전문인과의 관계와 조건에 관하여 분명히 할 필요가 있다.
- 상담자는 자기가 아는 전문·비전문인의 윤리적 행동에 관하여 중대한 의문을 발견했을 경우, 그러한 상황을 시정하는 노력을 할 책임이 있다.
- 상담자는 자신의 전문적 자격이 타 전문 분야에서 오용되는 것에 적절하게 대처하며, 자신의 이익을 위해 타 전문직을 손상시키는 언어 및 행동을 삼간다.

(8) 윤리문제 해결

- 상담자는 본 윤리강령 및 시행세칙을 숙지하고 이를 실천할 의무가 있다.
- 상담자는 본 학회의 윤리 강령뿐만 아니라 상담관련 타 전문기관의 윤리 규준에 대해서도 충분히 이해하고 있어야 한다. 상담자에게 주어진 윤리적 책임에 대한 지식의 결여와 이해 부족이 상담자의 비윤리적 행위에 대한 면책사유가 되지 않는다.
- 상담자가 윤리적인 문제에서 의구심을 유발하는 근거가 있을 때, 윤리위원회는 본 윤리강령 및 시행세칙에 따라 적절한 조치를 취할 수 있다.
- 상담자는 윤리강령을 위반한 것으로 지목되는 사람에 대해 윤리위원회의 조사, 요청, 소송절차에 협력한다. 또한, 자신이 연루된 사안의 조사에도 적극 협력해야 한다. 아울러 윤리문제에 대한 불만접수로부터 불만사항 처리가 완료될 때 까지 본 학회와 윤리위원회에 협력하지 않는 것 자체가 본 윤리강령의 위반이며, 위반 시 징계 등 상응하는 조치를 취할 수 있다.

2) 아동상담 관련 법적조항

2016년 아동복지법에서 아동상담 관련 법적조항은 다음과 같다.

아동복지법

[시행 2016.9.23.] [법률 제14085호, 2016.3.22., 일부개정]

제3조 (정의)

11. "아동복지시설 종사자"란 아동복지시설에서 아동의 상담·지도·치료·양육, 그 밖에 아동의 복지에 관한 업무를 담당하는 사람을 말한다.

제13조 (아동복지전담공무원)

② 전담공무원은 「사회복지사업법」 제11조에 따른 사회복지사의 자격을 가진 사람으로 하고 그 임용 등에 필요한 사항은 해당 시·도 및 시·군·구의 조례로 정한다.

③ 전담공무원은 아동에 대한 상담 및 보호조치, 가정환경에 대한 조사, 아동복지시설에 대한 지도·감독, 아동범죄 예방을 위한 현장 확인 및 지도·감독 등 지역 단위에서 아동의 복지증진을 위한 업무를 수행한다.

④ 관계 행정기관, 아동복지시설 및 아동복지단체(아동의 권리를 보장하고 복지증진을 목적으로 설립된 기관 및 단체를 말한다. 이하 같다)를 설치·운영하는 자는 전담공무원이 협조를 요청하는 경우 정당한 사유가 없는 한 이에 따라야 한다. 〈개정 2016.3.22.〉

제15조 (보호조치)

① 시·도지사 또는 시장·군수·구청장은 그 관할 구역에서 보호대상아동을 발견하거나 보호자의 의뢰를 받은 때에는 아동의 최상의 이익을 위하여 대통령령으로 정하는 바에 따라 다음 각 호에 해당하는 보호조치를 해야 한다. 〈개정 2014.1.28.〉

1. 전담공무원 또는 아동위원에게 보호대상아동 또는 그 보호자에 대한 상담·지도를 수행하게 하는 것

4. 보호대상아동을 그 보호조치에 적합한 아동복지시설에 입소시키는 것

5. 약물 및 알콜 중독, 정서·행동·발달 장애, 성폭력·아동학대 피해 등으로 특수한 치료나 요양 등의 보호를 필요로 하는 아동을 전문치료기관 또는 요양소에 입원 또는 입소시키는 것

② 시·도지사 또는 시장·군수·구청장은 제1항 제1호 및 제2호의 보호조치가 적합하지 아니한 보호대상아동에 대하여 제1항 제3호부터 제6호까지의 보호조치를 할 수 있다. 이 경우 제1항 제3호부터 제5호까지의 보호조치를 하기 전에 보호대상아동에 대한 상담, 건강검진, 심리검사 및 가정환경에 대한 조사를 실시해야 한다. 〈개정 2016.3.22.〉

③ 시·도지사 또는 시장·군수·구청장은 제1항에 따른 보호조치를 하려는 경우 보호대상아동의 개별 보호·관리 계획을 세워 보호해야 하며, 그 계획을 수립할 때 해당 보호대상아동의 보호자를 참여시킬 수 있다. 〈신설 2016.3.22.〉

④ 시·도지사 또는 시장·군수·구청장은 제1항 제3호부터 제6호까지의 보호조치를 함에 있어서 해당 보호대상아동의 의사를 존중해야 하며, 보호자가 있을 때에

는 그 의견을 들어야 한다. 다만, 아동의 보호자가 「아동학대범죄의 처벌 등에 관한 특례법」 제2조 제5호의 아동학대행위자인 경우에는 그러하지 아니하다. 〈개정 2014.1.28., 2016.3.22.〉

⑤ 시·도지사 또는 시장·군수·구청장은 제1항 제3호부터 제6호까지의 보호조치를 할 때까지 필요하면 제52조 제1항 제2호에 따른 아동일시보호시설에 보호대상아동을 입소시켜 보호하거나, 적합한 위탁가정 또는 적당하다고 인정하는 자에게 일시 위탁하여 보호하게 할 수 있다. 이 경우 보호기간 동안 보호대상아동에 대한 상담, 건강검진, 심리검사 및 가정환경에 대한 조사를 실시하고 그 결과를 보호조치 시에 고려해야 한다. 〈개정 2016.3.22.〉

⑥ 시·도지사 또는 시장·군수·구청장은 그 관할 구역에서 약물 및 알콜 중독, 정서·행동·발달 장애 등의 문제를 일으킬 가능성이 있는 아동의 가정에 대하여 예방차원의 적절한 조치를 강구해야 한다. 〈개정 2016.3.22.〉

⑦ 누구든지 제1항에 따른 보호조치와 관련하여 그 대상이 되는 아동복지시설의 종사자를 신체적·정신적으로 위협하는 행위를 하여서는 아니 된다. 〈개정 2016.3.22.〉

⑧ 시·도지사 또는 시장·군수·구청장은 아동의 가정위탁보호를 희망하는 사람에 대하여 범죄경력을 확인해야 한다. 이 경우 본인의 동의를 받아 관계 기관의 장에게 범죄의 경력 조회를 요청해야 한다. 〈개정 2016.3.22.〉

⑨ 가정위탁지원센터의 장은 위탁아동, 가정위탁보호를 희망하는 사람, 위탁아동의 부모 등의 신원확인 등의 조치를 시·도지사 또는 시장·군수·구청장에게 협조 요청할 수 있으며, 요청을 받은 시·도지사 또는 시장·군수·구청장은 정당한 사유가 없는 한 이에 응해야 한다. 〈개정 2016.3.22.〉

⑩ 제2항 및 제5항에 따른 상담, 건강검진, 심리검사 및 가정환경에 대한 조사, 제8항에 따른 범죄경력 조회 및 제9항에 따른 신원확인의 요청 절차·범위 등에 필요한 사항은 대통령령으로 정한다. 〈개정 2016.3.22.〉

[시행일 : 2018.3.23.] 제15조

제15조의2(사회보장정보시스템의 이용)

시·도지사 또는 시장·군수·구청장은 「사회보장기본법」 제37조제2항에 따라 설치된 사회보장정보시스템을 이용하여 제15조에 따른 보호대상아동에 대한 상담, 건강검진, 심리검사, 가정환경에 대한 조사 및 개별 보호·관리 계획 등 보호조치에 필요한 정보를 관리해야 한다.

[본조신설 2016.3.22.]

[시행일 : 2019.3.23.] 제15조의2

제29조2 (아동학대행위자에 대한 상담·교육 등의 권고)

아동보호전문기관의 장은 아동학대행위자에 대하여 상담·교육 및 심리적 치료 등 필요한 지원을 받을 것을 권고할 수 있다. 이 경우 아동학대행위자는 정당한 사유가 없으면 상담·교육 및 심리적 치료 등에 성실히 참여해야 한다. 〈개정 2016.3.22.〉 [본조신설 2014.1.28.]

제36조 (보건소)

1. 아동의 전염병 예방조치
2. 아동의 건강상담, 신체검사와 보건위생에 관한 지도
3. 아동의 영양개선

제46조 (아동보호전문기관의 업무)

① 중앙아동보호전문기관은 다음 각 호의 업무를 수행한다. 〈개정 2014.1.28.〉

　5. 상담원 직무교육, 아동학대예방 관련 교육 및 홍보

② 지역아동보호전문기관은 다음 각 호의 업무를 수행한다. 〈개정 2014.1.28., 2016.3.22.〉

　2. 피해아동 상담·조사를 위한 진술녹화실 설치·운영

　3. 피해아동, 피해아동의 가족 및 아동학대행위자를 위한 상담·치료 및 교육

제49조 (가정위탁지원센터의 업무)

① 중앙가정위탁지원센터는 다음 각 호의 업무를 수행한다.

　5. 상담원에 대한 교육 등 가정위탁에 관한 교육 및 홍보

② 지역가정위탁지원센터는 다음 각 호의 업무를 수행한다.

    2. 가정위탁을 하고자 하는 가정에 대한 조사 및 가정위탁 대상 아동에 대한 상담

제52조 (아동복지시설의 종류)

① 아동복지시설의 종류는 다음과 같다. 〈개정 2016.3.22.〉

    6. 아동상담소: 아동과 그 가족의 문제에 관한 상담, 치료, 예방 및 연구 등을 목적으로 하는 시설

    7. 아동전용시설: 어린이공원, 어린이놀이터, 아동회관, 체육·연극·영화·과학실험전시 시설, 아동휴게숙박시설, 야영장 등 아동에게 건전한 놀이·오락, 그 밖의 각종 편의를 제공하여 심신의 건강유지와 복지증진에 필요한 서비스를 제공하는 것을 목적으로 하는 시설

② 제1항에 따른 아동복지시설은 통합하여 설치할 수 있다.

③ 제1항에 따른 아동복지시설은 각 시설 고유의 목적 사업을 해치지 아니하고 각 시설별 설치기준 및 운영기준을 충족하는 경우 다음 각 호의 사업을 추가로 실시할 수 있다.

    1. 아동가정지원사업: 지역사회아동의 건전한 발달을 위하여 아동, 가정, 지역주민에게 상담, 조언 및 정보를 제공하여 주는 사업

    3. 아동전문상담사업: 학교부적응아동 등을 대상으로 올바른 인격형성을 위한 상담, 치료 및 학교폭력예방을 실시하는 사업

4. 아동상담자의 자세와 자질

아동상담을 할 경우에는 영유아가 육체적, 심리적으로 안정한 장소를 택하고 친구와 같은 신뢰감을 인식시키며, 처음에는 낯선 상황에 안정감을 가지기 위해서 부모와 함께 할

수 있다. 또한, 영유아가 동의서에 적은 내용과 상담 중 일어난 모든 상황에 대해 비밀약속을 지켜야 한다. 상담 중에는 아동의 눈높이를 맞추어 주면서 어려운 단어보다는 쉽고 편한 용어를 사용하여 단어를 이해하기 쉽도록 할 수 있다. 자유로운 행동 속에서 자유를 느낄 수 있도록 여러 가지 간단한 게임을 함께 진행하여 아동의 눈높이에 맞추기 위해 노력해야 한다.

이처럼 상담자는 아동에게 전념할 준비가 되어 있어야 하기 때문에 개인적인 건강문제나 사생활로 인해 영향을 받아서는 안 된다. 아동상담자는 아동의 이야기를 적극적으로 경청하기 위한 상담 환경을 준비해야 한다. 또한, 계획된 회기의 시간을 준수하여 규칙적인 상담시간을 잘 지키는 모습을 아동에게 보여주어야 한다.

때때로 아동의 필요에 따라서는 전문 상담자를 연결해 주어 영유아의 상황과 상태를 적절하게 도와줄 수 있어야 한다. 현재의 아동의 상태를 알아야 하므로 눈치로라도 영유아의 깊은 심리를 읽어야 보아야 한다. 추후 영유아가 가진 현재의 상태를 문제를 제시한 어른에게도 확인해 볼 수 있다.

영유아들은 자기를 나타내는 데 논리적인 언어보다는 행동으로 보이는 경우가 많다. 또한, 아이들이 먼저 찾아와서 교사에게 상담을 요청하기가 어려우므로 정기적인 시간을 낼 필요가 있다. 교사들이 아이들과 상담을 하려고 한다면 사전에 많은 준비를 요구한다.

평소에 아이의 모습을 주의 깊게 관찰하는 노력이 있어야 하는데 예를 들면 옷을 단정하게 입고 다니는지, 아니면 아무렇게나 하고 다니는지, 또래친구들과 어울리는 데는 문제가 없는지 살핀다. 또한, 교사의 주변을 맴도는지, 집단 속에서 협조적인지, 능동적으로 참여하는지 관찰하고, 자신의 의사 표현을 정확하게 할 수 있는지 본다. 더불어 집단 내에서 나누는 이야기들을 통해서 또래친구들을 통한 공감과 함께, 자기가 고민하는 문제에 대한 해결을 얻을 수도 있게 된다.

교사는 영유아의 일상생활을 기록할 수 있는 관찰에 대한 기록일지를 사용하여 일상적인 생활패턴이나 특정한 문제행동을 기록 두어 부모와 상담 시 자료로 활용할 수 있다. 이를 통해 부모와 함께 협력하여 영유아의 개별적 요구를 파악하여 도움을 줄 수 있는 방법을 찾아낼 수 있다.

1) 인간적 자질

아동상담은 인격적 성숙이 요구되는 전문영역이다. 따라서, 아동을 향한 따뜻한 마음을 가지고 상담자의 다양한 의사소통 유형을 익힐 필요가 있다. 상담자의 인간적 자질은 긍정적 인간관과 관심, 자신에 대한 이해와 각성, 새로운 변화를 위한 도전, 안정감, 유머가 있다. 노안영과 송현종(2011)은 상담자가 갖추어야 할 인간적 자질로 진솔성, 인간에 대한 깊은 관심, 정서적 성숙, 심리적 안정감, 민감성, 타인에 대한 수용과 존중, 공감, 자각, 유연성, 온화 등을 제시했다. 정문자 등(2011)은 아동상담자의 자질을 인간관계에 대한 민감성, 인격적 통합, 상담자의 자기이해, 내담자에 대한 존경, 공감능력, 정서적 분리, 객관적 태도, 관련 지식에 대한 전문성 등을 제시했다.

Geldard와 Geldard(2008)는 상담자가 자신의 '내면아이'에 접촉할 수 있다면 아동과의 작업이 더욱 조화롭고 순조로워질 것이라고 제안한다. 따라서, 아동상담자는 아동의 세계에 민감하게 반응함으로 의미 있는 소통을 해야 할 것이다.

2) 전문적 자질

아동상담은 전문적 지식과 기술을 요구하는 전문직이다. 상담을 효과적으로 진행시키고 아동에게 충분한 상담효과를 주기 위해서는 전문적 지식과 기술이 필요하다. 자격증을 구비하는 것도 방법이 될 수 있는데 자격증에는 청소년상담사, 아동상담사, 행동치료사, 놀이치료사, 미술치료사 등이 있다. 이러한 상담자의 전문적 자질은 아동상담이론과 방법의 연구와 습득, 아동상담과 관련된 다양한 영역에 대한 지식의 습득과 활용, 철저한 비밀보장의 정신이 있다.

김춘경(2012)은 전문적 자질을 갖추기 위해서는 상담이론, 상담의 효율적인 진행방법과 절차에 대한 이해 등 전문지식의 습득과 함께 임상장면에서의 실습훈련과 지도감독 경험 등 상담자로서의 일련의 훈련과정이 요구된다고 했다.

요약하면, 아동 상담자는 인간적인 자질뿐만 아니라 전문적 자질로서 상담에 대한 이론적 지식, 전문적 실습, 교수 방법, 상담활동, 연구를 향상시키기 위해 노력해야 한다.

또한, 상담자는 전문적 기준에 위배되는 행동을 하지 않아야 하며, 자신의 개인적 문제나 능력의 한계 때문에 영유아에게 도움을 줄 수 없는 경우에는 다른 동료 전문가나 관련기관에 의뢰하여 도움을 줄 수 있도록 최선을 다해야 한다. 이로써 함께 교류하고 협력하는 역할도 요구되는 것이다.

토 론 주 제

1. 본인이 아동상담을 하는 상담자라고 가정할 때, 자신의 심리성격 자질을 분석하여 기록하시오.

2. 아동상담 윤리 중 하나를 선택하고 관련 내용에 대한 자신의 생각을 말해 보시오.

CHAPTER 11

영유아 발달을 돕는 전문가 연계

영유아 발달을 도울 수 있는 전문가로서 14장에서 교사를, 15장에서는 부모에 대해 따로 다룰 것이기에 부모와 교사를 제외한 다른 발달 지원 전문가를 살펴보면 다음과 같다.

1. 발달 지원 전문가

IDEA에 따르면 최상의 실제 평가 전략은 가족과 다양한 영역을 포함해야 한다 (McWilliam, 2000). 팀 접근법은 평가자료 수집을 위해 선호되는 방법이다. 평가 팀에는 심리학자, 사회복지사, 조기 중재자, 청각학자, 간호사, 언어치료사, 영양학자, 작업치료사, 물리치료사, 소아과 의사, 부모, 교사 등이 포함될 수 있다(Stephen, Umansky, 2011).

1) 의료 전문가

대부분의 발달상 지체를 보이거나 어려움을 보이는 중도장애나 중복장애들은 의료적인 상황과 관련이 있다. 태어나기 전에 양수천사 검사나 다른 검사를 통해 장애가 확인되면 가족은 즉시 의료 전문가를 찾는다. 이처럼 영유아의 주요한 건강관리는 소아과 의사나 소아과 전문 간호사가 담당한다. 영유아는 특별한 건강치료 요구에 따라 다양한 의학 전문가와 관계를 맺을 수 있다. 일반적으로 장애 영유아를 담당하는 전문가들로는 호흡기내과 의사(호흡계), 신경과 의사(신경계), 정형외과 의사(골격계), 심장병 전문의(혈액순환계), 내분비 의사(내분비계), 안과 의사(눈) 등이 있다.

다양한 의학적 요구가 있는 장애 영유아는 의사에게 의학 서비스 조정자의 역할을 맡기고 교사나 심리학자 같은 비의학적 중재자에게 중재계획을 말하는 동료로 여겨진다.

2) 보조의료 전문가

보조의 전문가에는 언어치료사, 작업치료사, 물리치료사 같은 특별한 전문가들이 있다. 언어치료사는 의사소통과 구강운동 근육 문제와 관련된 장애를 다루고, 물리치료사와 작업치료사는 모두 근육운동 능력과 관련이 있다. 그러나 일반적으로 물리치료사는 주로 걷고 앉고 뛰는 것과 같은 대근육운동을 다루는 반면, 작업치료사는 밥을 먹고, 신발 끈을 묶는 것 같은 소근육운동을 다룬다. 유아의 장애 유형에 따라 다른 보조의료 전문가가 필요하기도 하다. 시각장애 유아에게는 시력 전문가로부터 서비스를 받아야 한다.

3) 정신건강 전문가

장애아의 가족은 조기 중재에 참여하고 여러 형태의 사회복지 서비스를 받게 되면서 다양한 정신건강 전문가들을 만난다. 심리학자는 평가 이외에도 상담 서비스나 유아의 문제행동 치료 서비스를 제공하고, 사회복지사는 사회복지 서비스와 관련 기관들에 대해 잘 알기 때문에 자연스럽게 서비스 조정자 역할을 한다. 그래서 사회복지사는 상담과 부모 훈련 등과 서비스를 제공하기도 한다.

4) 교육 전문가

유아교육 전문가와 유아특수교육 전문가로서 유아가 주로 생활하는 환경 안에서 선택하게 된다. 유아교육 전문가는 비장애 유아와 함께 일반 학급에 있지만 유아특수교육 전문가는 장애 영유아와 함께 일하기에 유아가 생활하는 환경에 따라 달라진다. 이 부면은 14장에서 구체적으로 다루도록 하겠다.

2. 전문기관 현황

1) 아동 발달 지원서비스

발달문제가 우려되는 아동의 심리적, 정서적, 행동적 문제를 해결하고 발달을 돕는 서비스이다. 서비스 대상은 우울, 불안 등 발달문제를 가지고 있는 18세 이하 아동이다.

(1) 영유아 발달 지원서비스
사업 대상은 전국가구 월평균소득 100% 이하 만 0~6세, 영유아 검진의 발달 평가 결과 추후 검사 필요 등급을 받은 영유아 및 기타 본 서비스가 필요하다고 보건소장, 유아교육기관장이 인정하는 영유아이며, 청소년 심리 지원서비스, 장애아동 재활치료 등과 중복지원이 불가하다. 사업내용은 발달 기초 영역, 언어 발달 영역, 초기 인지영역, 정서, 사회성 발달 영역문제를 분석하여 발달을 촉진할 수 있는 중재서비스를 설계하여 주 2회 6개월간 제공하고, 부모 상담 및 월별 보고서 작성, 송부를 통해 피드백하고 조정하는 것이다. 지원 금액은 월 20만 원(정부 14~18만 원, 본인 2~6만 원)이다.

(2) 아동정서 발달 지원서비스

사업대상은 전국가구 월평균소득 100% 이하 만 8~13세, 「정신보건사업안내」의 아동, 청소년 심층사정평가도구 중 어느 하나를 활용한 검사 결과 절단점 이상인 아동(검사 결과 포함) 또는 학교장, 정신보건센터장이 추천하는 학교부적응 및 정서, 행동 문제, 문화적 소외로 어려움을 겪고 있는 아동으로 정서불안, 학습부진, 문제행동, 왕따, 은둔형 외톨이, 문화결핍 아동 등을 포함하고 있다. 사업내용은 주 1회 클래식악기교육 및 정서 순화프로그램 등을 지원하고 기타 악기 무상 대여, 임상 사례 지원, 일반 연주회 관람(반기별), 향상 음악회 참여(반기별) 등을 지원한다. 월 4회 기관 방문(12개월 지원)하고 지원 금액은 월 20만 원 내외(정부 14~18만 원, 본인 2~6만 원)이다.

(3) 아동, 청소년 심리지원 서비스

사업대상은 전국가구 월평균소득 100%이하 가정의 만 18세 이하로서 다음 중 어느 하나를 충족하는 문제행동 위험군 아동 중 서비스 지원이 우선적으로 필요하다고 판단되는 아동[단, 장애 아동의 경우 발달재활서비스에서 제외되는 9개 유형(지체, 정신, 신장, 심장, 호흡기, 간장, 안면, 장루 및 요루, 간질)]만 포함한다. 또한, 의사 진단서, 소견서, 임상심리사 소견서, 청소년 상담사 소견서를 받은 아동, 청소년이거나 정신보건센터장이 추천한 아동, 청소년이거나 초, 중등교육법에 의한 정교사, 전문상담교사, 보건교사, 유치원장, 어린이집 원장이 추천한 아동(추천 시에는 추천자가 「정신보건사업안내」의 아동, 청소년 심층사정평가 도구 중 어느 하나를 활용하여 검사한 후 절단점 이상인 경우 추천)이면 된다.

사업내용은 심리 상담, 놀이치료, 미술치료, 언어치료, 인지치료 중 아동의 특성에 따라 필요한 서비스를 선별하여 지원하며, 심리검사, 부모 훈련 등 부가서비스를 선택적으로 제공한다. 주 1회 기관 방문(12개월 지원)으로 지원 금액은 월 16만 원(정부 12~14만 원, 본인 1~5만 원)이다.

(4) 인터넷 과몰입 아동청소년 치유서비스

사업대상은 전국가구 월평균소득 100% 이하 가정의 만 18세 이하 아동, 인터넷중독 선별검사 결과, 고위험군, 잠재 위험군 판정을 받은 아동이다. 사업내용은 인터넷중독 위험 정도 검사, 치료설계 전일 워크숍을 하고, 심리상담(6개월), 대체활동(3개월), 맞춤형 사후관리(3개월), 가족캠프(1박 2일), 대체활동, 부모 상담(월 1회)이 이루어진다. 주 1회 기관 방문 (12개월 지원)이며 지원 금액은 월 20만 원 내외(정부 14~18만 원, 본인 2~6만 원)이다.

2) 한국행동수정연구소[*] 발달 지원

(1) 조기치료교육

조기치료교육의 목표는 취학 전 영유아들에게 성공적 학습에 필수적인 기능을 가르치는 것이다. 자폐 및 발달장애 아동들은 선천적 또는 후천적 결함으로 인하여 정상발달에서 크게 이탈했는데 언어 발달의 지체, 인지능력의 결함, 사회 정서적 미숙, 게다가 신체적 운동능력의 결함을 보이기도 한다. 더욱 심각한 것은 모든 영역에서의 발달적 결손은 새로운 장애요인으로 재투입되어 정상적 성장과 발달을 저해하는 제2차적 요인이 되어 있어 날이 갈수록 정상에서 멀어져 영원히 회복이 불가능할 수 있다.

(2) 취학준비 프로그램, 취학아동 프로그램

취학준비 프로그램은 6세 아동을 대상으로 개별치료 형식으로 주 2회 6개월 과정으로 진행된다. 주의집중 훈련, 공부시간 늘리기, 정해진 시간에 공부하기, 읽기와 쓰기, 수개념, 어휘력 증진과 말하기 훈련 등이 주 내용이다. 취학아동 프로그램은 특수 학급 또는 특수 학교에 취학한 아동을 대상으로 하며, 정해진 시간에 전문 행동분석가 또는 행동치료사가 아동의 학급에 파견되어 아동의 능력, 발달정도, 학습정도에 상응하는 언어, 인지, 사회적 행동의 발달을 촉진하는 학습 프로그램을 부모 및 학교 당국과의 협의하에 진행한다. 또한, 학급 내에서 학습에 저해되는 여러 가지 부적응 및 문제행동을 분석하고 수정하는 역할도 수행한다.

---

[*] 한국행동수정연구소 홈페이지: www.childcare.co.kr

(3) 부모교육 프로그램, 가족지원 프로그램

부모교육 프로그램은 장애에 대한 이해와 부모가 취할 태도, 자녀의 문제행동을 고치기 위한 행동수정의 기법 및 가정 연계 프로그램의 활용방법 등을 부모들에게 가르치기 위하여 강의, 토의, 시범과 연습, 숙제, 일방경을 통한 관찰과 수업참여 등의 방법을 활용하여 주 1회 실시된다. 가족지원 프로그램은 장애가족으로 인하여 심리적 갈등과 고통에 시달리는 부모와 가족들을 돕기 위하여, 5~10가족(부모, 형제, 가능하면 아동 자신도 포함)으로 집단을 구성하여 주말 모임을 갖는다. 주제는 회기마다 다르지만 주로 가족 자신들이 가지고 있는 문제를 확인하고, 해결방안을 모색하고, 또 가족자원 및 지역사회 자원의 활용방안을 탐색하도록 돕는 프로그램이다. 시범, 연습, 역할놀이 등이 적절히 활용된다.

(4) 전문가 훈련 프로그램

자폐 및 발달장애아의 조기 치료와 교육현장에서 전문직을 수행할 교사들을 대상으로 부적응 행동의 분석과 행동수정 기법, 발달적 결손행동의 진단과 조기 치료교육을 위한 개별화 프로그래밍 기법 등을 워크숍 및 현장실습을 통하여 8주 과정으로 진행된다. 워크숍은 이론 강의, 토론, 역할놀이, 연습, 숙제 등으로 구성되며, 실습은 본연구소의 조기 치료교육원이나 수강생이 근무하는 시설에서 시행됩니다. 그리고 그 결과에 대하여 매주 토론하고 슈퍼비전을 받도록 한다.

3) 아동 발달 지원센터: 우석대 산학협력단

환경(빈곤, 다문화, 조손, 한 부모, 대체 가정 등)에 의해 잠재적 발달문제를 가질 가능성이 높은 취약계층 영유아가 정상적인 발달을 도모하고 건강한 사회 구성원으로서 성장하여 미래통합에 기여하도록 하는 것을 목적으로 다음과 같은 세부 목표를 갖는다.

- 환경적 위험을 가진 취약계층 영유아의 언어, 인지, 운동, 정서 및 행동 발달을 조기에 선별하고 중재(교육)하여 정상적인 사회화를 촉진할 수 있는 맞춤형 서비스 지원

- 가구 수에 비해 전문 영유아 관련 서비스가 절대적으로 부족한 전라북도 내 소외지역에 본 서비스 확대를 통해 읍, 면, 리까지 '찾아가는 방문서비스' 실시
- 환경으로 인한 발달지체 위험성이 높은 영유아의 정상적 발달촉진을 위해 부모 및 관련교사를 대상으로 한 양육과 교육에 대한 방향성 제시
- 환경적 위험을 가진 취약계층 영유아의 전반적인 발달문제를 이해하고 체계적인 선별과 중재서비스를 제공할 수 있는 전문인력 양성

아동 발달 지원센터에서는 '영유아 발달 선별검사'와 '발달지연 가능 영유아 중재'로 구분 된다. 무료 '영유아 발달 선별검사' 대상은 전국가구 월평균 소득 100% 이하 만 0~6세, 전반적 발달선별검사(운동 발달검사 포함), 언어 발달검사, 초기 인지 발달검사, 정서·사회성 발달검사 결과, 1개 이상 영역에서 발달지연을 보이는 영유아, 기관장 혹은 교사의 추천을 통해 중재서비스가 우선적으로 필요하다고 판단되는 영유아이다.

4) 서비스 내용별 구분

(1) 놀이치료
놀이라는 아동의 자연적인 의사소통의 매개체를 통해서 치료자는 아동의 감정, 사고, 경험, 행동을 탐색하고 아동이 충분히 표현하도록 표현을 존중하고 수용 및 격려해준다.

아동의 아픔과 어려움을 표현하게 함으로서 자기를 이해하며 스스로 조절해 나갈 수 있도록 한다. 놀이치료는 충분히 표현할 수 있는 놀이를 통해서 아동이 행동 전체에 반응할 수 있는 기회를 준다. 또한, 놀이를 통해 아동이 스스로의 문제를 해결할 수 있는 조절을 하게 되고 그로 인해 건강한 성장과 발달을 이룰 수 있도록 도움을 준다.

랜드레스(Landreth, 1991)는 놀이치료에 유용한 놀잇감에 대하여 실생활을 탐색할 수 있는 놀잇감, 공격성을 표출할 수 있는 놀잇감, 표현을 도와주는 놀잇감으로 분류했다. 실생활과 관련한 놀이도구는 집과 가족, 인형, 학교, 가게놀이를 할 수 있는 도구이다. 부정적 감정과 공격성 표출을 도와주는 놀이도구에는 공룡, 맹수, 괴물, 군인, 총, 칼, 수갑, 점토 등이 있다. 창의적인 표현과 정서적 해소를 위한 놀이도구에는 모래와 물, 블록, 이젤과 물감 및 그림도구, 점토 등이 있다. 그뿐만 아니라 정문자 외(2014)는 게임 놀이도구도 소개했는데, 게임은 경쟁이라는 요소를 포함하고 있기에 경쟁상황에 직면하고 그 상황을 잘 해결해 나가는 것을 배울 수 있다고 했다. 자아향상 게임에는 주사위 게임, 카드게임, 젠가, 윷놀이 등이 있고, 대화게임으로는 말하기 행동하기 느끼기 게임, 이웃 사귀기 게임, 집안에서 일어나는 일들 등이 있다.

(2) 모래놀이치료

모래놀이치료는 모래상자라고 하는 도구를 이용하여 아동이 내면에 가지고 있는 슬픔, 기쁨, 갈등, 분노, 불안, 즐거움 등을 표현함으로써 아동을 치료하는 데 목적을 두고 있다. 즉, 모래가 담겨진 상자 안에 다양한 놀잇감을 배열하고 놀이하면서, 아동 자신의 무의식 속에 담겨진 내면을 끌어올리고 이를 치료자가 함께 이야기하면서 치유할 수 있도록 하는 기법이다.

모래놀이치료 과정에서 소품을 어느 정도 갖추고 있어야 하는 기준이 있는 것은 아니지만 아동이 자신이 생각하는 이미지와 일치하는 상징물이 있어야 하기에 준비해 놓는 것이 좋다. 예를 들어 다양한 인간들, 특별한 캐릭터

들, 동물, 식물, 광물, 교통기관, 집, 건축물, 무기, 실내가구, 음식 등을 준비할 수 있다.

또한, 사진처럼 선반에 소품을 배치할 수 있는데 터너(Turner, 2009)는 발달 단계에 적합하게 어린 영유아가 선호하는 소품은 아래 선반에, 초등학생 연령의 아동이 좋아하는 소품은 중간 선반에 비치하고, 자연환경을 꾸밀 수 있는 소품은 바닥에 부도 영적이거나 종교적인 소품은 위쪽 선반에 두라고 했다.

더불어 모래에 물을 붓거나 뿌릴 수 있도록 용기나 병에 물을 담아주고, EO로는 모래 묻은 손을 씻을 때 필요한 물그릇도 준비해 두어야 한다.

3) 언어치료

언어장애란 자신이 말하는 것을 듣는 사람이 이해하는 데 어려움을 겪거나 혹은 다른 사람에게 자신의 의도를 어떤 식으로 적절하게 표현해야 하는지 모르는 것을 의미한다. 이러한 말—언어 장애는 언어의 문제일 수도 있으나 때로는 인지, 청각, 정서, 행동, 신경학적 문제 등의 복합적인 문제로 인해 발생할 수 도 있다. 따라서, 언어치료는  조기에 발견하여 어떤 문제로 인해 발생했는지 원인을 파악하고 이에 맞는 적절한 치료와 교육을 실시해야 하며, 상황에 따라서는 부모 상담과 교육을 통하여 근본적인 원인을 파악하고 아동이 언어장애가 왜 발생했는지 알아보고 일상생활에서 언어 발달을 촉진할 수 있는 방안을 강구할 수 있어야 한다.

(4) 음악치료

음악치료란 음악치료 전문가가 음악을 이용하여 내담자의 마음을 함께 교감함으로써 내담자의 감정을 긍정적이고 안정적인 심리상태로 도와주는 치료법이다. 음악치료는 스트레스의 고통으로부터 신체적, 정신적, 감정적 이상상태를 이루게 해주며 다양한 도구들을 이용하여 정서를 안정시키고, 자신의 무의식의 내면을 의식으로 표출하게 함으로

써 자기 이해를 확장시킬 수 있는 장점
이 있다.

(5) 미술치료

미술치료는 미술 작업을 통하여 정서
적 갈등과 심리적 증상을 완화시키고
창조적으로 생활할 수 있도록 도와주
는 심리치료법이다. 미술 매체를 통한
심리치료가 가능한 것은 매체를 이용
한 창작이 주관적 경험으로 개인에 따라 다양하게 표현되기 때문에 개인의 갈등적인 심
리, 정서 상태를 파악하여 스스로 느낄 수 있는 작업을 통하여 갈등요소를 경감시키거
나 제거시킬 수 있기 때문이다. 이러한 작업은 개인의 심리. 정서문제를 완화시켜 줄 수
있고 병리적인 정신구조를 재편성하게 하여 사람들의 삶의 질을 향상시킬 수 있다는 데
목적이 있다.

미술치료실은 아동이 심리적·물리적 편안함을 느끼고 표현의 욕구가 일어나도록 준
비되어야 하는데 치료도구에는 회화재료, 조소재료, 공예재료, 종이, 작업도구 등이 있
다. 아동은 교재교구의 재료에 따라 각기 다른 반응을 보일 수 있는데 각각 개인의 심리
적 상태에 따른 욕구와 다양한 발달 상태에 맞는 재료를 소개하여 제시해야 한다. 김선
현(2006)에 의하면 아동의 성격과 반대 성향의 재료를 제공한다면 내면세계에서 억압되
어 있었던 부분을 재통합하여 표출할
수 있는 기회를 줄 수 있다고 했다. 이
에 색연필, 사인펜, 연필 등과 같은 딱
딱하고 건조한 재료는 높은 통제력을
가져서 아동이 내면세계를 표현하는
데 극히 제한적일 수 있다고 했고, 젖
은 점토나 그림물감 등과 같은 부드러
운 재료는 낮은 통제력을 가져서 아동
의 내면세계를 통합하는데 용이하다고

표 11-1 통계를 기준으로 한 재료의 특성

통제 정도	1	2	3	4	5	6	7	8	9	10
매체 유형	젖은 점토	그림 물감	부드러 운 점토	오일 파스텔	두꺼운 펠트지	콜라주	단단한 점토	얇은 펠트지	색연필	연필

했다. 반대로 말하면, 아동의 충동적 성향을 통제할 수 있는 재료는 색연필과 연필 등과 같은 높은 통제력을 가진 재료가 용이하다는 점을 알 수 있다. 랜드가튼(Landgarten, 1987)은 통제를 기준으로 한 재료의 특성으로 〈표 11-1〉에 제시했다(유미, 2007).

3. 전문가 및 전문기관과의 협력관계

개별화 서비스 계획으로 IEP나 IFSP 모두 유아의 부모와 최소한 2명의 조기 중재자의 공동작업을 통해 계획된다. 팀 구성원들은 개인뿐만 아니라 다른 가족구성원이나 부모 지지자, 서비스 조정자, 평가자, 중재자로 이루어진다. 예를 들어 뇌성마비 장애유아의 경우 프로그램을 계획하는 팀에는 물리치료사가 포함되어야 하며, 언어 장애유아의 경우 프로그램을 계획하려면 언어치료사가 필요할 것이다. 의학, 청각, 언어치료, 간호, 영양, 작업치료, 물리치료, 심리학, 상담자, 특수교육 등의 분야에서 활동하는 전문가들이 팀 구성원이 될 수 있다.

팀 구성원들의 협력으로 영유아 발달을 지원하여 도움을 줄 수 있다면 함께 노력하는 과정이 필요할 것이다.

표 11-2 장애 아동 지원센터 구분

구분	명칭	내용 및 특성	사이트 주소
지원기관	한국아동 발달 지원연구소	장애 아동과 청소년 및 그 가족들의 재활 및 복지향상을 위한 치료교육과 상담 관련 연구 단체	www.childsupport.re.kr
	중앙장애 아동, 발달장애인지원센터		broso.or.kr
	한국발달장애인 가족연구소 (제나프라이드)	발달장애인과 그 가족을 위한 조사연구사업, 프로그램 실시 기관	www.genapride.org
	이화여자대학교 발달장애 아동센터	장애 아동의 조기 발견 및 진단, 개별 아동에 대한 체계적 교육 및 치료프로그램 실시하는 센터	home.ewha.ac.kr/~disabled
온라인 커뮤니티	발달장애 정보나눔터	발달장애자녀를 둔 부모들을 중심으로 운영되는 온라인 카페: 발달장애 자녀 치료, 교육, 자립 등 관련 정보 공유	cafe.daum.net/jape1234
의료기관	서울시 어린이병원	발달장애 아동 재활치료 및 발달지연 아동 낮병동 운영 등 저소득층 어린이를 위한 보건 의료서비스 제공	childhosp.seoul.go.kr
	서울시 은평병원 어린이발달센터	발달 지연 등을 보이는 아동의 조기진단, 치료 중심의 전문치료센터	blog.daum.net/ephosp
정책 개발, 지원	한국장애인개발원	장애인 재활체육, 문화복지, 일자리지원 등 사업 안내 및 정책자료 수록	www.koddi.or.kr
	한국보건복지 정보개발원	사회복무 교육, 정책연계, 협력 등 사업 및 학습 지원 안내	www.khwis.or.kr
	한국보육진흥원	보육시설평가인증, 보육인력지원, 육아지원 등 사업 안내.	https://www.kcpi.or.kr
	한국건강가정진흥원	건강가정, 다문화가족, 가족친화센터 등 주요사업 및 가족정책 정보 등 안내	www.kihf.or.kr/
	한국사회복지협의회	조사연구, 국제협력, 지방협의회육성 등 주요사업 안내	kncsw.bokji.net

(계속)

구분		명칭	내용 및 특성	사이트 주소
교육, 보육 지원		국립특수교육원	특수교육 관련 연구, 정책개발, 교육과정 및 교과서 개발 등 수행	www.knise.kr
		특수교육지원 센터 지원 사이트	장애학생 교육, 특수교육지원센터 관련 정보 공유를 위한 사이트	support.knise.kr
		에듀에이블	온라인 특수교육 커뮤니티, 시각, 청각, 정신지체 장애 교육용 프로그램, 학습자료 제공	www.eduable.net
학회		한국유아 특수교육학회	유아특수교육 관련 학술연구 단체	www.kecse.org
		한국특수교육 총연합회	특수교육 관련 장애별, 직종별 단체 연합 단체	kase.or.kr
		한국학습장애학회	학습장애 연구 및 교육, 특수교사 교육 및 관련 전문가 양성 등	www.korealda.or.kr
		한국통합교육 연구회	장애 학생의 통합교육에 대한 학술연구를 진행하는 학회	inclusion.co.kr
홈 스 쿨 링	전 연 령	중앙교수학습센터 멀티미디어 학습자료 (에듀넷)	• 가정에서 활용 가능한 영어, 한자, 미술활동 등 영상자료 및 활동지를 제공하는 사이트 • 셀프러닝(무료 회원가입 후 이용) 메뉴에서 이용	www.edunet4u.net
		지니키즈 (㈜지니 키즈)	• 놀이와 함께 창의성, 지능, 학습능력을 발달시키는 인터넷 학습 사이트 • 만 3~9세까지 개인별 놀이학습 콘텐츠 제공	www.genikids.com
	0 ~ 만 6 세 유 아	키드키즈 (㈜키드 키즈)	• 동요, 동영상, 애니메이션, 활동지, 사진, 학습지 등 가정에서 활용 가능한 자료 수록(클립자료실 참조) • 회원등급제 운영 (무료회원은 콘텐츠 이용 제한)	www.kidkids.net

(계속)

구분	명칭	내용 및 특성	사이트 주소
초등 이상의 장애아동	에듀 아이캔 (㈜중앙 에듀, 중앙아동연구소)	• 유아를 위한 멀티미디어 교육 자료 제공 • 연회비 납부 시 모든 프로그램 이용 가능(플래시 동영상 제외)	www.eduican.com
	재미나라 (㈜한솔교육)	• 만 2~5세 대상의 생활습관 콘텐츠, 동요·동화·한자·과학 분야 맛보기 콘텐츠 무료 이용 가능 • '프린트 나라' 메뉴의 콘텐츠는 종이 출력해 활용가능	www.jaeminara.co.kr
	키세넷 (경기도 교육청 운영)	특수교육 대상 학생 및 학부모, 교사에게 유용한 정보 제공(정책, 법령, 교과별 학습자료 등)	www.kysenet.org
	꿀맛닷컴 (서울시 교육연구 정보원 교수학습 지원센터)	• 초·중·고등학생을 대상 교과별 학습자료 제공 • 단원별, 학기별 진단검사 결과에 따른 상담 지원	www.kkulmat.com
	오메가창의력교실 (㈜티나라 교육)	초등교육용 자료 제공하며, 학생들의 흥미를 유도하는 학습서비스 제공 (무료회원 시, 이용 제한 있음 전체 자료 열람 원하는 경우, 유료 정회원 등록 후 이용해야 함)	www.omegaedu.co.kr
장애 아동· 발달장애인 지원 정보 제공 해외 사이트	미국 연방정부의 발달장애인국	당사자, 가족, 전문가를 위한 정보 제공	www.acf.hhs.gov/programs/ add
	영국 발달장애인 지원 및 권리 옹호 조직	당사자, 가족, 전문가를 위한 정보 제공	www.mencap.org.uk
	미국의 장애 아동 지원 사이트	장애 아동과 관련한 법, 권리, 조기개입, 특수교육, 관련 기관 안내	nichcy.org

(계속)

구분	명칭	내용 및 특성	사이트 주소
광역 지방 자치 단체 장애인 정책 안내 홈페이지	특별시 [서울시] 장애인 홈페이지 광역시 [부산시] 장애인 홈페이지 [대구시] 장애인 정책 안내 페이지 [인천시] 장애인 사이트 [대전시] 장애인 정책 안내 페이지 [광주시] 장애인 정책 안내 페이지 [울산시] 장애인 상담 페이지 *관련 상담만 가능 도 [경기도] 장애인 홈페이지 [강원도] 장애인 정책 안내 페이지 [충청북도] 장애인 홈페이지 [충청남도] 통합복지 홈페이지 [전라북도] 장애인 홈페이지 friend.jeonbuk.go.kr/ [전라남도] 장애인사랑나눔터 [경상북도] 장애인 정책 안내 페이지 [경상남도] 장애인 정책 안내 페이지 특별자치행정구역(시/도) [제주도] 장애인 홈페이지 [세종시] 사회복지 홈페이지		

표 11-2 장애 아동 지원센터 구분

구분	명칭	내용 및 특성
전주 지원센터	전주은화 특수교육지원센터	발달, 특수교육
	특수심리, 운동 발달센터	발달, 특수교육
	하늘땅발달센터	발달 지원
	동그라미 아동 발달센터	발달 지원
	아이세움언어 발달센터	발달 지원
	전주아동 발달센터	발달 지원
	쉐마언어 발달센터	발달 지원
	전주우리언어감각발달센터	발달 지원
	해맑은아동심리발달센터	발달 지원
	희망터슬링운동센터	발달 지원
	밝은언어심리센터	발달 지원
	전주 마라아동청소년상담센터	발달 지원, 상담
전주 아동병원	다솔아동병원	소아과 진료 및 상담, 치료
	미르아동병원	
시군구 지원센터	이랑아동 발달통합지원센터	발달 지원
	부안아동 발달 지원센터	발달 지원
	맑은소리언어인지 발달센터	발달 지원
	에디슨아동 발달센터	발달 지원
	남원아동 발달센터	발달 지원
	그린맘심리발달 연구소	발달 지원
	아이소리지역아동센터	발달 지원
	피터팬음악놀이치료센터	발달 지원
	이샘언어학습놀이발달센터	발달 지원

1. 영유아 발달을 돕는 기관을 다녀온 후 기관의 간단한 특징과 느낀 점을 작성하시오.

2. 다른 조원들이 나온 곳에 대한 특징을 적어 보시오.

CHAPTER 12

장애 영유아 특수교사와 일반 교사

특수교육은 교사, 학생, 교육기간, 교육장소 등 여러 방면에서 특수성을 가진다. 따라서, 주요 관점은 '어떤 교사가 가르치는가? 어떤 학생을 가르치는가? 언제, 얼마동안 가르치는가? 어떤 내용으로 가르치는가? 어떤 곳에서 교육하는가?'를 통해 알아볼 수 있다(김영옥 외, 2009). 또한, 특수교사와 일반 교사는 특수아동의 특성을 고려하고 어떤 교육을 할지, 얼마 동안 가르칠지, 어떤 내용일지, 어디에서 교육할지를 살펴보고 어떤 역할과 자세를 가져야 할지 고민해야 한다. 이번 장에서는 영유아 발달을 도울 수 있는 교사에 대해 알아보고자 한다.

1. 교사의 역할

특수교사와 일반 교사가 함께 있는 장소는 일반적으로 통합학급인 경우가 많다. 통합학급은 개인의 다양성과 이에 따른 다양한 욕구에 대한 반영을 인정하는 철학적인 면에서는 일치를 이룬 반면에, 교사 및 다른 성인의 역할과 관련된 믿음, 실제, 가치는 다른 양상을 보이고 있다. 이에 따라 일반 유아교육의 일상적인 프로그램과 특수한 욕구를 반영한 중재 사이의 타협이 통합 취학 전 프로그램을 유지하는데 결정적으로 중요한 것으

표 12-1 특수아동교육을 위한 일반 교사와 특수교사의 담당 역할

역할 구분	직접적인 서비스 제공자	협력자
일반 교사	<ul><li>전반적인 학습환경과 활동을 개발한다.</li><li>특수아동과 일반 아동 간의 사회적 상호교환능력을 증진시켜 주기 위하여 학습 환경과 활동 등을 개발한다.</li><li>교육 프로그램들의 모든 측면을 통합하여 다면적인 교육방법을 제공한다.</li><li>특수아동의 발달을 확장할 수 있는 정보와 지원을 제공한다.</li><li>프로그램의 효율성을 평가한다.</li></ul>	<ul><li>특수아동의 문제의 본질과 심각성에 대하여 의견을 제공하고 목표행동을 설정하는데 도움을 준다.</li><li>특수아동을 위한 교수전략이나 사회적 통합에 대한 문제들을 특수교사와 함께 협력하여 해결한다.</li><li>교과과정에 대하여 특수교사의 자문역할을 담당한다.</li><li>집단관리기술에 대하여 특수교사의 자문역할을 담당한다.</li></ul>
특수교사	<ul><li>특수아동을 판별하고 아동 발달에 대한 검사를 실시한다.</li><li>각 아동을 위한 개별화교육프로그램을 개발한다.</li><li>특수아동의 교육적인 성취를 평가한다.</li><li>각 아동에게 적합한 학업 및 행동적인 교육방법들을 실시한다.</li><li>프로그램의 효율성을 평가한다.</li></ul>	<ul><li>다양한 측면에서 특수아동의 행동을 관찰하여 행동분석에 대한 정보를 제공한다.</li><li>특수아동을 위한 교수 방법이나 사회적 통합과 관련된 다양한 서비스를 기획하고 조정한다.</li><li>통합적이고 개별화된 교육방법에 대하여 일반 교사들의 자문역할을 담당한다.</li><li>특수아동이나 그들 가족의 욕구에 대한 의견을 파악하여 전달한다.</li></ul>

자료: 조윤경, 김수진(2014)

로 제기되고 있다(Peck, Furman, Helmstetter, 1993). 즉, 질 높은 유아교육의 환경과 교육과정 속에서 특수교육일 들어오는 것이다. 따라서, 이러한 통합에서 특수아동의 교육을 위한 일반 교사와 특수교사는 무슨 특징이 있을까? 이에 일반 교사와 특수교사의 기능과 협력자로서의 보조적 기능을 다루고자 한다. 위의 표에는 특수아동교육을 위한 일반 교사와 특수교사의 담당 역할을 제시했다.

일반 교사의 주 임무는 특수아동의 학습을 확장시키기보다는 학급 내 모든 아동들을 위하여 교수를 제공하는 것이고, 특수교사는 특수아동의 진단 및 프로그램 평가, 학습과 행동문제를 교정하기 위해 중재를 제공한다. 또한, 특수교사는 중재프로그램이 효과적으로 실시되기 위해서 일반 교사를 위한 협력자로서 역할을 수행한다.

일반 교육과 특수교육이 모든 아동에게 적절한 교육으로 제공되기 위해서는 협력하여 접근하는 것이 바람직하다. 교사들이 학생의 수월성을 극적으로 끌어내지 못한다고 하더라도 자신의 현실 세계의 한계를 인식하고 자신의 책무를 다하여 교육적 가치를 실현하는 가운데 학생들을 위한 최선을 다하는 것이 중요하다(정대영, 2013). 특수교사와 일반 교사의 역할과 책무를 요약하면 다음과 같다(정대영, 한경임, 2008).

- 개별 및 집단으로 학생 지도
- 아동의 능력 및 진전도 평가
- 아동에 대한 후속평가 제안 및 의뢰
- 개별화 교육계획 작성 참여
- 테크놀로지 이용
- 다른 전문가들과 협력

특수교사들은 위에서 소개한 교사가 갖추어야 할 조건과 더불어 다음과 같은 조건들을 갖추어야 한다(정대영, 2013).

첫째, 학습문제를 지닌 학생들을 지도할 수 있어야 한다. 특수교사들은 인내와 희망

표 12-2 장애아 통합교육 프로그램의 교사의 역할

교사 역할	역할 내용
효과적인 통합을 위한 교수 방법	• 유의미한 목표 하루 종일 모든 환경 내에서 반복 실시 • 유아교사와 특수교사 협력 필요: 아동관찰 프로그램의 작성, 효율적 교수 방법 제시 • 협력학습은 교사와 아동 간의 상호작용 촉진의 구조화 교수 방법 • 수업의 진정한 효과: 가족의 참여로 가정과의 연계성 중요
통합을 위한 준비	• 통합대상 장애아 선정: 표준화된 검사도구 사용 방법, 자연적 관찰, 부모 상담, 전문기관의 판단자료 및 자체관찰을 위한 인터뷰 • 입소: 장애의 정도 및 내용에 따라 입소 제한 • 학급 배치: 교사의 준비정도에 따라 통합비율 조정, 장애아 생활 연령 고려 • 적응기간: 부모와 교사 협조로 장애아의 강한 분리불안 완화, 환경수용에 도움
긍정적 행위 지원	• 사회적 조밀도, 물리적 배치, 적절한 자료 사용, 효과적 일정, 전이시간 등 고려
일반 교사와 특수교사의 역할 분담	• 일반 교사: 장애아 통합교육에서는 학급 내 모든 유아들을 위한 교수 제공 • 특수교사: 장애아의 특별한 학습과 행동문제교정의 직접적인 중재 제공, 일반 교사를 위한 협력자

을 가지고 특수교육대상 아동에게 반응하고 이해하여 진전을 보일 수 있도록 지도해야 한다.

둘째, 특수교사들은 학생의 장애와 분류에 관계없이 행동문제를 나타내는 모든 아동을 위해 긍정적이고 적극적으로 행동 중재 계획을 수립하고 실행할 수 있어야 한다.

셋째, 발전된 테크놀로지를 평가하고 활용할 수 있어야 한다.

넷째, 특수교육 관련법을 알고 있어야 한다. 개별화 교육계획, 의뢰 및 진단평가 절차, 선정과 배치에 관한 사항 등 법에 따라 처리해야 할 사항들을 숙지하고 충분히 이해하여 교육활동에 임해야 한다.

더불어 장애아 통합교육 프로그램의 교사의 역할은 〈표 12-2〉에 제시했다.

2. 교직원 간의 협의

1) 통합교육을 위한 교사 간 협력의 필요성

영유아가 장애가 없었다면 경험했을 지역사회의 자연적인 상황에서 통합을 할 권리가 있음을 인정하는 유아교육과 유아특수교육 두 영역의 공통적인 입장이 있었다(DEC, 1993). 즉, 유아교육과 유아특수교육의 전문적 기준에 의해 일치된 권고안(DEC, NAETC, ATE, 1995; NAEYC, 1995)에서 유아교육과 유아특수교육이 이념적인 차이로 대립하기보다는 협력적인 이해를 강조하고 있다(Bredekamp & Coople, 1997). 현재 잘 갖추어져 있는 질 높은 유아교육이라는 기반 안에서 특수아동을 담당하는 교사가 개별 영유아에게 적합하고 충분한 교수활동을 할 수 있도록 지원할 수 있다는 토대에 기인한 것이다. 모든 영유아를 포함할 수 있는 질 높은 유아교육 프로그램을 만들기 위해서는 사회적인 노력과 통합을 이루기 위한 교사들의 협력이 필요한 것이다. 일상적인 일과 속에서 영유아들은 발달 영역과 기능적인 기술을 통합하여 자연적인 환경에서 생활하고 배우기 위해 환경을 지원해 줄 수 있다.

2) 교직원 협력의 의미와 방법

협력은 장애 아동의 교육목적을 위해 일반 교사와 특수교사가 함께 노력하는 과정이며, 교사 개인의 일방적인 소통이나 지원이 아니라, 둘이서 함께 보다 상호적이며 동등한 관계로 장애 아동의 교육에 참여하는 역동적인 관계이다. 그래서 협력은 상호존중과 신뢰가 있어야 한다.

특수교사와 통합반 일반 교사가 협력하기 위해 의사소통하는 방법에는 가장 쉬운 방법으로 전화 연락, 알림장을 통한 서신 교환 등이 있으며 근래에 많이 사용되고 있는 SNS를 통한 정보 교류 및 학부모 상담 등을 통하여서도 소통할 수 있다. 교사 간의 소통은 통합교육의 효과를 극대화시키며, 장애 아동뿐만 아니라 비장애 아동들이 학급에

표 12-3 **교사 간 협력 관련 평가 항목**

순서	평가 항목	평가
1	교사들은 자유롭게 생각을 나누고, 의견을 교환하며 새로운 전략에 대해 지속적으로 소통한다.	
2	일과 속에서 자연스럽게 역할분담을 하고 책무성이 있다.	
3	일과운영과 교육계획 전반에 대해 계획하고 평가하는 것을 함께한다.	
4	장애 아동에 대한 목표를 공유한다.	
5	장애보육 관련사항에 대한 정기적인 회의체계가 있다.	
6	장애 아동 행동지도에 대한 일관성을 가진다.	
7	자원봉사자, 실습생 등 다른 교사에게 조력자의 역할을 분명하게 제시한다.	
8	전문가의 참관 결과를 수용하여 바람직한 변화를 모색한다.	
9	회의록은 기록하고 보관하며 학급 운영에 참고하고 있다.	

자료: Sandall, Ostrosky(1999)

적응하고 발전하는 데 도움이 된다. 특히, 서로의 긴밀한 협력 관계를 통해 장애 아동을 이해하고 훨씬 더 유용하게 지도하게 된다.

또한, 다양한 수업 진도에 맞추어 교육과정을 수정하여 적용할 수 있도록 일반 교사와 특수교사가 일반 학급 및 특수 학급 교육과정의 자료를 공유하는 것도 중요하다. 물론, 특수 학급 교재 중에서 일반 학급에서 활용할 수 있는 자료들을 서로 공유하여 활용할 수도 있다. 더불어 교사 각각의 개성과 특기를 살려서 통합반 교사와 협의하여 수업을 지원할 수도 있다.

장애 아동이 통합반에 잘 적응하고, 일반 아동들이 장애 아동을 반의 구성원으로 받아들이기 위해서는 이렇듯 교사들의 협력이 중요하다. 〈표 12-3〉은 교사 간 협력관련 평가 항목인데 살펴보고 할 수 있는 협력의 방법을 체크할 수 있는 항목이다.

3) 협력이 이루어지는 장소

장선철(2009)에 의하면 특수아동에 대한 교육이 보다 이상적으로 이루어지기 위해서는 일반 학급 내에서의 특수아동을 위한 교육활동 프로그램이 더욱 다양하게 개발되고 보급되어야 한다고 했다. 이에 일반 학급과의 관계에 따른 특수교육의 종류를 나타낸 그림은 다음과 〈그림 12-1〉과 같다.

일반 학급 프로그램에서는 특수교사가 직접 영유아를 가르치거나 담임교사와 특수교사가 함께 협력하여 가르치게 된다. 이는 사립학교와 공립학교처럼 일반 학교 내에서 이루어지는 특별 프로그램이다. 특수 학급 프로그램도 일반 학교에 속해 있지만 좀 더 통합교육에서 좀 더 제한된 환경이다. 즉, 일반 학급에서 문제가 있다고 진단된 영유아를 받아서 특수 학급에서 교육이 이루어지는 것으로 부분제 특수 학급과 전일제 특수 학급이 있다. 이보다 좀 더 제한된 환경에는 특수 학교, 기숙제 프로그램, 가정이나 병원에서 이루어지는 프로그램이 있다. '제한된 환경의 최소화'를 이루고자 하는 사회적 움직임으로 인해 특수 학교가 점차 감소되고 있긴 하지만 중도·중복장애아를 중심으로는 특수 학교가 아직도 많이 있다. 기숙제 학교는 지역사회와의 접촉이 많이 않으며 중증 장애를 가지고 있는 영유아를 위해 종일제 양육과 교육을 함께 하고 있다. 또한, 병원이나

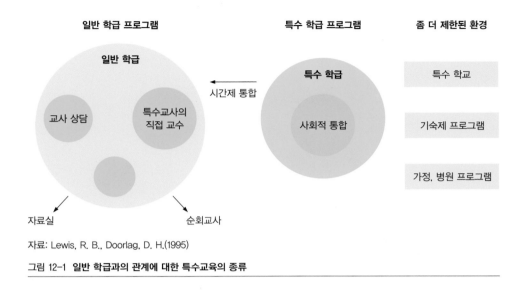

자료: Lewis. R. B., Doorlag. D. H.(1995)

그림 12-1 일반 학급과의 관계에 대한 특수교육의 종류

가정에서도 교사가 방문하거나 순회하면서 교육이 이루어지도록 하고 있다.

1. 특수교사와 일반 담임교사의 역할에서 협력이 중요한 이유를 작성하시오.

2. 일반 학급 내에서 이루어지는 통합교육의 장점과 단점을 제시하시오.

CHAPTER 13

가족과의 협력

아프리카 속담에 한 아이를 키우기 위해서는 마을 전체의 도움이 필요하다고 한다. 이처럼 아이의 발달에 적합하게 지원해주기 위해서는 여러 사람의 도움이 필요하다. 특히, 장애아를 출산하거나 자녀가 장애진단을 받았을 때 어떤 부모는 자녀와 많은 시간을 할애할 수 있도록 자신의 역할을 능동적으로 변화할지도 모른다. 그러나 다른 부모는 장애진단을 받은 후 자신의 역할을 정의하는데 훨씬 많은 시간이 필요하며 장애 관련 서비스에 의존하는 경향을 보일 수도 있다. 또한, 극심한 슬픔에 빠져 낙담하고 있을지도 모른다. 이에 중재자는 부모의 이러한 변화를 주의 깊게 관찰하고 그에 따라 그들의 역할을 조정해야 한다. 이 장에서는 발달상의 문제를 겪고 있는 영유아를 돕기 위해 가족을 지원해줄 있는 이론과 실제를 알아보고자 한다.

1. 부모지원

특수아동과 가족은 방과후 프로그램, 단기보호서비스, 재정적 지원, 교통수단, 개별상담, 부모교육, 집단상담 및 가족상담 등이 필요하지만 영유아를 위한 의료비나 각종 치료비 등의 추가적인 비용지출이 발생하여 경제적 부담을 경험하게 된다(조윤경, 2005).

경제적으로 지원을 할 수 있다 하더라도 부모는 의사, 중재자, 다양한 전문가들이 주는 사실을 바탕으로 자녀에게 어떤 기대를 갖게 되기도 하는데 장애가 건강과 발달에 미치는 예후가 명확하지 않다. 그래서 과거에는 가족에게 앞으로 일어날지도 모르는 최악의 시나리오를 보여주어 혹시나 일어날지 모르는 최악의 상황에 대비하도록 하기도 했다. 그러나 이러한 최악의 시나리오를 보고 오히려 가족이 고통과 실망이 가중되어 장애아의 긍정적 성과를 제약하기도 하고 가족이 해체될 수도 있기에 이 방법은 잘 사용하지 않는다. 따라서, 중재자는 사실 그대로 말하고 부모에게 불확실성 속에서 살아가는 것과 관련된 이야기를 해주어야 한다. 더불어 현재 장애아에게 도움이 되는 정보들을 알려주어야 한다. 이렇듯 가족이 받게 되는 감정적인 지원과 정보들은 고립감을 줄이며 능동적인 의사결정을 하게 도울 수 있다.

1) 부모의 정서적 반응과 적응과정

발달적 장애 아동이 출생하거나 진단을 받는다는 것은 부모들에게 심리적·신체적·경제적인 위기의식을 불러일으킨다. 그래서 초기의 위기반응들이 나오게 되는데 이때 교사와 전문가는 부모를 '문제 있는 부모'로 인식하기보다는 예기치 않게 닥친 위기의식에 대한 자연적 반응이므로 정상적인 사람이라고 인식해야 한다(Turnbull & Turnbull, 2001). 일반적인 부모보다 이중부담의 어려움을 갖고 있는 특수아동의 부모는 영유아가 진단을 받는 순간부터 위기의식을 갖게 된다. 물론 부모의 특성과 경험 및 문화·사회·경제적 정도에 따라서 반응이 다를 수는 있지만, 일반적으로 부모는 현실에 대처하기 위해 초기의 위기반응에 이어서 다양한 방어적인 반응을 보인다(Fine & Wardle, 2000).

조윤경, 김수진(2014)에 의하면 부모는 슬픔과 비통단계에서 울고 한숨짓고 위축되고 무기력하고 불안해하며 식욕감퇴 및 불면증 등을 나타낸다고 한다. 이때 전문가들은 부모가 이 슬픔에 대처할 수 있도록 방법을 알려주고, 이 슬픔으로 인해 현재 영유아의 성취 정도에 느껴지는 만족이 방해요인으로 작용되어서는 안 된다고 했다. 두 번째 단계는 부인하는 것으로 다른 전문가들을 찾아다니거나 굿이나 신 내리기 등 신빙성 없는 치료에 참여하고, 영유아를 과잉보호하고 가둬놓으려 한다고 했다. 이때 전문가는 장애라는 진단을 부인하고 싶어 하는 부모의 자연스런 본능과 장기간 계속되는 부인을 구별하여 지원해야 한다고 했다. 세 번째는 회피와 거부단계로서 영유아에게 비현실적인 목표를 설정하거나 아예 영유아를 포기하고 회피하면서 영유아의 출생자체나 진단상황을 부적절하게 말한다고 한다. 네 번째는 죄의식단계로서 영유아의 장애가 자신의 잘못으로 생각하고 벌이라고 받아들인다. 다섯 번째는 분노와 적대감 단계로서 영유아 때문에 부모 자신의 생활이 방해 받는다고 생각하거나 영유아를 위한 팀 구성원에게 분노와 적대감을 표출하기도 한다. 마지막으로 자신에 대한 의구심 단계로서 열등감, 무력감 등의 감정을 갖게 되는데 이때 전문가는 자신이 부모보다 인생의 문제들을 해결하는데 더 강하고 유능하다는 걸 과시하지 않아야 한다.

전문가는 그럼에도 불구하고 여섯 단계에서 다양한 기제를 사용하는 부모의 개인적인 욕구를 이해해야 한다. 때로는 슬픔과 비통, 부인, 회피와 거부, 죄의식, 분노와 적대감, 자신에 대한 의구심을 보여서 사회적인 고립감을 느낀다.

그 후에 부모는 장애 아동을 양육해야 한다는 감정의 단계를 겪은 후 새로운 관계성에서 현실과 직면하게 된다. 이에 수용, 사랑과 희망의 적응과정을 경험하게 된다.

2) 장애 아동 부모의 역할

특수아동의 교육에 적극적인 참여가 필요하고 중요한 기능을 하는 부모가 특수아동과 함께 생활할 때 구체적으로 수행하는 역할은 다음의 일곱 가지로 제시된다(Beirne-Smith, Patton, Kim, 2006).

첫째, 가르치는 활동이다. 장애 아동을 주로 보는 가족 구성원들이 첫 번째 교사로서 다양한 방법들을 배우고 가르치게 된다.

둘째, 상담 활동이다. 일상적인 상담자 역할 외에서 장애로 인해 받은 정서적 상처, 감정과 태도로 돌봐주게 된다.

셋째, 행동관리 활동이다. 부모는 장애 아동이 사회에서 기대하는 방향으로 행동하도록 훈련시키면서 행동에 대처하는 방법을 배우고 아동을 가르치게 된다.

넷째, 비장애 형제 양육 활동으로 장애가 없는 형제도 함께 양육하는 법을 배워야 한다. 양육하는 과정에서 부모는 비장애 형제에게 장애 아동이 어떤 장애인지 어떠한 어려움이 있는지를 가르쳐야 한다.

다섯째, 부부간 관계유지로서 부모들은 서로 함께 있을 시간이 줄어든다. 서로 시간을 갖기 위해서는 믿을 만한 사람에게 장애 아동을 잠시 맡겨놓을 수 있다.

여섯째, 주요 주변사람에게도 교육을 하게 된다. 주변에서 자주 만나게 되는 사람들도 장애에 대해 교육을 시켜야 한다.

일곱째, 학교, 지역사회와 연결로 그들에게 적극적인 협력을 구하여 일관된 방식으로 장애 아동을 대할 수 있도록 해야 장애 아동이 혜택을 받게 된다.

이러한 부모의 지원을 위해서 부모교육 프로그램을 계획할 수 있는데, 프로그램을 세우기 위한 기본 구성은 〈표 13-1〉과 같다.

표 13-1 **부모교육 프로그램 계획**

프로그램 영역	욕구	목적	방법	방법
재활정보	부모와 교사들은 많은 정보를 필요로 한다.	필요한 정보의 종류와 그 목적을 안다.	재활 정보의 자료와 얻는 방법을 조사하고 서로 교환 비교한다.	정보를 얼마나 얻고 그 정보를 얼마나 활용했는가 알아본다.
정서와 사회	부모의 정서적 표현과 사회적 관계를 중요시한다.	정서긴장이 사회관계에 있어 어떤 영향을 주는가를 안다.	정서 표현과 그것이 유아와 다른 사람에게 어떤 영향을 미치는가 토의한다.	부모가 얼마나 어느 정도 참여했고 솔직했는지를 안다.
치료교육에 부모 참여	치료와 교육에 대한 관심과 정도를 안다.	치료교육에 관심을 갖는 이유와 중요성을 안다.	치료교육에 참여할 수 있는 방법, 시간, 조건 등을 상담하고 적극 검토한다.	어떤 프로그램에 어떤 일에 참여했고 그 결과는 어떤지 생각하고 토의해본다.
부모의 양육과 가족의 상호작용	양육 방법과 유아간의 관심과 그 정도를 안다.	상호작용의 중요성을 인식하고 자녀와의 관계를 새롭게 형성하는 방법을 안다.	장애가정의 양육사례를 제시하고 역할연기와 토의를 한다.	가족 간의 행동이 어떤 점에서 변화를 보였는지 안다.

자료: 장선철(2009), pp.190~191

이외에도 수업참관, 보조교사제, 사례발표회, 방문교사제, 가정방문 자원 봉사제를 통해 부모를 지원할 수 있다. 예를 들어, 특수아동에 대한 기초지식을 알아볼 수 있도록 관련된 책이나 비디오를 소개할 수 있고, 교육목적을 설정하고 관찰하는 방법을 알 수 있도록 소집단으로 모여서 하나의 사례를 토대로 영유아를 관찰하고 토의해보고, 직접 수업현장에 참여해보고 관련해서 소감을 이야기할 수 있도록 하거나 다른 특수교육기관을 방문해보고 장단점을 이야기해보는 장을 가질 수 있다. 또는 가족이 모두 참여할 수 있도록 특별한 활동이나 모임을 주최해 보면서 가족의 협력을 도울 수 있다. 때로는 부모가 영유아를 교육하는 방법에 대해 알아볼 수 있도록 책을 소개하고 함께 토의할 수 있는 모임을 가지고 각 가정마다 세우고 있는 계획에 대해서도 함께 토의하기도 하고 성공사례에 대해 강연을 들을 수 있도록 한다. 그리고 영유아뿐만 아니라 부모와 가족의 건강 상담을 하기도 하고 가족 간의 대화법이나 가정건강을 유지하기 위한 처치법이나 자녀들을 위한 간단한 의학상식에 대해 알아볼 수도 있다.

2. 가족 중심 접근

가정에 교사나 전문가의 개입은 부모들에게 자극을 줄 수도 있고 부모는 영유아에게 더욱 효과적인 훈련을 할 수도 있게 된다. 매주 교사가 가정을 방문해서 부모가 할 수 있는 부면을 설명하고 시범을 보여서 교육한다. 부모는 이러한 설명을 듣고 영유아의 상태와 변화되는 점을 관찰하여 기록하면서 매일의 일과를 수행한다. 전문가는 부모와 영유아 모두가 만족감을 느낄 수 있도록 격려하면서 교육목표를 세워 보고 때로는 수정할 수 있다.

이처럼 가족중심 접근은 전문가에게 가족과 협력관계를 구축할 것을 요구한다. 이러한 관계 속에서 중재 전문가와 가족 구성원은 다양한 지식과 정보 및 전문기술을 그들의 협력관계 내에서 적용하게 된다. 가족 중심적 조기 중재의 여섯 가지 가치를 살펴보면 다음과 같다(Stephen, Umansky, 2011).

첫째, 중재자는 장애아 가족에 대해 알기 위해서 시간이 필요하다. 공식적인 평가를 하기 전에 장애 아동의 강점을 확인하고 잠재적인 서비스를 논의하기 전에 조기 중재자는 가족과 가족의 관계에 대해 종합적으로 이해해야 한다. 좀 더 효율적으로 가족이 장애 아동의 가족이 장애 아동을 돕게 하기 위해서는 가족을 위해 무엇을 지원할지 알아야 한다. 중재자는 장애아의 관심사가 무엇인지 찾아내고 장애아의 학습 동기부여에 대해 논의하기 위해 가족과 대화를 나누는 것이 필수적이다(Raab & Dunst, 2006). 가족구성원이 어떻게 상호작용하고 있는지 알아보려면 가족구성원과 개별적으로 또는 함께 모여 이야기하고 장애 아동과 상호작용하는 가족을 관찰하면 된다(Center for Evidence-based Research Practices, 2003).

둘째, 가족의 강점을 파악하고 강화시킨다. 가족의 긍정적인 면에 대해 알고 강점에 집중해야 한다. 전통적인 접근법은 대게 결점을 확인하고 개선하는 데 초점을 맞추지만 가족중심 접근법은 가족과의 협력관계의 긍정적인 면에 맞추어 활용한다. 그런데 어떤 가족은 강점이 쉽게 보이지만 어떤 가족은 강점이 불분명하기도 하다. 가족의 강점을 보기 위해서는 '강점중심 시각(strength-focused lens)'을 사용해야 한다. 가족을 중심에 두고 주목하는 것이다.

셋째, 가족은 계획과 의사결정에 적극적으로 참여해야 한다. 부모는 수동적인 참관자이기보다 오히려 중재 팀에서 주도적인 역할을 하도록 격려 받는다(Blue-Bannong et al., 2004). 부모는 결정을 내리기 전에 필요한 정보를 제공받아야 하는데, 이때 제공되는 정보는 문화의 다양성을 고려하여 가족에게 적절한 방식으로 제공해야 한다.

넷째, 서비스와 지원은 단지 장애 아동뿐만 아니라 가족 전제를 위해 개발되어야 한다. 조기 중재자는 가족과 인적자원을 연결시키고 가족이 자신의 문제와 요구들을 창조적으로 해결하는 방법을 찾도록 격려해야 한다.

다섯째, 중재와 서비스는 가족에게 우선권이 있다. 모든 장애 아동과 가족은 독특한 특징이 있다. 중재자는 같은 요구를 가진 서로 다른 두 가족의 요구에 대해 각각 다른 우선순위를 매기고 그것을 만족시키기 위해 매우 다른 접근을 원할 수 있다는 것을 이해해야 한다(Shonkoff & Phillips, 2000). 중재자는 부모가 선택할 수 있는 다양한 정보를 제시하고 가족으로 하여금 그들의 자원과 요구에 맞는 방법을 선택하여 결정하도록

표 13-2 미국특수교육협회 유아특수교육분과의 가족중심

구분	내용
가족들과 중재자들은 책임을 공유하고 협력하여 일해야 한다.	• 가족구성원들과 중재자들은 적절한 가족 중심의 성과를 공동으로 발전시킨다. • 가족구성원들과 중재자들은 가족 중심의 성과를 성취하기 위해 함께 일하고 정기적이고 협력적으로 정보를 공유한다. • 중재자들은 완전하고 적절하게 관련 정보를 제공하여 부모들이 정보에 근거하여 선택하고 결정하도록 한다. • 중재자들은 가족 중심의 성과를 성취하기 위해 공유된 가족/전문가들의 책임감을 높이는 것을 돕는 방식을 이용한다. • 가족과 중재자의 관계 형성은 문화적 특징, 언어적 특징, 다른 가족의 특징에 응답하는 방식으로 이루어진다.
지원과 자원은 가족의 기능을 강화해야 한다.	• 가족들에게 참여적인 경험과 의사결정과 선택을 장려하는 기회를 제공한다. • 양육능력과 양육에 대한 자신감을 강화하는 데 필요한 자원과 지원을 얻기 위해 가족들의 참여를 돕는다. • 가족의 비공식적·지역사회의 공식적인 지원과 자원은 필요한 성과를 얻는 데 이용된다. • 지원과 자원은 가족들에게 가족기능을 강화하고 양육 지식과 기술을 향상시키기 위해 정보와 역량 강화 경험과 가족의 정보 제공, 참여기회를 준다. • 지원과 자원은 도움이 되고 가족과 지역사회의 삶을 저해하지 않는 방식으로 활용되어야 한다.
지원과 자원은 개별적이고 유연해야 한다.	• 유아와 가족의 선호에 맞추며 삶의 질을 향상시키는 방식으로 제공되어야 한다. • 자원과 지원은 각 가족 구성원들이 확인한 우선사항과 선호에 맞추어야 한다. • 가족과 지역사회의 문화·민족·인종·언어·사회·경제적 특징에 응답해야 한다. • 가족의 신념 및 가치 결정과 중재계획 지원과 지원의 활용과 통합한 것이어야 한다.
지원과 자원은 가족이 가지고 있는 장점과 자산에 초점을 두어야 한다.	• 가족과 영유아의 장점과 자신은 가족들이 양육능력과 양육에 대한 자신감을 강화할 수 있는 참여 경험에 참여시키는 토대로 활용되어야 한다. • 지원과 자원은 이미 존재하는 양육 능력과 양육에 대한 자신을 바탕으로 해야 한다. • 지원과 자원은 능력과 자신감을 강화하기 위해 가족과 전문가의 새로운 지식과 기술습득을 촉진해야 한다.

자료: Trivette & Dunst(2005)

한다(Dabkowski, 2004).

여섯째, 참여 수준에 대한 가족의 결정은 존중받아야 한다. 가족이 중재활동에 참여하는 것은 매우 다양해서 부모의 참여정도는 과정 중에 변할 수 있다. 그래도 가족을 압박하지 말고, 가족이 자신의 요구와 필요성에 따라 서비스를 거부할 수도 있음을 알 수 있다.

가족 중심 접근은 이처럼 부모들에게 지식과 이해를 할 수 있는 환경을 제공하여 영유아를 잘 지도할 수 있게 하며, 전문가들은 가정의 상태와 부모의 능력 등을 고려하여 참여할 수 있도록 하는 생태학적인 접근을 하게 된다. 또한, 전문가들이 가정방문을 할 경우에는 가족에게 부담이 될 수 있기에 긍정적인 분위기에서 부모 훈련이 이루어질 수 있도록 해야 한다. 이러한 가족 중심 접근으로 미국특수교육협회에서 제시한 가족 중심의 지원과 자원에 대해 알아보면 〈표 13-2〉와 같다.

3. 가족 협력을 위한 기술

미국특수교육협회 유아특수교육분과는 장애아와 그 가족을 대상으로 한 질적 서비스의 기본이 된 네 가지의 가족 중심 실제를 제시했다(Trivette & Dunst, 2005). 첫째, 가족과 중재자가 책임을 공유하고 협력하여 일해야 한다는 것으로 협력관계에 초점을 맞춘 것이다. 협력관계는 중재자와 부모 사이에서 긍정적인 배려와 믿음으로 발전한다. 중재자들은 협력관계를 이루기 위해 가족 중심 가치를 바탕으로 둔 기술들이 필요하다. 이에 Stephen와 Umansky(2011)에서 언급한 기술을 제시하면 다음과 같다.

　　첫째, 존중 표현하기. 가족에 대한 존중은 긍정적이고 효과적인 중재의 특징으로 장애아를 위해 가장 적절한 선택을 하기 위해서는 가족의 중요성과 능력에 대한 신뢰가 지속되어야 한다. 중재자는 가족에게 자신의 의견을 제시하기 전에 무엇이 최우선인지 질문하고 부모가 편안하게 다른 의견을 말하도록 도와야 한다(Blue-Banning et al. 2004).

　　둘째, 현실감 갖기. 장애아를 양육하면서 일과 가정 모두 관리하고 다른 가족 구성원까지 책임져야 할 일들이 많다. 대부분의 가족은 적극적으로 중재활동을 계획하고 시행하는데 참여하지만 추가적인 양육과제로 인해 부담을 느끼고 가족 기능의 다른 영역에 부정적으로 작용한다면 결국 죄의식과 낙담으로 인해 자신이 실패했다고 여겨서 중재자를 피할 수도 있다. 따라서, 서비스나 참여 수준을 제안할 때는 가족의 삶이 가진 여러 가지 측면도 함께 고려하여 중재전략을 계획해야 한다.

셋째, 효과적인 경청기술과 의사소통 기술 활용하기. 의사소통이 되고 있는 언어적·비언어적 단서에 예민하게 주의를 기울여야 한다. 그래서 부모가 중재자의 이해를 정정하거나 명확하게 하기 위해 말한 것을 반복하는 것이 도움이 될 때가 있다. 세심한 의사소통과 효과적인 경청기술은 중재자가 가족의 감정을 이해하고 있음을 표현하는 길이다.

넷째, 가족과 자연적 지원망 구축 돕기. 가족과 그들의 자녀는 이웃과 지역사회에서 살며 종교단체, 학교와 직장, 시민단체 등 다양한 사회적 관계를 유지하고 있다. 따라서, 가족의 환경 내에 이미 존재하는 사람을 활용하여 자연적 지원이 이루어지도록 해야 한다.

다섯째, 세심하게 대하기. 주의 깊은 경청 후 가족에게 말하는 메시지에 일관된 방식으로 반응하는 것으로 배려와 따뜻함, 격려 같은 감정을 갖고 의사소통하는 것이다.

여섯째, 손 내밀기-협력 관계 형성하기. 조기 중재는 가족과 협력관계를 형성하면서 다른 지역사회의 기관 및 자원과 협력으로 발전된다. 지역사회와의 협력관계를 발전시키는 것은 복합적인 생활환경을 가진 가족에게 특히 중요하다. 이는 다양한 스트레스 요인이나 제한된 자원만 가지고 있을 수 있기 때문이다(Oelofsen & Richardson, 2006). 아동학대, 약물남용, 가정폭력, 빈곤 등의 문제가 발견된다면 적절한 보고과정에서 법의 보호를 받을 수 있게 하고 동시에 가족구성원과의 관계에 대해 다시 협의해야 한다.

일곱째, 유연해지기. 가족과 함께 일하는 중재자는 창조적이며 융통성이 있어야 한다. 가족 중심의 조기 중재를 실행할 때는 가족과 함께 미래를 함께 만들어가는 것이다.

토 론 주 제

1. 영유아 발달 지원에서 가족이 중요한 이유를 발표해 보시오.

2. 영유아 발달 지원에 대한 자신의 생각을 자유롭게 말해 보시오.

참고문헌

국내

강경미(2005). **아동 발달**. 대왕사.

강문희, 장연집, 문미옥, 최석난, 조은진(2003). **아동학의 이해**. 양서원

강정규(2013). **목욕탕에서 선생님을 만났다**. 문학동네.

곽노의, 김경철, 김유미, 박대근(2010). **영유아 발달**. 양서원.

교육과학기술부(2007). **장애인 등에 대한 특수교육법**.

구은미, 박성혜, 이영미, 이혜경(2014). **아동상담**. 양서원.

권성민(2010). 멀티미디어를 활용한 동화 들려주기 방법이 유아의 언어 및 사고력 발달에 미치는 효과. **어린
이미디어연구, 9**(3), 31–49.

김경화, 이주연(2014). **유아 발달론**. 공동체.

김경회, 문혁준, 김선영, 김신영, 김지은, 김혜금, 서소정, 안선희, 안효진, 이희경, 정선아, 황혜원(2014). **보
육학개론**. 창지사.

김금주(2000) 영아-어머니의 상호작용 유형과 영아의 언어 발달에 관한 연구: 놀이, 일상, 책 읽어주기 상
황을 중심으로. 덕성여자대학교 일반대학원 박사학위논문.

김미숙, 김향지(2014). **교사를 위한 특수아동의 이해와 교육**. 창지사.

김미영(2010). **아동 발달**. 정민사.

김선현(2006). **임상미술치료의 이해**. 학지사.

김영옥, 최미숙, 황윤세, 백혜리(2009). **아동 발달**. 공동체.

김춘경(2004). **아동상담**. 학지사.

김춘경(2012). **아동상담-이론과 실제**(14쇄). 학지사.

김현호, 김기철, 정희정, 최철용, 최용득, 현영렬(2014). **유아 발달**. 정민사.

노안영, 송현종(2011). **상담의 원리와 기술**. 학지사.

문혁준, 김경은, 서소정, 성미영, 안선희, 임정하, 하지영, 황혜정(2014). **유아 발달**. 창지사.

박상희(1997). 쓰기 지도 방법이 유아의 쓰기인식, 쓰기행동과 쓰기 발달에 미치는 효과의 비교연구. 중앙대
학교 대학원 박사학위논문.

보건복지부(1997). 장애인, 노인, 임산부 등의 편의증진보장에 관한 법률.

보건복지부(1999). 장애인 복지법.

보건복지부(2007). 장애인차별금지 및 권리구제 등에 관한 법률.

보건복지부(2012). 장애 아동복지지원법.

송명자(2001). **발달심리학**. 학지사.

유경훈(1996). 유아기의 도덕성 발달에 관한 연구. 상명대학교 대학원 석사학위논문.

유미(2007). **현장적응을 위한 미술치료의 이해**. 한국학술정보.

윤희경, 김애옥, 나은숙, 이분려, 황혜경(2015). **유아교수-학습방법**. 창지사.

이경혜(2009). 아동의 공격성 행동에 더 큰 영향을 미치는 것은 무엇인가? (가정 내 폭력에 대한 노출인가, 폭력 미디어에 대한 노출인가). **특수교육재활과학연구, 48**(4), 39-58.

이금구, 동풀잎(2010). 언어생활영역의 통합적 운영. **어린이교육, 12**, 85-118.

이동렬, 박성희(2003). **상담과 심리치료**. 교육과학사.

이성태(2007). **아동 발달이론**. 학현사.

이소현(2003). **유아특수교육**. 학지사.

이소현, 박은혜(1998). **특수아동교육**. 학지사.

이영, 이정희, 김온기, 이미한, 조성연, 이정림, 유명미, 이재선, 신혜원, 나종혜, 김수연, 정지나(2010). **영유아 발달**. 학지사.

이영자, 신은수, 이종숙(2003). 가장 맥락과 비가장 맥락 놀이에 나타나는 유아의 언어 발달과 마음이론과의 관계. **한국심리학회지 발달, 16**(1), 23-46.

이장호(2005). **상담심리학**. 박영사.

이정림, 도남희, 오유정(2014). **영유아의 미디어 매체 노출실태 및 보호대책 연구**. 육아정책연구소.

이종숙, 이옥, 신은수, 안선희, 이경옥 공역(2012). **아동 발달**. 시그마프레스.

임경옥, 이병인(2013). **장애 영유아 발달 영역별 지침서-대근육운동·소근육운동편**(3쇄). 학지사.

임경옥, 이병인(2014). **장애 영유아 발달 영역별 지침서-수용언어편**(4쇄). 학지사.

임경옥, 이병인(2014). **장애 영유아 발달 영역별 지침서-인지편**(4쇄). 학지사.

임경옥, 이병인(2015). **장애 영유아 발달 영역별 지침서-신변처리, 사회성편**(3쇄). 학지사.

임경옥, 이병인(2015). **장애 영유아 발달 영역별 지침서-표현언어편**(5쇄). 학지사.

장미경, 이상의, 장민정, 손금옥, 조은혜, 유미성(2013). **아동상담의 이론과 실제**(7쇄). 태영출판사.

장보경, 이연규(2009). 유아의 연령과 성별에 따른 언어 발달과 사회정서 발달의 차이. **Montessori 교육연구, 14**(2), 61-77.

장선철(2009). **특수아동교육**. 태영출판사.

장선철(2015). **특수아동상담의 이해**. 태영출판사.

장휘숙(2001). **아동 발달**. 중앙사.

정대영(2013). **특수교육학**. 창지사.

정대영, 한경임(2008). **예비교사를 위한 워크북: 교육실습의 이론과 실제**. 양서원.

정문자, 제경숙, 이혜란, 식숙재, 박진아(2012). **아동심리상담**. 양서원.

정문자, 제경숙, 이혜란, 신숙재, 박진아(2014). **아동심리상담-유아기에서 학령기까지**. 양서원.

정옥분(2009). **아동 발달의 이해**. 학지사.

조복희(2006). **아동 발달**. 교육과학사.

조성연, 이정희, 천희영, 심미경, 황혜정, 나종혜(2006). **아동 발달의 이해**. 신정.

조윤경(2005). 통합된 장애유아 가족의 사람의 질 실태와 지원욕구에 대한 질적 분석. **아시아교육연구, 6**(4), 145-172.

조윤경, 김수진(2014). **유아교사를 위한 특수아동의 이해**. 공동체.

조윤경, 홍은주(2005). **우리함께 해요: 장애유아 통합교육의 실제**. 창지사.

조형숙, 박은주, 강현경, 김태인, 배정호(2015). **유아 발달**. 학지사.

최원호(2008). **상담윤리의 이론과 실제**. 학지사.

한국장애 영유아통합실천연구회(2004). **장애유아 개별화교육프로그램의 이론과 실제**. 2004 하계 워크숍 교재.

현정환(2009). **아동상담**. 창지사.

국외

Achenbach, T. M.(1993). Implication of multiaxial empirically based assessment for behavior therapy with children. Behavior Therapy, 24, 91-116.

Anderson, C. A., & Bushman, B. J.(2002). The effects of media violence on society. *Science, 295*, 2377-2379.

Beirne-Smith, M., Patton, J., & Kim, S. H.(2006). Mental Retardation(7th ed.). Macmillan college Publishing Company.

Berk, L. E., 이종숙, 이옥, 신은수, 안선희, 이경옥 역(2008). **아동 발달**(제7판). 시그마프레스. (원전 출판 2006).

Blue-Banning, M., Summers, J. A., Frankland, H. C., Nelson, L. L., & Beegle, G.(2004). Dimensions of family and professional partnerships: Constructive guidelines for collaboration, *Exceptional*

Children, 70, 167–184.

Bronfenbrenner, U.(1992). Ecological systems theory. In R. Vasta(Ed). Six theories of child development(pp. 149–187). Philadelphia: Jessica Kingsley Publishers.

Bruner, J. S.(1975). From communication to language : a psychological perspective. Cognition, 3, 255–287.

Center for Evidence–based Research Practices.(2003). Success breeds happiness. Asheville, NC: Orelena Puckett Institute.

Coley, R. L., Votruba–Drzal, E., Schindler, H. S.(2009). Fathers' and mothers' parenting predicting and responding to adolescent sexual risk behaviors. Child Development, 80, 808–827.

Dabkowski, D. M.(2004). Encouraging active parent participation in IEP team meetings. Teaching Exceptional Children, 36(3), 34–39.

Dempster, F. N.(1981). Memory span: Source of individual and devepmental differences. Psychological Bulletin, 89, 63–100.

Dempster, F. N.(1981). Memory span: Soures of individual and developmental differences. Psychological Bulletin, 89, 63–100.

DSM–IV(1994). Washington, DC: APA.

Dunst, C. J., Trivette, C. M., Deal, A. G.(1988). Enabling and empowering families. Cambridge, MA: Brookline.

Eckerman, C. O., Paderson, J., Stein, M. R.(1982). The toddler's emerging interactive skills. In Rubin, K. H., & Ross, H. S. (Eds.). Peer relationship and social skills in childhood, New York: Springer–Verlag.

Fine, M. J., Wardle, K. F.(2000). A psychoeducational program for parents of dysfunctional background. In M. J. Fine & S. W. Lee(Eds.). Handbook of diversity in parent education(pp. 133–153). Orlando, FL: Academic Press.

Geldard, K.,Geldard, D.(2008). Counseling children–A Practical introduction(3rd ed.). LA: Sage Publication Inc.

Karen VanHover, 문정화(2003). 나를 찾는 여행–모든 이들의 자아찾기를 도와주는 49가지 활동(2쇄). 학지사.

Kauffman, J. M.(2001). Characteristics of emotional behavioral disorders(7th ed.). Upper Saddle River, NJ: Prentice Hall.

Kellogg, R.(1970). *Analyzing Children's Art*. Palo Alto, CA: Mayfield.

Landreth, G.(1991). *Play therapy: The art of the relationship*. Muncie, IN: Accelerated Development.

Lewis, R. B., Doorlag, D. H.(1995). *Teaching Special Students in the Mainstream*(4th ed.). (p. 57). Englewood, NJ: Merrill.

Mash, E. J., Barkley, R. A. 이현진, 박영신, 김혜리, 정명숙, 정현희 역(2001). **아동정신병리**.시그마프레스. (원전 출판 1998).

McWilliam, R. A.(2000). Recommended practices in interdisciplinary models. In S. Sandall, M. E. McLean, & B. J. Smith (Eds), *DEC-recommended practices in early intervention/early childhood special education*(pp. 47–54). Longmont, CO: Sopris West.

Oelofsen, N., Richardson, P.(2006). Sense of coherence and parenting stress in mothers and fathers of preschool children with developmental disability. *Journal of Intellectual & Developmental Disability, 31*, 1–12.

Peck, C., Furman, G., Helmstetter, E.(1993). Integrated early childhood programs: Research on the implementation of change in organizational contexts. In C. Peck, S. Odom, & D. Bricker(Eds.), *Integrating young children with disabilities into community programs : Ecological perspectives on research and implementation*(pp. 187–206). Baltimore: Paul H Brookes.

Raab, M., Dunst, C. J.(2006). Influence of child interests on variations in child behavior and functioning. *Bridges: Practice Based Research Synthesis, 4*(4), 1–22.

Robinson, D. W.(1982). Making Friends with print. *American Libraries, 13*(2), 119–121.

Sandall, S., Ostrosky, M.(1999). Yoing esceptional children: Practical ideas for addressing challenging behaviors. *The Division for Early childhood of the Council for Exceptional Children*. Longmont, CO: Sopris West.

Sandall, S., Schwartz, I., Joshep, G.(2002). A building blocks model for effective instruction in inclusive early childhool settings. *Young Exceptional Children, 4*(3), p.5.

Shonkoff, J. P., Phillips, D. A.(Eds.).(2000). *From neurons to neighborhoods: The science of early childhood development*. Washington, DC: National Academy Press.

Signorielli, N.(2001). *Television's gender-role images and contribution to stereotyping*. In D. G. Singer & J. L. Singer (Eds.), Handbook of children and the media (pp. 341–358). Thousand Oaks, CA: Sage.

Stephen, R. H., Warren Umansky. 노진아, 김연하, 김정민 역(2011). **영유아 특수교육**(제5판). 학지사.

Success.(2004). Guiding Children's Behaviour(**어린이 행동지도하기**). (Korean). BC Health Planning.

Trivette, C. M., Dunst, C. J.(2005). DEC–recommended practices: Family–based practices. In S. Sandall, M. L. Hemmeter, B. J. Smith, & M.E. Mclean, *DEC–recommended practices: A comprehensive guide for practical application*(2nd ed., pp. 113–118). Longmont, CO: Sopris West.

Turnbull, A.P., Turnbull, H. R.(2001). *Families, Professionals, and exceptionality : A special partnership*(4yh ed.). Columbus, OH: Charles, E. Merill.

Turner, B. A. 김태련 외 15인 역(2009). **모래놀이치료핸드북**. 학지사. (원저 출판 2005).

U.S. Department of Education.(2011). *Digest of education statistics: 2010*. Washington, DC: U.S. Government Printing Office.

Vasta, R. Haith,, M. M., Miller, S. A.(1999). *Child psychology : the modern science.* (3rd ed). New York : Wiley.

Vasta, R., Haith, M. M., Miller, S. A.(1999). *Child psychology : The modern science*. New York: Wiley.

Welfel, E. R.(2006). *Ethics in counseling and psychotherapy: Standards, research, and emergind issues*(3rd ed.). Pacific Grove, CA: Brooks/Cole.

Wellman, H. M., Cross, D., Watson, J.(2001). Meter–analysis of theory–of mind development: The truth about false belief. *Child Development, 72*, 655–584.

Wicks–Nelson. R., & Israel, A. C. 정명숙, 손영숙, 양혜영, 정현희 역(2001). **아동기 행동장애**. 시그마프레스. (원전 출판 2000)

웹 사이트

용인시 기흥장애인복지관 www.a-sak.or.kr
전주 마라아동청소년상담센터 maranet.or.kr
한국 상담심리치료학회 www.kcpt.or.kr
한국통합치료학회 www.ksit.or.kr
한국특수아심리상담학회 www.kpacs.co.kr
한국행동과학연구소 www.kirbs.re.kr/home

1. 영유아 발달 영역별 관찰표

1) 대·소근육운동 관찰표

(1) 대근육운동 관찰표

연령	번호	목표	시행일자	습득일자
0~1세	1	엎드려서 양팔로 머리와 어깨 지지하기		
	2	손과 무릎으로 기기		
	3	기는 자세에서 한 손 뻗치기		
	4	도움 받아 앉기		
	5	도움 없이 앉기		
	6	붙잡고 혼자 서기		
	7	스스로 혼자 서기		
	8	도움 받아 걷기		
	9	도움 없이 두세 발짝 걷기		
	10	좋아하는 물건에 손 내밀기		
	11	물건 잡기		
	12	물건 던지기		
	13	양손으로 공 집어 올리기		
1~2세	14	혼자 걷기		
	15	계단 기어오르기		
	16	손을 잡아주면 계단 걸어 올라가기		
	17	작은 의지에 혼자 앉기		
	18	웅크리고 앉았다가 일어서기		

연령	번호	목표	시행일자	습득일자
	19	몸을 굽히고 장난감 집어 올리기		
	20	장난감 밀면서 걷기		
	21	장난감 잡아당기면서 걷기		
	22	공을 머리 위까지 들어올리기		
	23	의자 밀기		
2~3세	24	양손으로 공 굴리기		
	25	한 손으로 공 굴리기		
	26	난간 잡고 계단 올라가기		
	27	도움 받아 계단 걸어 내려가기		
	28	양발을 모으고 제자리에서 높이뛰기		
	29	땅 짚지 않고 바닥에서 일어서기		
	30	도움 받아 앞으로 구르기		
3~4세	31	앉아서 공 잡기		
	32	손으로 공 정지시키기		
	33	정지된 큰 공 차기		
	34	1.5cm 떨어진 곳에서 어른에게 공 던지기		
	35	서서 두 손으로 공 잡기		
	36	걸으면서 공차기		
	37	한 발로 서서 5초간 균형 잡기		
	38	의자에서 뛰어내리기		
	39	앞으로 구르기		
	40	팔을 흔들면서 열 발짝 뛰어가기		
	41	세발자전거 타기		
	42	밀어주면 그네타기		
	43	미끄럼틀에 올라가서 내려오기		
	44	선 따라 걷기		
	45	발을 바꾸며 계단 오르기		
	46	발끝으로 걷기		
	47	발을 번갈아 가며 계단 내려가기		
	48	달리기		

연령	번호	목표	시행일자	습득일자
4~5세	49	구르는 공을 달려가 차기		
	50	머리 위로 날아오는 공을 두 손으로 잡기		
	51	낮게 굴러 오는 공을 두 손으로 잡기		
	52	낮게 굴러 오는 공을 한 손으로 잡기		
	53	혼자서 계단 이용하기		
	54	뒤로 걷기		
	55	넘어지지 않고 두 발 모아 앞으로 열 번 뛰기		
	56	30cm 높이에 매놓은 줄 뛰어넘기		
	57	뒤로 여섯 번 뛰기		
	58	한 발로 깡충 뛰기		
	59	세발자전거 타고 모퉁이 돌기		
	60	한 발로 연달아 다섯 번 뛰기		
5~6세	61	발뒤꿈치 들고 달리기		
	62	열 번 높이뛰기		
	63	눈 감고 한 발로 서기		
	64	멀리뛰기 하기		
	65	튀어 오른 공 잡기		
	66	스틱으로 구르는 공치기		
	67	벽에 튀긴 공 잡기		
	68	낮게 던지는 공 한 손으로 잡기		
	69	평균대 위를 앞으로 걷기		
	70	평균대 위를 뒤로 걷기		
	71	평균대 위를 옆으로 걷기		
	72	발을 번갈아 가며 깡충 뛰기		
	73	혼자서 그네 타기		
	74	3m 높이의 미끄럼틀 타고 내려오기		
	75	씽씽카 타기		
	76	평행봉에 10초 동안 매달리기		
	77	혼자서 줄넘기하기		

자료: 임경옥, 이병인(2013)

(2) 소근육운동 관찰표

연령	번호	목표	시행일자	습득일자
0~1세	1	입에 음식물 넣기		
	2	한 손으로 물체 집어 들기		
	3	엄지손가락과 집게손가락 사용하기		
	4	주먹 쥐어 연필 잡기		
	5	그릇에 담겨 있는 물건 쏟기		
1~2세	6	양손으로 두 개의 물건 잡기		
	7	컵에 물체 넣기		
	8	연필로 의미 없는 낙서하기		
	9	책 한 장씩 넘기기		
	10	병에 있는 것 쏟기		
	11	말뚝에 한 개의 고리 끼우기		
	12	말뚝에 한 개의 고리 빼기		
	13	말뚝에 네 개의 고리 끼우기		
	14	말뚝에서 네 개의 고리 빼기		
	15	크레파스나 연필로 종이에 낙서하기		
	16	지시에 따라 블록으로 탑 세 개 쌓기		
	17	두 개의 블록 쌓기		
	18	종이 찢기		
2~3세	19	다섯 개의 블록으로 탑 쌓기		
	20	다른 손으로 종이 잡기		
	21	색종이 반 접기		
	22	책 두세 장 넘기기		
	23	뚜껑 돌리기		
	24	일곱 개의 블록으로 탑 쌓기		
	25	작은 물건의 포장 벗기기		
	26	나사 빼기		
	27	반죽놀이하기		
	28	손가락으로 연필 잡기		
	29	방문 손잡이 돌리기		

연령	번호	목표	시행일자	습득일자
	30	수도꼭지 돌리기		
	31	큰 구슬 세 개 끼우기		
	32	손도장 찍기		
	33	가위로 자유롭게 종이 자르기		
3~4세	34	아홉 개의 블록으로 탑 쌓기		
	35	나무망치로 말뚝 다섯 개 두드려 끼워 넣기		
	36	다리 만드는 것 모방하기		
	37	가위로 직선 따라 자르기		
	38	큰 구슬 여섯 개 끼우기		
	39	위치에 맞게 손도장 찍기		
	40	순서대로 점 잇기		
4~5세	41	작은 구슬 꿰기		
	42	종이로 삼각형 접기		
	43	찰흙을 이용하여 두세 부분으로 된 형태 만들기		
	44	풀로 붙이기		
	45	네모 자르기		
	46	세모 자르기		
	47	곡선 자르기		
	48	동그라미 자르기		
	49	집 그리기		
	50	도형 색칠하기		
	51	도형으로 여러 가지 모양 만들기		
	52	점 이어 모양 만들기 1		
5~6세	53	그림 안에 95% 정도로 색칠하기		
	54	잡지나 책의 그림 오려내기		
	55	연필깎이 사용하기		
	56	종이에서 단순한 형태 찢어 내기		
	57	종이를 대각선으로 두 번 접는 것 모방하기		
	58	종이에 글자 쓰기		
	59	종이로 세 번 접는 것을 보고 모방하기		

연령	번호	목표	시행일자	습득일자
	60	가위로 다이아몬드 모양 자르기		
	61	끈 묶기		
	62	나무 그리기		
	63	손 그리기		
	64	점 이어 모양 만들기 2		
	65	점 이어 동물 만들기		

자료: 임경옥, 이병인(2013)

2) 인지 관찰표

연령	번호	목표	시행일자	습득일자
0~1세	1	시야를 가린 손수건을 얼굴에서 치우기		
	2	그릇 속에서 물건 꺼내기		
	3	그릇 속에 물건 넣는 동작 모방하기		
	4	그릇 안에 물건 세 개를 넣었다 꺼내기		
	5	줄에 매달려 있는 잔난감 흔들기		
	6	눈앞에서 치우는 물건 쳐다보기		
	7	떨어진 장난감 집어 올리기		
	8	그릇 아래 감추어 놓은 물건 찾기		
	9			
1~2세	10	퍼즐판에서 동그라미 도형 꺼내기		
	11	퍼즐판에서 동그라미 도형 맞추기		
	12	꽂기판에 한 개의 둥근 꽂기 꽂기		
	13	지시에 따라 블록으로 탑 세 개 쌓기		
	14	그릇에서 여섯 개의 물건을 하나씩 꺼내기		
	15	신 체 한 부분 가리키기		
	16	원하는 물건 찾아오기		
	17	같은 물건 짝짓기		
	18	물건과 같은 그림 짝짓기		

연령	번호	목표	시행일자	습득일자
	19	꽂기판에 다섯 개의 둥근 꽂기 꽂기		
2~3세	20	1~3까지 따라 세기		
	21	세 개의 블록 세기		
	22	같은 도형 찾기		
	23	세 가지 색 짝짓기		
	24	퍼즐판에 세 가지 도형 끼우기		
	25	수직선 긋기		
	26	수평선 긋기		
	27	원 그리기		
	28	세 개의 같은 촉감 짝짓기		
	29	십자 긋기		
	30	큰 것과 작은 것 가리키기		
	31	차례로 큰 것에 끼워 넣게 된 교구 네 가지 크기 맞추기		
	32	오형과 도형 그림 짝짓기		
	33	1~5 숫자 가리키기		
3~4세	34	1~10까지 따라 세기		
	35	블록 다섯 개 세기		
	36	블록 열 개 세기		
	37	1~10까지 숫자 가리키기		
	38	1~3까지 수 개념 습득하기		
	39	물건을 위, 아래, 안에 놓기		
	40	물건을 앞, 뒤에 놓기		
	41	기능에 따라 세 가지 물건 분류하기		
	42	함께 놓여야 할 물건 짝짓기		
	43	다섯 가지 신체 부위 가리키기		
	44	남자와 여자 가리키기		
	45	두 부분으로 나누어진 형태를 하나로 완성하기		
	46	부분 그림과 그것의 전체 연결하기		
	47	셋 이상의 물건을 일대일 대응시키기		
	48	여섯 조각 퍼즐 맞추기		

연령	번호	목표	시행일자	습득일자
	49	사선 긋기		
	50	V 긋기		
	51	VVVVV 긋기		
	52	네모 그리기		
	53	세모 그리기		
	54	눈, 팔 다리 그려 넣기		
	55	세 가지 색 이름 말하기		
	56	동그라미, 세모, 네모 이름 말하기		
	57	물건 이름 열다섯 가지 말하기		
4~5세	58	1~10까지 순서대로 배열하기		
	59	1~10까지 뒤에 오는 수 말하기		
	60	1~10까지 쓰기		
	61	1~10까지 세기		
	62	1~10까지 수 개념 습득하기		
	63	각 수에 2까지 더하기		
	64	각 수에서 2까지 빼기		
	65	더 많은 것 가리키기		
	66	오른쪽, 왼쪽 구분하기		
	67	마름모 그리기		
	68	단순한 미로 사이에 선 긋기		
	69	친숙한 단어 열 개 읽기		
	70	반쪽 보고 완전한 형태의 물체 가리키기		
	71	얼굴 그리기		
	72	머리, 몸, 팔, 다리를 갖춘 사람 그리기		
	73	세 개의 물건 중에서 없어진 물건 말하기		
	74	네 개의 그림을 보고 기억하여 말하기		
	75	여덟 가지 색 이름 말하기		
	76	화폐 단위 말하기		
	77	세 조각으로 나누어진 그림 맞추기		
	78	필요한 물건 찾기		

연령	번호	목표	시행일자	습득일자
	79	여섯 개의 블록으로 모양 만들기		
5~6세	80	1~50까지 세기		
	81	1~10까지 앞의 수 말하기		
	82	덧셈하기		
	83	뺄셈하기		
	84	정시 말하고 쓰기		
	85	다섯 가지 촉짐 말하기		
	86	순서대로 요일 말하기		
	87	다섯 가지 단어쓰기		
	88	그림 중 빠진 부분 이름 말하기		
	89	몇 번째인지 말하기		
	90	첫 번째, 가운데, 마지막 위치 명 말하기		
	91	길이 순서에 따라 물건 배열하기		
	92	곡선 그리기		
	93	복잡한 미로 사이에 선 긋기		
	94	물건의 정리 장소 찾기		
	95	필요한 기구와 도구 찾기		
	96	동물의 집 찾기		
	97	가게에서 파는 물건 분류하기		
	98	인체 부위의 기능 연결하기		
	99	순서대로 그림 붙이기		
	100	직업과 관계된 그림 찾기		
	101	그림을 기호로 바꾸기		
	102	공간 위치 표시하기		
	103	크기에 맞는 상자 찾기		
	104	1~50까지 쓰기		
	105	숨은 그림 찾기		
	106	동물의 발자국 찾기		
	107	도형 모양 맞추기		
	108	30분을 말하고 쓰기		

연령	번호	목표	시행일자	습득일자
	109			

자료: 임경옥, 이병인(2014)

3) 언어 관찰표

(1) 수용언어 관찰표

연령	번호	목표	시행일자	습득일자
0~1세	1	이름 부르면 돌아보기		
	2	보라는 지시에 쳐다보기		
	3	"안 돼."라고 했을 때 70% 정도 행동 멈추기		
	4	행동으로 하는 지시 따라 하기		
	5	간단한 동작 따라 하기		
1~2세	6	물을 EO 자신 가리키기		
	7	네 개의 장난감 가리키기		
	8	이름을 듣고 친숙한 물건 다섯 개 가리키기		
	9	요구에 따라 사물을 주거나 보여 주기		
	10	한 가지 지시 따르기		
	11	"멈춰." "가." 지시 따르기		
	12	친숙한 동물 그림 가리키기		
2~3세	13	복수형으로 말할 때 하나 이상의 물건 주기		
	14	기능이나 용도에 맞는 물체 가리키기		
	15	관련된 두 가지 지시 따르기		
	16	음식 가리키기		
	17	동작 지시 따르기		
	18	동사 그림 가리키기		
	19	화장실에 있는 물건 가리키기		
	20	가구 가리키기		
	21	가전제품 가리키기		

연령	번호	목표	시행일자	습득일자
3~4세	22	'어디서'를 묻는 질문에 장소 가리키기		
	23	관련 없는 두 가지 지시 따르기		
	24	'나', '너' 대명사 사용하기		
	25	인체 감각 기능 네 가지 가리키기		
	26	'같다', '다르다' 가리키기		
	27	'크다', '작다' 가리키기		
	28	'길다', '짧다' 가리키기		
	29	'가볍다', '무겁다' 가리키기		
	30	소리를 듣고 소리 내는 것 가리키기		
	31	여러 가지 동물 가리키기		
	32	여러 가지 과일 가리키기		
	33	일이 일어난 순서 가리키기		
4~5세	34	그림 중에 있는 다른 종류 가리키기		
	35	그림에서 틀린 부분 가리키기		
	36	관련 있는 세 가지 지시 따르기		
	37	'딱딱하다' '부드럽다' 가리키기		
	38	화폐 단위 가리키기		
	39	'많다', '적다' 가리키기		
	40	'높다', '낮다' 가리키기		
	41	'뜨거운 것', '차가운 것' 가리키기		
	42	'안', '밖' 가리키기		
	43	크기가 다른 세 개의 물건 가리키기		
	44	의태어, 의성어와 관련된 그림 가리키기		
	45	그림의 상황을 보고 얼굴 표정 붙이기		
	46	이름의 끝소리가 같은 그림과 다른 그림 가리키기		
	47	여러 가지 문구 용품 가리키기		
5~6세	48	설명을 듣고 해당하는 것 가리키기		
	49	'가장 많은' '가장 적은' '조금' 가리키기		
	50	계절 가리키기		
	51	날씨 가리키기		

연령	번호	목표	시행일자	습득일자
	52	표지판 가리키기		
	53	옷 입는 순서 가리키기		
	54	큰 것부터 차례대로 가리키기		
	55	이야기의 순서 가리키기		
	56	단위 명칭 가리키기		
	57	알맞은 장면 찾기		

자료: 임경옥, 이병인(2014)

(2) 표현언어 관찰표

연령	번호	목표	시행일자	습득일자
0~1세	1	다른 사람의 소리 모방하기		
	2	같은 음절을 두세 번 반복해서 소리 내기		
1~2세	3	호흡 훈련하기 1		
	4	혀 훈련하기		
	5	'더' 요구하기		
	6	엄마, 아빠 부르기		
	7	두세 가지 동물 소리 내기		
	8	물어볼 때 자신의 이름 말하기		
2~3세	9	호흡훈련하기 2		
	10	'예' 또는 '아니오'로 대답하기		
	11	'없다'라고 말하기		
	12	'주세요'라고 말하기		
	13	명사와 간단한 동사 연결하여 말하기		
	14	화장실에 있는 물건 이름 말하기		
	15	소유 말하기		
	16	"~이(가) 아니야'라고 말하기		
	17	'어디에'를 묻는 질문에 대답하기		
	18	자신의 성별 말하기		
	19	복수형으로 말하기		

연령	번호	목표	시행일자	습득일자
	20	"이게 뭐지?"라고 질문하기		
	21	'이것' '저것'을 사용하여 말하기		
	22	'나' '내 것'을 사용하여 말하기		
	23	'누가'를 묻는 질문에 대답하기		
	24	'열렸다' 또는 '닫혔다'를 사용하여 말하기		
	25	다섯 가지 신체 부위 말하기		
3~4세	26	표정 보고 감정 말하기		
	27	'무엇'을 묻는 질문에 대답하기		
	28	'무엇으로'를 묻는 질문에 대답하기		
	29	신체 부위의 기능 네 가지 말하기		
	30	'같아요' 또는 '달라요'라고 말하기		
	31	'크다' 또는 '작다'라고 말하기		
	32	'길다' 또는 '짧다'라고 말하기		
	33	'가볍다' 또는 '무겁다'라고 말하기		
	34	동물의 소리 내기		
	35	'어디서'를 묻는 질문에 대답하기		
	36	동작 그림책을 보고 동사를 사용하여 말하기		
	37	'~하는 중이다' 형태로 말하기		
	38	친숙한 물건이 사용되는 방법 말하기		
	39	방금 전에 경험한 일 말하기		
4~5세	40	'많다' 또는 '적다'라고 말하기		
	41	'높다' 또는 '낮다'라고 말하기		
	42	생일 말하기		
	43	생일 축하 노래 부르기		
	44	사건이 일어난 이유 말하기		
	45	그림 가운데 있는 다른 종류 말하기		
	46	그림에서 잘못된 점 말하기		
	47	과거 시제로 말하기		
	48	'~하려고 한다' 형태로 말하기		
	49	'~하고 싶다' 형태로 말하기		

연령	번호	목표	시행일자	습득일자
	50	'～할 수 있을 텐데', '～할 텐데' 형태로 말하기		
	51	'그리고'를 사용하여 말하기		
	52	'그런데'를 사용하여 말하기		
	53	형용사를 사용하여 말하기		
	54	짧은 말 전달하기		
	55	순서대로 두 가지 사건 말하기		
	56	네 가지 맛 말하기		
	57	'그래서'를 사용하여 말하기		
5~6세	58	다음에 무슨 일이 생길지 예측하여 말하기		
	59	각 직업의 역할 말하기		
	60	'언제'를 묻는 질문에 대답하기		
	61	반대말 말하기		
	62	주소 말하기		
	63	전화번호 말하기		
	64	'왜'를 묻는 질문에 대답하기		
	65	'만약 ～라면 무슨 일이 일어날까?'라는 질문에 대답하기		
	66	가게에서 파는 물건 말하기		
	67	낱말 연상하여 말하기		
	68	상황에 맞게 인사말 하기		
	69	세 장면 연결하여 말하기		
	70	운동 경기 종목 말하기		
	71	그림보고 문장 만들어 말하기		
	72	네 장면 연결하여 말하기		
	73	앞에 어떤 장면이 있었는지 말하기		

자료: 임경옥, 이병인(2015)

4) 신변처리·사회성 관찰표

(1) 신변처리 관찰표

연령	번호	목표	시행일자	습득일자
0~1세	1	액체 빨고 삼키기		
	2	도움 없이 우유병 잡고 있기		
	3	잡아 주는 컵으로 음료 마시기		
	4	숟가락의 음식 빨기		
	5	손가락을 사용하여 음식 먹기		
	6	양손으로 컵 잡기		
	7	모자 벗기		
1~2세	8	옷 입혀 줄 때 팔 벌리기		
	9	단추를 풀어 주면 겉옷 벗기		
	10	컵을 가져갔다가 제자리에 갖다 놓기		
	11	한 손으로 컵 들고 마시기		
	12	벙어리장갑 벗기		
	13	모자 쓰고 벗기		
	14	양말 벗기		
	15	끈을 풀어 주거나 찍찍이를 떼어 주면 신발 벗기		
	16	가리켜 주면 변기에 앉기		
	17	지퍼를 열어주면 바지 내리기		
	18	비누를 묻혀 주고 물을 틀어 주면 손 씻기		
2~3세	19	지퍼 내리기		
	20	똑딱단추 열기		
	21	끈 없는 신발 신기		
	22	외투 입기		
	23	옷의 앞부분 찾기		
	24	지퍼 내리고 바지 벗기		
	25	행동 모방하여 이 닦기		
	26	지시에 따라 수건으로 손 닦기		

연령	번호	목표	시행일자	습득일자
	27	지시에 따라 변기에 앉기		
	28	화장실에서 대소변 보기		
	29	빨대를 사용하여 음료수 마시기		
	30	흘리면서 숟가락을 사용하여 음식 먹기		
	31	포크로 음식 찍어 먹기		
	32	수도꼭지 틀고 잠그기		
3~4세	33	티셔츠의 목을 늘려 주면 티셔츠 입기		
	34	큰 단추 빼기		
	35	큰 단추 끼우기		
	36	지퍼 올리기		
	37	똑딱 단추 잠그기		
	38	바지 고리에 벨트 끼우기		
	39	바지를 들어주면 바지 입기		
	40	외투를 입고 벗기		
	41	지시에 따라 외투를 옷걸이에 걸기		
	42	벙어리장갑 끼기		
	43	찍찍이 달린 신발 신기		
	44	양말 신기		
	45	지시에 따라 수건으로 얼굴 닦기		
	46	손 씻고 수건으로 닦기		
	47	지시에 따라 코 닦기		
	48	작은 주전자로 컵에 물 붓기		
	49	머리 빗기		
4~5세	50	빵에 버터 바르기		
	51	수저 바르게 사용하기		
	52	작은 단추 빼기		
	53	작은 단추 끼우기		
	54	지퍼 끼우기		
	55	후크 잠그기		
	56	벨트 풀기		

연령	번호	목표	시행일자	습득일자
	57	벨트 끼우기		
	58	옷걸이에 외투 걸기		
	59	신발 끈 끼기		
	60	세수하기		
	61	이 닦기		
	62	대변을 본 후 화장지로 닦기		
5~6세	63	미숫가루 타서 마시기		
	64	샌드위치 만들기		
	65	200cc 크기 우유팩 열기		
	66	칼을 사용하여 부드러운 음식 자르기		
	67	쟁반 들고 음식 나르기		
	68	신발 끈 묶기		
	69	길에서 좌우 살피고 건너기		
	70	모자 끈 매기		
	71	차에서 안전벨트 매기		

자료: 임경옥, 이병인(2015)

(2) 사회성 관찰표

연령	번호	목표	시행일자	습득일자
0~1세	1	교사를 모방하여 웃기		
	2	교사의 얼굴 만지기		
	3	교사의 머리카락 잡아당기기		
	4	제시된 물건에 손 내밀기		
	5	친숙한 사람에게 다가가기		
	6	장난감을 쥐고 1분 동안 살펴보기		
	7	장난감을 따라 1분 동안 고개 움직이기		
	8	장난감을 흔들어 소리 내는 행동 모방하기		
	9	이름을 부르면 바라보기		
1~2세	10	까꿍 놀이 모방하기		
	11	짝짜꿍 모방하기		

연령	번호	목표	시행일자	습득일자
	12	빠이빠이 모방하기		
	13	교사를 모방하여 팔로 동그라미 만들기		
	14	손을 내밀어 어른에게 장난감 주기		
	15	다른 영아와 차를 밀면서 놀이에 참여하기		
	16	인형이나 부드러운 장난감을 품에 안고 나르기		
	17	어른에게 읽어 달라고 책 건네주기		
	18	'안 돼.'라고 말하면 손 움츠리기		
	19	높은 의자에 앉혀졌을 때 3분 동안 기다리기		
	20	다른 영아에게 장난감 나눠 주기		
	21	시켰을 때 친숙한 사람에게 인사하기		
	22	다른 영아와 5분 동안 자동차 밀며 놀기		
	23	물건을 보여 주기 위해 사람 끌어당기기		
	24	다른 영아와 물건 나누기		
	25	또래 영아들과 놀기		
	26	다른 사람에게 미소 짓기		
	27	친숙한 사람과 뽀뽀하기		
	28	시켰을 때 다른 사람과 포옹하기		
	29	숨겨 놓은 물건 찾기		
	30	지시했을 때 다른 사람 손잡기		
2~3세	31	교사가 지시하면 50"% 돕기		
	32	지시에 따라 다른 교실에서 물건 가져오기		
	33	지시에 따라 다른 교실에서 사람 데려오기		
	34	동화책을 들려주면 5~10분 동안 듣기		
	35	시켰을 때 '고맙습니다'라고 말하기		
	36	물어볼 때 선택하기		
	37	감정을 드러내기		
	38	어른에게 물 달라고 요구하기		
	39	교사의 간단한 동작 모방하기		
	40	다른 영아 옆에서 블록 쌓기		
	41	옆 친구에게 컵 건네주기		

연령	번호	목표	시행일자	습득일자
	42	가족사진에서 자신 찾기		
	43	인형 머리 빗어 주기		
	44	'여보세요'라고 말하기		
3~4세	45	시켰을 때 '미안해'라고 말하기		
	46	음악에 맞추어 교사와 춤추기		
	47	친숙한 사람들에게 인사하기		
	48	집단 놀이에서 규칙 따르기		
	49	다른 유아의 장난감 사용할 때 허락 구하기		
	50	전화 받고 어른 부르러 가기		
	51	차례 지키기		
	52	차례를 지켜 순서대로 블록 쌓기		
	53	교사의 요구에 80% 따르기		
	54	좋아하는 사람 안아 주기		
	55	지시에 따라 다른 유아 팔짱 끼기		
	56	어른의 역할 모방하기		
	57	놓고 난 후 장난감 정리하기		
	58	기차놀이하기		
	59	다른 유아 간질이기		
4~5세	60	도움 요청하기		
	61	다른 사람을 위해 노래 부르기		
	62	간식 나누어 주기		
	63	스스로 '고맙습니다'라고 말하기		
	64	스스로 '미안합니다'라고 말하기		
	65	장난감 가지고 혼자 놀기		
	66	20분 이상 다른 유아들과 놀기		
	67	다른 사람의 물건을 사용할 때 80% 허락 구하기		
	68	스스로 다른 유아와 팔짱 끼기		
	69	시소 함께 타기		
	70	연결되는 동작 모방하기		
	71	그대로 멈춰라 놀이에 참여하기		

연령	번호	목표	시행일자	습득일자
	72	다른 유아와 블록 쌓기 경주하기		
	73	협동하여 블록 쌓기 놀이하기		
	74	다른 사람을 위해 식탁 닦기		
	75	물건 주고받기 놀이하기		
	76	다른 유아에게 자기소개 하기		
	77	달팽이 집 놀이하기		
	78	병원 놀이하기		
	79	슈퍼마켓 놀이하기		
5~6세	80	'미안하지만' 말하기		
	81	자기 감정을 말이나 그림으로 표현하기		
	82	다른 사람에게 놀이의 규칙 설명하기		
	83	친구에게 필요한 물건 가져다주기		
	84	인형을 이용해서 이야기 꾸미기		
	85	친구에게 부탁하기		
	86	친구들과 씨름하기		
	87	보물찾기 하기		
	88	오자미 던지기 놀이하기		
	89	물건 옮기는 게임하기		
	90	순서대로 악기 연주하기		
	91	미장원 놀이하기		
	92	수건돌리기 놀이하기		
	93	숨바꼭질 놀이하기		

자료: 임경옥, 이병인(2015)

293

2. 아동상담 자료

1) 나에 대하여

① 나의 이름은?	② 지금까지 가장 후회스러운 것은?
③ 나의 취미는?	④ 나의 성격은?
⑤ 65세까지 꼭 이루고 싶은 소망은?	⑥ 나의 생활신조는?

자료: Karen VanHover, 문정화(2003) 재구성

2) 다른 사람들이 보는 나

자료: Karen VanHover, 문정화(2003) 재구성

3) 나를 화나게 하는 것들

자료: Karen VanHover, 문정화(2003) 재구성

4) 동작성 가족화(KFD) – 물고기 가족화

어항을 꾸며 보세요

어항에 물고기의 가족을 꾸며 보세요. 반드시 물고기 가족이 무엇인가를 하고 있는 그림을 그려야 합니다. 자신이 꾸미고 싶은 것이 최대한 표현될 수 있도록 잘 그려 주세요.

저자 소개

노명숙
성균관대학교 가정관리학과 졸업
성균관대학교 대학원 석사(가족학 전공)
성균관대학교 대학원 박사(가족학 전공)
서울시교육청 청소년상담센터 전문상담원
서초구건강가정지원센터 센터장
현재 전주비전대학교 아동복지과 교수
저서: 가족학, 가족생활교육, 가족상담, 영아발달, 유아발달(공저)

신리행
우석대학교 아동복지학과 졸업
전북대학교 교육대학원 석사(교육학 유아교육 전공)
전남대학교 대학원 박사(교육학 유아교육 전공)
현재 전북과학대학교 복지계열 외래교수

영유아
발달 지원

2017년 2월 24일 초판 인쇄 ｜ 2017년 3월 6일 초판 발행

지은이 노명숙, 신리행 ｜ **펴낸이** 류제동 ｜ **펴낸곳 교문사**

편집부장 모은영 ｜ **디자인** 신나리 ｜ **본문편집** 북이데아

제작 김선형 ｜ **홍보** 김미선 ｜ **영업** 이진석·정용섭·진경민 ｜ **출력** 현대미디어 ｜ **인쇄** 동화인쇄 ｜ **제본** 한진제본

주소 (10881)경기도 파주시 문발로 116 ｜ **전화** 031-955-6111 ｜ **팩스** 031-955-0955

홈페이지 www.gyomoon.com ｜ **E-mail** genie@gyomoon.com

등록 1960. 10. 28. 제406-2006-000035호

ISBN 978-89-363-1606-8(93370) ｜ 값 17,800원